竞技麻将
实战必读

霍文会 编著

经济管理出版社·棋书中心

图书在版编目（CIP）数据

竞技麻将实战必读/霍文会编著 . —北京：经济管理出版社，2016. 8

ISBN 978-7-5096-4423-2

Ⅰ.①竞…　Ⅱ.①霍…　Ⅲ.①麻将—基本知识　Ⅳ.①G892

中国版本图书馆 CIP 数据核字（2016）第 116708 号

组稿编辑：郝光明　赵喜勤

责任编辑：郝光明　赵喜勤

责任印制：司东翔

责任校对：雨　千

出版发行：经济管理出版社

　　　　　（北京市海淀区北蜂窝 8 号中雅大厦 A 座 11 层　100038）

网　　　址：www. E-mp. com. cn

电　　　话：(010) 51915602

印　　　刷：三河市聚河金源印刷有限公司

经　　　销：新华书店

开　　　本：720mm×1000mm/16

印　　　张：21. 75

字　　　数：415 千字

版　　　次：2016 年 8 月第 1 版　　2016 年 8 月第 1 次印刷

书　　　号：ISBN 978-7-5096-4423-2

定　　　价：48. 00 元

前　言

　　麻将是中国传统文化宝库中的一个重要组成部分，是一种强调智慧技巧，适合东方人开展的益智活动。麻将不仅具有独特的游戏特点，而且是一项集益智性、趣味性于一体的运动，它有巨大的市场潜力，其魅力内涵丰富。

　　麻将运动深受人民群众的喜爱是客观存在的现实。它在我国广大城乡十分普及，流行范围涉及社会各个领域，男女老少都喜闻乐见，已经进入千家万户，据不完全统计，在中国约有三亿人会打麻将，其普及程度远远超过了其他娱乐用品，毋庸置疑，麻将是国内第一大群众性娱乐项目，也是我国最具规模和影响力的智力体育活动。

　　然而，麻将运动在有些人的眼里却等同于赌博。对此，我们应当用辩证唯物主义的科学态度，充分认识麻将运动本身所具有的积极的社会意义，使这项传统的智力运动走上健康、文明的发展之路。

　　这条路就是把带有赌博色彩的麻将活动引向竞技麻将运动。正是为了达到这一目的，国家体育总局于1998年7月制定出版了《中国麻将竞赛规则》，这是麻将迈向竞技体育的第一步。《中国麻将竞赛规则》摒弃了以往麻将的赌博性质，增加了更多的番种，积极传承麻将的历史文化渊源，倡导文明、健康、娱乐的绿色竞技麻将。

　　为了宣传推广绿色竞技麻将，把竞技麻将变成良性的具有现代体育精神的运动项目，作为当代体育人及竞技麻将爱好者，我有责任、有义务为使竞技麻将走上健康发展的轨道贡献一份力量。本书按照理论与实践相结合的原则，我力求将多年来积攒及收集的大量竞技麻将实战资料作为案例或局例融入各个章节中，尽最大努力直观解读、图说竞技麻将常识、技巧与规则。

本书在编写过程中，承蒙我的老朋友王庆和对本书做了大量的复审、校对工作。王庆和是位老知识分子，对竞技麻将热衷学习、苦心钻研，深得竞技麻将之精髓。网络棋牌专家陈广以及裁判专家王兴勤、王永琴对竞技麻将规则、裁判法进行大胆探讨，勇于实践，造诣很深。他们对此书提供了大量的宝贵素材，也提出了许多中肯意见。在此衷心地表示感谢！

由于作者水平有限，对竞技麻将的新观点有可能把握不准，例证或许会有牵强附会之嫌，错谬在所难免，敬请同仁不吝赐教。

霍文会

2016 年 3 月 1 日

目　录

第一章　竞技麻将常识

开展健康的、积极的、规范的竞技麻将竞赛，不仅有利于弘扬传统文化，推动我国社会主义精神文明建设，更是与满足人民群众日益增长的物质文化需要的根本目标相辅相成的。

多年来全国各地组织了数以万次的竞技麻将比赛，竞技麻将向健康化、竞技化方面进行了积极有益的探索，反映了人民群众对竞技麻将运动的热心。

麻将起源于中国，到清朝中叶基本定型。初期使用纸牌，那时人们最常用的桌子是方桌，逐渐地形成了由四人来玩牌的习俗，四人各坐一方。在纸牌中增加了东、南、西、北风。由于纸牌的数量一多，在打牌时十分不便，逐渐改成骨牌，从此出现了正宗的麻将牌。

一、牌　具

(一) 麻将牌

全副牌有 6 类，42 种图案，共 144 张。

1. 序数牌

序数牌合计 108 张。

(1) 万子牌：从一万至九万，各 4 张，共 36 张。

牌例：

(2) 饼子牌：从 1 饼至 9 饼，各 4 张，共 36 张。

牌例：

（3）条子牌：从 1 条至 9 条，各 4 张，共 36 张。

牌例：

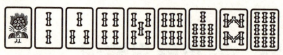

2. 字牌

字牌合计 28 张。

（1）风牌：东、南、西、北，各 4 张，共 16 张。

牌例：

（2）箭牌：中、发、白，各 4 张，共 12 张。

牌例：

东西南北中暗合金、木、水、火、土，东方甲乙木、西方庚辛金、南方丙丁火、北方壬癸水、中方戊己土。

3. 花牌

春、夏、秋、冬，梅、兰、竹、菊，各 1 张，共 8 张。

牌例：

8 张花牌是最具民族文化底蕴的牌。春、夏、秋、冬代表周而复始的一年四季，与人类生命息息相关；梅、兰、竹、菊是中国传统理念中的花中四君子。"梅"表示高洁傲岸，"兰"代表幽雅空灵，"竹"象征虚心有节，"菊"则暗示冷艳清贞。

（二）记分卡

记分工具，分别为 1、8、10、50、100 等分值。每人分得 500 分，作为基础比赛分。

记分卡的分值总和标准为 500 分。记分卡的数量为：100 分 1 枚、50 分 4 枚、10 分 10 枚、8 分 10 枚、1 分 20 枚。

实践证明用扑克牌代替记分卡既经济又实用。把一副扑克牌中的 13 张红桃、黑桃、方块、草花分别发分给东、西、南、北四家，每家共 500 分。其中，K 代表 200 分；Q 代表 100 分；J 代表 100 分；5 代表 50 分；10 代表 10 分；9 代表 9 分；8 代表 8 分；7 代表 7 分；6 代表 6 分；4 代表 4 分；3 代表 3 分；2 代表 2 分；1 代表 1 分。

（三）骰子

骰子通常为立方体，手掷骰子的规格为 1~1.5 厘米，质地坚实、平整、光滑，六个面分别刻有 1~6 个点，1 的背面为 6，2 的背面为 5，3 的背面为 4，骰体为实心，重心在中心点。其中 1 点和 4 点为红色，其余为蓝色或黑色，各点彩色明显。

二、基本术语

（一）轮

行牌一周为一轮。

（二）盘

每次从起牌到和牌或荒牌为一盘。

（三）圈

四人按顺序各坐一次庄为一圈。

（四）局

每打完规定的四圈或达到规定时间为一局。

（五）圈风

每局比赛圈数的标志。第一圈为东风圈，第二圈为南风圈，第三圈为西风圈，第四圈为北风圈。

（六）门风

运动员每盘座位的标志。庄家为东风，下家为南风，对家为西风，上家为北风。

（七） 定位

运动员按抽签号码确定的桌号及方位。

（八） 庄家、旁家

门风东者为庄家，其余均为旁家。无论是否和牌，庄家不连庄。

（九） 轮转

运动员在比赛过程中按竞赛规程的规定进行位置调换。换座不得再重复座位就坐。每局四圈的比赛，每圈换位一次。

座位调换表

圈数	方位			
	东	南	西	北
第一圈（东风圈）	1	2	3	4
第二圈（南风圈）	2	4	1	3
第三圈（西风圈）	3	1	4	2
第四圈（北风圈）	4	3	2	1

1、2、3、4 是牌手抽签号。

抽到 1 号为东，第一圈坐庄，2 号坐南，3 号坐西，4 号坐北。

第一圈结束后，按抽签号换位，2 号换到东边座位，即坐庄。以此类推。

调换座位如图 1-1 所示。

（十） 手牌

摆在自己门前的牌为手牌，标准数为 13 张。行牌过程中包括摆亮在门前的顺子、刻子、杠；开杠多出的牌及补花不计算在 13 张标准牌数内。

行牌过程中的碰牌、杠牌、花牌为亮牌，亮牌放置在手牌左外侧，方便裁判员和其他运动员观看。所有立牌不得掩盖，必须明放。

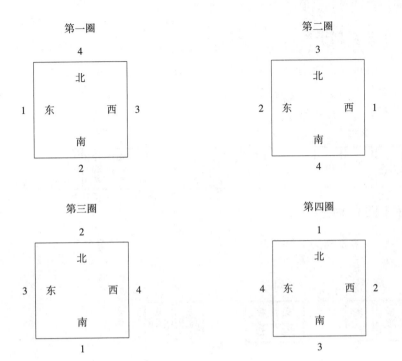

图 1-1　调换座位示意图

(十一) 将牌

按基本牌型和牌时必须具备的单独组合的对子。

牌例：

(十二) 顺子

3 张同花色序数相连的牌为顺子。

牌例：

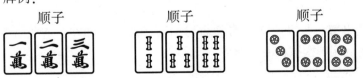

（十三）刻子

3 张相同的牌为刻子。可以用"碰"对子产生，碰出的为明刻；抓在手中的为暗刻。

牌例：

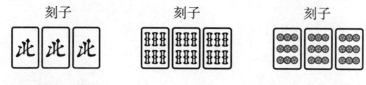

（十四）对子

手牌中两张相同的牌为对子。

牌例：

（十五）字牌

指风牌和箭牌，风牌为东、南、西、北。箭牌为中、发、白。

牌例：

（十六）幺九牌

序数牌中的一、九及字牌。

牌例：

（十七）吃牌

指上家打出牌后，报"吃"者把自己的两张牌取出加在一起组成顺子，并且按规定将此副牌摆亮在手牌外侧。

牌例 1：吃 1 饼

  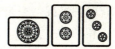

上家打出 1 饼 　　　手牌　　　　　　组成 123 饼顺子

如牌例 1 所示，手牌有 23 饼，吃了上家打出的 1 饼，组成 123 饼一副顺子，即为吃牌。

牌例 2：吃 2 饼

上家打出 2 饼 　　　手牌　　　　　　组成 123 饼顺子

如牌例 2 所示，手牌有 13 饼，吃了上家打出的 2 饼，组成 123 饼一副顺子，即为吃牌。只有下家（右手边的）可以吃上家牌。

（十八）碰牌

指任何一家打出牌后，报"碰"者把自己的对子取出，加在一起组成一副刻子，并且按规定将此副牌摆亮在手牌外侧。

牌例 1：碰 4 条

对家打出 4 条 　　　手牌　　　　　　组成 4 条刻子

如牌例 1 所示，手牌有一对 4 条，把对家打出的 4 条加在一起组成一副刻子，即为碰牌。

牌例 2：碰北风

下家打出北风 　　　手牌　　　　　　组成北风刻子

如牌例 2 所示，手牌有一对北风，把下家打出的北风加在一起组成一副刻子，即为碰牌。

提示：所谓碰，是指如果您想组成一副刻子，而已经有其中两张，此时任何人打出相同的一张牌，您都可以喊碰，并碰牌。

（十九）杠

报开杠的 4 张相同的牌。杠牌有明杠、暗杠之分。

1. 明杠

明杠有两种情况：一是如果想组成一副杠牌，而已经有了其中三张，此时任何人打出相同的一张牌，都可以开杠；二是指自己抓进一张与碰的明刻相同的牌开杠。

牌例1：

手牌　　　　　　　　下家打出东风　　　　　组成的明杠

如牌例1所示，手牌有三张东风，此时下家打出东风，可以喊杠，将打出的东风据为己有。

牌例2：

碰出的二万　　　　　又抓进一张二万　　　　组成的二万明杠

如牌例2所示，手牌有了碰出的明刻三张二万，此时自己抓进一张二万，可以开杠。

2. 暗杠

暗杠是指抓进四张相同的牌开杠。

牌例：

手牌中的暗刻　　　　又抓进一张六万　　　　组成的暗杠

如牌例所示，手牌有了暗刻三张六万，此时自己抓进一张六万，可以扣暗杠。

提示：实战中的暗杠，四张牌要全反扣过去，不能让旁家识别出来。

（二十）补花

牌例：

抓到花牌后，明放在立牌前，并从牌墙最后补一张牌。

摸到花牌后必须立即亮牌于手牌外侧，并于牌墙尾部继续补牌。每张花牌的附加分为 1 分，在和牌后计算得分。

（二十一）听牌

只差一张牌即能和牌的状态，为听牌。听牌时牌数为 13 张。

牌例 1：

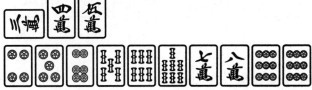

此牌只差一张六万或九万，就能和牌，即为听牌。

牌例 2：

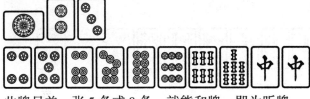

此牌只差一张 5 条或 8 条，就能和牌，即为听牌。

（二十二）和牌

符合规定的和牌牌型条件，达到或超过起和分标准，并报和牌。**和牌时牌数为 14 张。**

牌例 1：

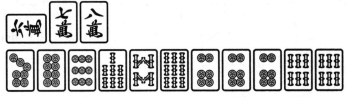

此牌是"大于五"番种的和牌牌型，超过起和分标准 8 分，符合规定的牌型条件，并报和牌。

牌例 2：

此牌是"大三元"和牌牌型，超过起和分标准 8 分，符合规定的牌型条件，并报和牌。

（二十三）自摸和

自己抓进成和的牌，并报和牌，为"自摸和"。

牌例1：

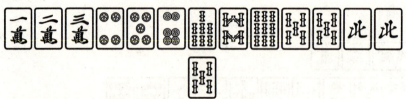

此牌自己抓进5条，并报和牌，为"自摸和"。

牌例2：

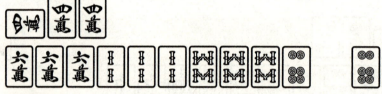

此牌自己抓进6饼，并报和牌，为"自摸和"。

（二十四）点和

和他人打出的牌，并报和牌，为"点和"。

牌例1：

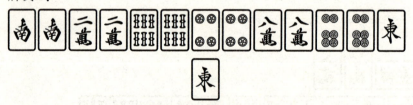

此牌下家打出东风，庄家报和牌，为下家"点和"。

牌例2：

此牌对家打出8条，庄家报和牌，为对家"点和"。

(二十五) 报牌

报牌是行牌者宣布吃牌、碰牌、开杠、补花或和牌。亦可报简称，即吃、碰、杠、补、和。

出牌没有必要报牌名，各家都应主动观察别家打的牌；此外还可防止因报错牌名而造成旁家误吃、误碰、误和等现象。

碰牌与开杠报牌时，互相不能代替。若把碰报成杠，把杠报成碰，则必须按照报牌执行，不能执行的会受到处罚。

(二十六) 番种

番种是具有一定分值的各种牌张组合的形式或和牌方式的称谓。

牌例1：

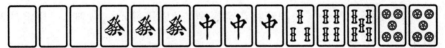

此牌和牌方式的称谓为"大三元"。

牌例2：

此牌和牌方式的称谓为"清一色"。

(二十七) 罚张

被裁判员判定受处罚的牌，为罚张。

处理分两种情况：一是将罚张亮明为下次要打出的牌；二是罚张由牌手选择打出。

(二十八) 单放

自摸成和牌的那一张牌，不可随意插入手牌之中，要单独摆放，以便核查。

牌例：

自摸西风和牌，西风单独摆放，以便核查。

（二十九）多张、少张

和牌前，手牌数多于或少于规定的数量，为"相公"。手牌数多于 13 张为"大相公"，手牌数少于 13 张为"小相公"。无论是"大相公"还是"小相公"，都要被判停和。

（三十）荒牌

每盘抓完第 144 张牌并打出后仍无人和牌，为荒牌。荒牌不分胜负，各家分数无得失。即使是荒牌，亦不连庄。

（三十一）诈和

诈和是指不符合《中国麻将竞赛规则》（以下简称《规则》）规定的和牌条件而宣布和牌。

牌例 1：

此牌已经吃二万，亮出二三四万一副顺子，没有了"门前清"。对门打 5条，庄家喊和牌。经查此牌仅有 7 分，不符合《规则》规定的 8 分起和的条件，为诈和。

牌例 2：

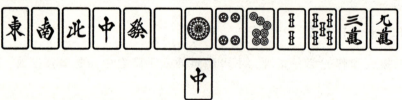

此牌上家打红中，庄家喊和牌。经查"全不靠"有了红中将牌，不符合《规则》规定的和牌条件，为诈和。

（三十二）牌墙、牌城

四人各自在门前码成 18 墩牌，即称牌墙。四道牌墙左右相接称牌城。

（三十三）牌池

即四道墙围起的区域。

（三十四）比赛分

用于体现竞赛成绩的衡量单位。比赛过程中，以下术语均以比赛分计算。

1. 基础比赛分

每局开始前，运动员拥有的基础分数体现为所配备记分卡的分值的总和。标准为 500 分。

2. 起和分

和牌必须达到最低分数（8 分）。花牌分不计在起和分内。

3. 基本分

和牌后，各个番种分数的总和。

4. 罚分

因运动员违反《规则》而被判罚减去的分数。

5. 底分

未和牌方必须向和牌方所付的分数，分值为 8 分。

6. 盘分

运动员在每盘比赛中所得失的比赛分。

7. 局分

一局比赛结束时，各盘比赛分与基础比赛分的总和。

（三十五）标准分

比赛中用于计算成绩的记分单位。根据运动员在小组获得的比赛分排定的名次换算出来的分数。

三、行牌的规定与流程

（一）报牌的规范

1. 语言规范

行牌过程中只能使用"吃牌"、"碰牌"、"杠牌"、"和牌"、"补花"等词语；亦可用"吃、碰、杠、补、和"等简称。

2. 出牌时不可报牌

出牌时不可报出所出牌的名称。报错牌名而导致旁家错报者，须承担责任。

3. 报牌声音要适中

报牌声音要适中，不得影响其他牌手。如果未报牌而在亮牌前打牌，裁判有权判为犯规。

4. 报牌优先顺序

如果打出一张牌时，有两家或两家以上同时对该牌报牌，在符合有关时间规定的前提下，优先顺序由高至低为：打牌者下家的和牌；打牌者对家的和牌；打牌者上家的和牌；碰牌、杠牌以此类推；最后为吃牌。

5. 合法的报牌

只有合法的报牌才有优先权，报牌以扬声为准，不及时扬声者，无优先权。碰牌、杠牌者如想享有优先权，应从速报牌，如果吃牌者在规定的 3 秒后已把明顺亮出，则其他两家便失去碰牌、杠牌的权利。但报和者在吃牌者打牌之前，享有优先权。

（二）行牌的流程

打麻将的 4 人，座位分别为东、南、西、北。东者为庄家，其余均为旁家。每人手里抓 13 张牌，通过吃牌、碰牌、杠牌等方式，使手牌按照相关规定的牌型条件和牌。先和牌者胜出。

1. 检录

牌手按比赛规定时间，到指定地点向裁判员报到、检录。

2. 入场

牌手应按规定时间提前入场，由裁判员召集临时就坐，准备东、南、西、北风牌，扣放，由裁判员掷骰，取得点数，从自然方向的东座开数，决定谁先摸风位牌，如摸到东字者，在东位就坐，摸到南字者，就坐到东字的下家，摸到西字者，就坐到东字的对家，摸到北字者，就坐到东字的上家。

牌手依抽签结果就座。由裁判员检查定位、定庄，并分发记分筹码。

3. 洗牌

一般情况下是边洗牌边将牌背翻过来，同时将牌码好。由于是同时进行的，这样为牌手提供了一个机会，即可以记住哪些牌码放在什么位置。洗牌时利用翻牌的机会对牌进行强记的行为，看起来合情合理，但实际上有失公平。

为避免牌手洗牌时利用翻牌的机会对牌进行强记，洗牌的标准步骤如下：

（1）牌手一起把牌全都反扣过来，使牌面朝下。

（2）牌手用双手洗牌，过程最少有 20 秒。各家应务求把牌洗匀，双手应有离开牌的动作，不得故意按着或扣着某些牌。

（3）如果洗牌过程中有牌暴露了，先把牌翻转，然后继续洗牌，最少要再洗 7 秒，才能算洗完。

（4）洗好牌后，牌手应把双手抽离牌桌中央牌堆范围，以示意自己洗牌完毕。四家均把手抽离，同意牌已洗匀，才可以开始砌牌墙。在四家未同意牌洗好之前，任何一家不得擅自开始砌牌墙，否则旁家有权把其牌墙拆掉再洗，裁判员亦有权查看其牌墙，调查是否有作弊的行为。

4. 码牌

为了防止牌手码牌时作弊，《规则》规范了码牌动作。

（1）裁判员宣布码牌，每人码 36 张牌，两张牌上下摆在一起为一墩，各自为 18 墩，码成牌墙摆在自己门前。假如砌牌墙过程中不慎暴露了牌张，便应取一部分牌，与之洗匀然后再砌，此时各家均有权从自己牌墙加牌与之洗匀。

（2）四家牌墙围成正方形，牌墙中间的位置称为"牌河"，供放置打出的牌。为了让牌河有足够位置，牌墙应端对端地围成大的正方形，不应端对边地把牌河缩小。更不准牌手随意将自己的牌墙斜放其中，使四道牌墙不能围成正方形。

（3）正确的码牌方法：可以先把六张牌放成一排，接着摆放六排，然后再一排摆一排，码成三摞，向左右两边移动，摆放成整齐平直的一横排 18 墩。

5. 掷骰

（1）采用两次掷骰办法。掷骰者必须手持两个骰，从牌池中央上空 20～30 厘米高度掷出。禁止用一个骰打另一个骰或放到牌墙上吹出去等不规范的做法。

（2）庄家首先掷骰，其所得的点数，既是开牌的基数，也是决定第二位掷骰者数。庄家掷点，以庄家为第一位，按逆时针方向顺序，庄家为东，点数为 5 点、9 点；庄家下家为南，点数为 2 点、6 点、10 点；庄家对家为西，点数为 3 点、7 点、11 点；庄家上家为北，点数为 4 点、8 点、12 点。根据庄家掷骰的点数，再由占点数者第二次掷骰。

（3）第二掷骰者掷点，连同庄家掷骰的点数相加之和作为开牌依据。

《规则》之所以规定得这样严格，一是防止作弊，二是避免不文明的打牌行为。

6. 开牌

（1）开牌方法：在第二次掷骰者所码的牌墙，从右向左依次数到与开牌依据点数相同的那一墩，如果开牌依据点数大于18，便在开门人左边（上家）的牌墙继续数。由庄家开始抓下两墩牌，再按顺时针方向顺序抓牌，直到每个人抓3次共12张牌，再由庄家跳牌（隔一墩）抓上层两张牌，其他人依次各抓一张。庄家共有14张牌，其他人各有13张牌。

（2）坐错庄：如果有牌手坐错庄，从牌墙开始取牌，若在正确东家没取牌之前发觉，便应洗牌重配。若在正确东家取其9~12张牌之前发觉，便暂继续配牌直到各家均取了12张牌为止，然后由正确东家跳牌，续赛。若正确东家取了12张牌之后才发觉，他便丧失这盘做庄的权利，由做错庄者充当东家。这盘结束后，照常轮到正确东家的下家做庄。

7. 理牌

理牌是指牌手抓到起手牌后，对手上的牌进行整理，并按一定的种类、数字和顺序进行分类的过程。

（1）抓齐再看。一些牌手喜欢或是习惯于边抓牌边理牌。这种方法的缺点是你在整理排列过程中，已经透露出某种信息，让对手一开始就窥测到你的牌势。此外，由于精力集中在理牌上，很可能会多抓或少抓牌，形成"相公"。

正确的方法是抓牌不看，13张牌全部扣过去，抓完手牌后，再统一翻过来快速浏览牌势。对牌势有一个总体的印象，然后开始理牌。

（2）理牌的重要性：

其一，理牌要符合自己的看牌习惯且便于记忆，这样能迅速地决定手牌的取舍，同时又可避免造成漏吃、漏碰和漏和的现象。

其二，理牌可以加速组合进程，便于行牌过程中随时对手牌进行调整。

其三，理牌得当，对手难以窥察出牌势。

其四，理牌讲究策略，不但可使对手难以猜测牌势，还可使对手陷于迷惘，造成其判断失误。

（3）理牌的要领：

其一，尽快做好理牌工作，抢在别家舍牌之前完成，这样可以避免漏碰、漏吃。

其二，手牌之间不应有空隙，以免亮牌。

其三，理牌有时把字牌放于中间，序数牌放于两旁；有时又可把序数牌放于中间，字牌放于两旁，每盘牌应交替变换，绝不养成固定的习惯。手牌种类和数字不要按固定形式放置，即不要从左到右，按条、饼、万、风、箭的顺序依次码牌，免得别家掌握规律，洞穿牌势。

其四，每吃、碰一次，可调整一次所余手牌次序，适度变换手牌的位置。

其五，倘若拆搭或拆对，舍牌之前先将两张牌分开放置，然后再依次先后打出。避免舍去头张，别人便知你下次将舍什么牌了。

其六，理牌有时限，庄家起手牌的理牌，含补花在内不得超过30秒，以后理牌的时限均为15秒。《规则》对理牌的时限规定，要求牌手集中精力、勤于思考、预先做好组牌计划。

8. 补花

如手中有花牌，首先由庄家补花，再由下家、对家、上家补完。补完一圈后，如果又有花牌，再依次补完。

9. 摸牌

（1）摸牌按逆时针方向进行：顺序是庄家、下家、对家、上家。

（2）上家未打牌前，严禁伸手摸牌，或伸手进牌河阻碍其他家视线，做到"上不打，下不碰"。未轮到自己抓牌时偷摸牌者，裁判有权判罚"停和"。

（3）打牌者的下家，应在上家打牌之后伸手摸牌。一旦伸手触摸了墙头的牌，便视为放弃报牌的权利。但如果有旁家报牌，则仍有效。

（4）严禁"先打后摸"，如有违者，裁判有权按忘记摸牌处理。

（5）打牌后，如下家已摸牌，并已把牌混进手牌中或已打牌，则其他两家便失去（对前者）报牌的权利。

（6）摸牌应保持合理速度，不可太快，故意妨碍他家报牌。

10. 出牌

凡是抓进或吃、碰、开杠、补花后，不和牌便要打出一张牌。

（1）庄家第一次从抓牌完毕（包括补花）到出牌的限定时间为30秒。此后，包括各家每次从上家打出牌后，到自己出牌的时限为15秒（包括吃牌、碰牌、补花）。

（2）允许同时打出吃进的牌。

（3）打出的牌必须先放在自己门前明示一下，然后归入牌池内。先在门前明示，是为了防止直接打入池中旁家看不清的现象，同时也预防打牌中的作弊现象。

（4）放入牌池内的牌要有序地从左向右摆放，放置到第6张后，再依次另放一行，排列要整齐。有序地把打出的牌摆放在池内，便于牌手分析各家的舍牌相，从中得出有用的信息。

11. 吃牌

（1）上家打出的牌，与自己手中的牌可以组成一副顺子，便可以报吃，把组成的顺子摆亮在己方左侧的台面上。

牌例:

吃三万

三张牌一旦组成明顺后,便被锁定,以后不得收回暗手或改作其他组合。

(2)吃牌者报"吃"后,过了适当时间(约1秒)后才把明顺亮出或打牌,当他亮牌或打牌后,则其他两家便失去碰牌、杠牌的权利。如果没有报吃,或报吃同时亮牌或打牌,则他家有权碰牌、杠牌。

12. 碰牌

有人打出的牌与自己手中的对子相同,便可报碰。"碰"比"吃"优先。碰牌要快,要在3秒之内报出。超过3秒报碰,不仅不准碰牌,而且报碰者要受到警告或罚分。因为这是违例,并有传递违规信息的嫌疑。

牌例:

碰三万

碰牌组成的明刻,要亮明并摆放在己方左侧的台面上。一旦组成明刻后,便被锁定,不得收回或改作其他组合。

13. 开杠

吃牌或碰牌时,手中有杠牌,不能开杠。只能在下一次自己抓进牌后才能开杠。"杠"比"吃"优先。

明杠:别人打出一张与手中的暗刻相同的牌,即报杠。或者抓进一张与已经碰的刻子相同的牌也可报开杠,明杠须明放在己方左侧的台面上。

牌例1:

手牌暗刻　　　　对家打出三万　　　　组成明杠

牌例2:

明刻　　　　又抓到3条　　　　组成明杠

暗杠:自己抓到四张相同的牌,即可报开杠。暗杠应扣放在己方左侧的台面上。一家和牌或荒牌时，必须亮明，以便其他三家查实。

牌例3：

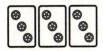

手牌暗刻　　　又抓到3饼　　　组成暗杠

提示：开杠时必须先喊"杠"再亮牌，不报杠者裁判有权判为打牌，下家可以把牌"吃"了去。四张牌组成的杠，摆放在己方左侧的台面上。

补杠：报开杠后应即在牌墙最后补进一张牌。补完后，便要打出一张牌。必须要先亮明杠子的四张牌，确认清楚后才可以补杠。禁止先补杠后亮牌，如有违者裁判有权判作"停和"。

杠上开花：开杠后从杠上抓得花牌，补花（无论多少次）又抓到牌，开杠成和，仍计"杠上开花"。

抢杠：当对手开"明杠"时，杠的牌正好是自己所听的牌，便可以喊"和"，并取该牌来完成和牌，这称为"抢杠"。"抢杠"一律算开杠者点和。只有明杠可以"抢杠"，暗杠不可以"抢杠"。对手把牌加到明刻时，便可以立即喊"和"，不必等对手补杠。

四张牌一旦组成杠子后，便被锁定，以后不得收回或改作其他组合。

14. 摆放牌

凡吃、碰、杠上家牌，要横放在亮出牌的左边；碰、杠对家牌要横放在亮出牌的两张之间；碰、杠下家牌，要横放在亮出牌的右边。

自己所打的牌，要按顺序摆放在自己面前的牌池里，从左到右排成横行，每行6张。一行放满6张后，再从头开始摆放下一行。

如果放错位置，有人对错摆在刚打的位置的牌报牌，则由放错牌者承担责任。

四、和牌的程序与规定

（一）和牌的程序

和牌者先报"和牌"，然后将手牌整理后亮明，逐一报出"和牌"的番种、分数，以及最后的合计分数，再经其他三家公认及裁判员审定。

在尚未经过裁判员最后审定之前，其他三家不得将自己手牌推倒，更不得把自己手牌与牌墙、海底牌搅混一起。

（二）和牌的要求

1. 符合规定的牌型

（1）和牌的基本牌型。

11、123、123、123、123

11、123、123、123、111（1111，下同）

11、123、123、111、111

11、123、111、111、111

11、111、111、111、111

（2）和牌的特殊牌型。

11、11、11、11、11、11、11（"七对"）

1、1、1、1、1、1、1、1、1、1、1、1、11（"十三幺"）

1、1、1、1、1、1、1、1、1、1、1、1、1（"全不靠"、"七星不靠"）

（注：1＝单张；11＝将、对子；111＝刻子；1111＝杠；123＝顺子）

2. 起和分为 8 分

3. 符合规定的和牌方式

（1）自摸和：自己抓牌成和牌（包括"杠上开花"、"补花和"）。

（2）点和：和他人打出的牌（包括"抢杠和"）。

（三）确定和牌者

一盘只能有一位和牌者。如有一人以上同时表示和牌时，从打牌者按逆时针方向，顺序在前者被定为"和牌者"。

五、盘的计分

每盘计分以和牌为前提条件，以比赛分为基本计算单位，根据计分原则，参照分值表进行计分。

（一）和牌分数

由底分、基本分及罚分组成。

1. 底分

和牌后，未和牌方必须向和牌者付的 8 分。

2. 基本分

和牌时，各个番种分的总和。

3. 罚分

即运动员因违犯规则被判罚的分数。凡有罚分，应在每盘结束计分时扣除。违纪罚分，由裁判员登记，在每局结束时从比赛分中扣除。

（二） 计分方法

每盘和牌按以下公式计算分数。

1. 自摸

计算公式：（底分+基本分）×3 方（即未和牌方）= 和牌方的得分。

牌例1：

此牌例自摸8饼报和。

基本分合计是：主体番种"七对"24分，"自摸"1分，"五门齐"6分，计31分。

底分：未和牌三家各付8分。

和牌方共计得分：（底分8分+基本分31分）×3方=117分。

牌例2：

此牌例自摸红中报和。

基本分合计是主体番种"三色三步高"6分，"自摸"1分，"单钓将"1分，计8分。

底分：未和牌三家各付8分。

和牌方共计得分：（底分8分+基本分8分）×3方=48分。

牌例3：

此牌例自摸8条报和。

基本分合计是主体番种"全双刻"24分，"自摸"1分，"缺一门"1分，"双同刻"2分，计28分。

底分：未和牌三家各付8分。

和牌方共计得分：（底分8分+基本分28分）×3方=108分。

2. 点和

计算公式：底分×3方（即未和牌方）+基本分（点和方）= 和牌方的得分。

牌例1：

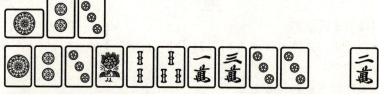

此牌例对家打出二万点和。

基本分合计是主体番种"全小"24分，可加计"三色三同顺"8分，"平和"2分、"四归一"2分、"一般高"1分及"坎张"1分，计38分。

底分：未和牌三家各付8分。

和牌方共计得分：底分8分×3方+基本分38分=62分。

牌例2：

此牌例下家打出东风点和。

基本分合计是主体番种"三色三节高"8分，可加计"四归一"2分、"单钓将"1分，计11分。

底分：未和牌三家各付8分。

和牌方共计得分：底分 8 分×3 方+基本分 11 分=35 分。

牌例 3：

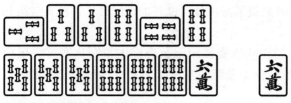

此牌例上家打出六万点和。

基本分合计是主体番种"一色四节高"48 分，可加计"断幺"2 分、"缺一门"1 分、"双暗刻"2 分及"单钓将"1 分，计 54 分。

底分：未和牌三家各付 8 分。

和牌方共计得分：底分 8 分×3 方+基本分 54 分=78 分。

(三) 计分程序

1. 摆好牌型

和牌者把手牌公开后，应将其按和牌牌型放好，以便让各家确认和牌并进行计分。

如手牌（暗张）可以排列成多个不同的牌型，则和牌者可以自由选择最有利的牌型，并按此牌型计分。

自摸和或点和的牌放到离开手牌的另一处，以便查明是否有"边张"、"坎张"、"单钓将"番种。如果插入手牌中，则不计"边张"、"坎张"、"单钓将"番种分。

2. 自报公议

不能只用语言定番核分，应以自己面前牌池中的牌计分，一张牌代表 1 分，满 10 分反扣一张牌表示，这样便于其他三家核对。注意不能利用牌墙上的牌计分，倘若是错和，使比赛无法继续进行，错和者这种违规行为，则应向三家各付 30 分。

计分依照自报、公议、裁判员核定的程序。原则上计分是和牌者自己的责任。和牌者可以请求其他三家或裁判员帮忙计分，但任何帮忙的人均不对计错分负责。如果和牌者计多了分，其他三家有权指出并要求和牌者更正其所计的分数；若少计了分，其他三家或裁判员没有义务提醒和牌者。

如果对计分有异议，由裁判员判决。

3. 核定分数

和牌者应在 30 秒内完成定番核分，其他三家无异议，才能推牌；若有裁判员在场,裁判员翻扣一张牌表示盘分计算程序结束。和牌者或他人不得再重新审核或追补漏报番种。

倘若和牌者定番核分时只报了基本分,没有加计底分,其他人应给和牌者加付底分。

裁判员按规定要求,先在《比赛成绩记录表》中填写比赛有关事项,任何一家都有查看权利。然后牌手及裁判员要在《比赛成绩记录表》上签字确认。

若使用记分卡或扑克牌计分,应在洗牌前向和牌者付清分数。

六、违例行为与处罚

《规则》及竞赛规程和补充规定,是裁判员处理比赛中出现违例行为的依据。

(一) 处罚方式

1. 警告

有明显违例犯规或干扰比赛的言行,由裁判员当场给予警告。第二次违例犯规,裁判员可视情节轻重,给予罚分、停和,直至停赛的处罚。

为了使警告产生实际处罚效果,促使牌手对警告予以重视,在补充规定中可以规定:一局中的第二次警告,罚扣 5 分;从第三次起每次警告,均罚扣 10 分。

2. 罚分

处理罚分有两种方法:其一,直接损害到其他牌手的合法权益,裁判员对犯规牌手判处的罚分,应偿付给受到损害的牌手。其二,没有直接损害到其他牌手合法权益的,裁判员对犯规牌手判处的罚分,不偿付给其他牌手,应在比赛成绩表上注明扣除。待该局比赛结束后,从犯规牌手的积分中减去罚分。

违例者根据情节轻重,分别扣除 5 分、10 分、20 分、30 分、40 分、50 分、60 分。

3. 停和

凡有影响该盘胜负的违规行为,取消本盘和牌的权利。

4. 停赛

凡有严重违反《规则》的言行,取消继续参加本次比赛的资格,严重者给予通报。

（二）违例的处罚

1. 迟到

宣布比赛后牌手迟到 10 分钟之内，警告一次，扣罚 10 分。迟到 15 分钟之内，扣罚 20 分。超过 15 分钟不到场按自动弃权处理，局分为 0。

随着时代的进步，人们的时间观念越来越强。竞技麻将比赛朝着零迟到方向努力。

2. 换牌、偷牌、藏牌

凡有换牌、偷牌、藏牌、夹带等作弊行为者。一经查实，予以停赛，并给予通报。

3. 错吃

（1）报吃牌后，用两张不能吃牌的牌亮明报吃，而手牌确有可吃的搭子，比如本应用一万和三万，吃进上家打出的二万，却错拿一万和四万当搭子吃进二万，如果手牌中确实有三万，在本轮内发现可以纠正，亮明的四万，作为暴露张处理，给予警告。如果在第二轮以后发现错吃，则不允许纠正，犯规者因锁定了不正确牌组，不能和牌。

值得说明的是，所谓本轮内，是指错吃者在出牌后，经过他的下家、对家和上家的行牌，到未抓牌之前为止。

（2）报吃牌后，亮明可吃牌的搭子（如有一万和三万，本应及时取回上家打出的二万），却疏忽大意取回其他牌，不能组成一副顺子。在本轮内发现，允许调换取回二万，为有效吃牌，给予警告。若迟误超过一轮，则不得再调换取回二万，犯规者因锁定了不正确牌组，不能和牌。

（3）报吃牌后，亮明自己吃牌的搭子，却没有及时取回上家打出的牌，本轮内发现，允许取回，为有效吃牌，给予警告。超过一轮后，不得再取回要吃的牌，判为"相公"，该盘停和。

4. 错碰

（1）报碰牌后，亮明两张不是对子的报碰，而手牌中确有另一张成对子的牌。比如用二万和三万，碰别人打出的三万。在本轮内发觉允许其调换，在下一轮将二万作为暴露张打出，给予警告。如果在第二轮以后发现自己错碰，则不允许纠正，犯规者因锁定了不正确牌组，不能和牌。

（2）报碰牌后，亮明一对可以碰进的牌（如一对 3 饼），却从牌池中取错了牌，在本轮内如能发现，允许及时调换与纠正，给予警告。若超过本轮，犯规者因锁定了不正确牌组，不能和牌。

（3）报碰牌后，没有立即从牌池中取回所碰的牌，本轮内发现允许及时取回，给予警告。若超过本轮，不得再取回牌，判为"相公"，该盘停和。

5. 错杠

（1）报杠牌后，亮明的三张牌有错，而手牌中确有杠的牌。在本轮内发觉允许调换，在下一轮将错张作为暴露张打出，给予警告。如果在第二轮以后发现自己错杠，则不允许纠正，犯规者因锁定了不正确牌组，不能和牌。

（2）报杠牌后，却从牌池中取错了牌，在本轮内如能发现，允许及时调换与纠正，给予警告。若超过本轮，犯规者因锁定了不正确牌组，不能和牌。

（3）报杠牌后，没有在牌墙最后补进一张牌，本轮内发现允许及时取回，给予警告。若超过本轮，不得再取回牌，判为"相公"，该盘停和。

6. 空吃、空碰、空杠

手中没有可吃、碰、杠的牌，却报出了"吃"、"碰"、"杠"，或者手中虽有这样的牌，报出后却又不吃、不碰、不杠。一盘之内，第一次警告，第二次罚5分，第三次罚10分，第四次罚20分，以此类推。

7. 过急抓牌

所谓过急抓牌，即上家未打出的牌，下家便动手抓牌。

在竞技麻将比赛过程中，倘若出现过急抓牌，可按以下三种情况给予不同处理：

（1）若只触及或抓起牌，并没有翻看牌面，在一盘比赛之内，第一次给予警告，第二次扣罚5分，第三次扣罚10分，第四次扣罚20分，以此类推。

（2）若已翻看牌面，在一盘比赛之内，第一次扣罚5分，第二次扣罚10分，第三次扣罚20分，以此类推。

（3）过急抓牌，并把此牌插入或混入手牌中，该盘停和。

8. 碰牌超时

碰牌或杠牌比吃牌优先，但应在3秒之内报碰。超出3秒，即为犯规，裁判员有权制止。在一盘比赛之内，第一次提出警告，第二次扣罚5分，第三次扣罚10分，第四次扣罚20分，以此类推。

9. 错和

（1）报和后，和牌没有达到起和分或看错别人打出的牌而不能成和，没有亮牌，予以停和并罚向各家支付10分，该盘继续比赛。错和者陪打，别人和牌后，按规定付分。

（2）报和后，发现错和并亮明手牌（无论部分或全部手牌），则判为该盘停和，罚付各家各10分，继续比赛，错和者陪打，亮明的手牌应陆续打出，出牌的顺序不予限制。

（3）报和后，发现错和且把手牌匆忙混入牌墙或牌池之中，使本盘比赛无法继续进行，这是有意的严重犯规行为，应判为诈和，并罚给各家 20 分。

10. 诈和

尚差一张牌才能听牌，却误以为已经听牌，在他人打出牌时，自己宣布和牌。本盘停和并罚给各家 20 分，该盘继续比赛，诈和者继续陪打，别人和牌后，按规定付分。

差两张牌才能听牌，却宣布和牌，即为有意诈和，应予取消比赛资格。

11. 暴露牌张

(1) 牌手在行牌过程中，将自己的手牌暴露于桌面。暴露的牌就作为罚张，放在暗手的右边位置。在自己有打牌的机会时打出，一旦忘记打罚张，打了别的牌后，罚张便成为"死罚张"，以后不得打出，失去了和牌的权利。

有的牌手习惯性地不停摆弄自己的手牌，在倒来倒去时往往容易暴露。凡是有人能指明牌面，按暴露张处理。

报吃时过急亮牌，别人报碰并未超出 3 秒，过急亮明的牌张，按暴露张处理。

牌手在理牌或从手牌中取牌时，由于无意的不适当动作，碰翻一两张牌，如果当时无人指出，一般不按罚张处理，给予警告。

(2) 牌手在行牌过程中，将别人的手牌暴露于桌面。裁判员可视情节轻重，判罚责任者给被干扰者 5~60 分，并由裁判员裁决本盘是否继续比赛。

牌手在行牌过程中，将别人的手牌暴露于桌面有三种情况：

一是牌手由于无意识动作，使一家手牌暴露一张或两张，裁判给予警告，判罚 5 分给予补偿。若暴露三张或四张，裁判可判罚 20 分给予补偿。是否继续进行比赛，暴露的牌是否打出，应由被补偿方自己决定。若被暴露超过五张之多，裁判应决定该盘停止比赛，可判罚 60 分，被罚 60 分中 40 分给予受损害方，所剩 20 分应分别给间接受到损害的其他两家各 10 分。原庄不变，本圈增加一盘。

二是由于无意识动作（如移动牌桌），使两家或三家对手的手牌暴露。裁判应判本盘停止比赛，赔罚给三家各 20 分，原庄不变，本圈增加一盘。

三是故意使旁家手牌暴露，对故意违规者从重判罚。暴露一张判罚 20 分，暴露两张判罚 40 分，暴露三张以上判罚 60 分。是否继续进行比赛、暴露的牌是否打出，应由受损害方决定。如果不能继续比赛，还要赔罚给间接受损害者其他两家各 20 分。如果继续比赛，有意犯规方停和。

(3) 牌手在行牌过程中，翻开牌墙的牌。如果选手在轮到自己摸牌时，翻开了墙头的下一张牌。他便一定要摸取该牌（不准报牌），并且该牌当作暴露张处理。如果牌手在不到自己摸牌时，翻开了墙头的下一张牌，裁判员可以提出警告；同一牌手在一局比赛中第二次出现，扣罚 10 分；第三次出现，扣罚 20 分。而轮到摸该牌者有权选择照常摸取该牌还是由裁判员把该牌与附近牌墙适量的牌（12 张以上）洗匀，砌回牌墙再摸牌。

（4）临近一盘结束翻看墙牌与别人的牌，裁判员可以提出警告；同一牌手在一局比赛中第二次出现，罚扣 10 分；第三次出现，罚扣 20 分，以此类推。

（5）报和者尚未被裁判员审定和确认，有人便推牌亮牌。如报和成立，客观上没有影响别人的合法权益和行牌，给予警告。同一牌手在一局比赛中第二次出现，罚扣 10 分；第三次出现，罚扣 20 分，以此类推。

如和牌不成立，推牌亮明者停和陪打，将所暴露的牌张一一打出，出牌的顺序不予限制。倘若在别人报和牌时，把推倒的手牌与牌墙、牌池的牌搅混一起，或是擅自翻看牌墙的牌、别人的牌，造成该盘不能继续比赛，罚毁牌者付无过错的两家各 20 分，不付给错和者。

12. 报牌出错

（1）有人报碰，却亮出三张相同的牌，不得改报杠，执行碰牌，将多暴露的一张牌判为罚张打出。

（2）报碰又改为报杠，即使多余的一张未亮出，也应判为罚张打出。

（3）报吃牌或碰牌后又改报和牌者，只亮明吃或碰的牌组时，此轮不准和牌，给予警告。亮明的手牌，判作罚张陆续打出。

（4）出牌不应报牌名，若出牌报错牌名，导致其他家误和牌，由报错牌者为三家付分。

13. 牌张数目的错误

暗手与明张加在一起，非打牌时应为 13 张牌（杠子一组当作三张牌），打牌前应为 14 张牌。如果手牌少了，称为"小相公"；手牌多了，称为"大相公"。无论是"小相公"还是"大相公"，这盘都失去和牌资格，只能陪打。

14. 非法信息

牌手在比赛中，不得出现多余的嫌疑动作，凡出现两次以上的异常动作，视为具有暗示性的违规行为。裁判员一经发现，应予口头警告或处罚。

牌手在行牌过程中，凡以暗示、表情、动作等方式向同桌的其他牌手进行诱惑、误导或传递信息，无论对方受害或获益与否，都予以本盘停和的处罚，只做陪打；重犯者，取消继续比赛资格。

牌手在比赛中携带手机、电脑等电子通信设备违规获取非法信息，应予以停和或停赛的处罚。

15. 严重干扰比赛

牌手明显犯规后，经劝告仍不服裁决，并无理取闹，严重干扰比赛正常进行，裁判长有权做出取消其当场比赛资格的处分。竞赛组织机构有权令其退出赛场，予以通报，并交由体育领导机关做出处理。

严重干扰比赛的行为有：

（1）违反赛区规定，寻衅闹事、破坏公物。

（2）谩骂、侮辱对手、裁判员、竞赛组织者及观众。

（3）打交易麻将、人情麻将、默契麻将等。

（4）参赛资格弄虚作假、冒名顶替。

（5）不服从裁判判罚，比赛过程中发泄情绪，乱出牌，影响比赛正常进行者。

（6）不服从裁判判罚，罢赛。

（7）无故不参加开、闭幕式，拒绝领奖。

（三）处罚政策

为加强对竞赛的管理，保证竞赛的健康进行。对违反赛风赛纪的有关人员，坚持教育与处罚相结合的原则。处罚时，要注意区别有意与无意、初次与再次、一般与严重的情节给予不同处罚。

1. 从轻处罚

有下列情形之一的，可以从轻或免予处罚：

（1）情节轻微，未造成严重后果的。

（2）主动承认错误并及时改正的。

（3）被他人胁迫或诱骗的。

2. 从重处罚

有下列情形之一的，可以从重处罚：

（1）罢赛。

（2）行贿、受贿、索贿、操纵比赛结果。

（3）利用作弊手段谋取利益。

（4）唆使、胁迫、诱骗他人违反赛风赛纪管理办法的。

（5）对检举人、证人打击、报复的。

（6）屡犯不改的。

第二章 番种定义分值

1998版《中国麻将竞赛规则》（以下简称《规则》）认定的番种共有81个，是从国内外流传的460个番种中精心筛选出来的。各番种之间都有内在关联，有的是对应关系，如"清幺九"与"混幺九"；"全幺九"与"全带幺"；"清一色"与"混一色"；"四同刻"与"四同顺"；"全求人"与"不求人"；"全大"与"全中"、"全小"等。有的是递进关系，如"三色双龙会"与"一色双龙会"；"三风刻"与"小四喜"、"大四喜"；"双明杠"与"双暗杠"；"三杠"与"四杠"等。由此使《规则》所选定的81个番种，形成一个有机整体。

一、番种的定义与分值

番种分值是以比赛分为单位，1番即为1分，88番即88分。不同难度组成的番种分值也不同，番种的分值分为12级，依次为88分、64分、48分、32分、24分、16分、12分、8分、6分、4分、2分、1分。

81个番种分为九个系列，即字牌系列、序数牌系列、刻系列、七对系列、花色组合系列、全带系列、不靠系列、和牌方式系列、特殊系列。

（一）字牌系列

字牌番种系列有"大四喜"、"大三元"、"小四喜"、"小三元"、"字一色"、"三风刻"、"双箭刻"、"箭刻"、"圈风刻"及"门风刻"10个番种。

1. 大四喜

由四副风刻（杠）组成的和牌，为"大四喜"番种，其分值是88分。

牌例1：

此牌例主体番种是"大四喜"。

牌例2：

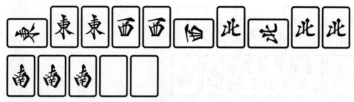

此牌例主体番种是"大四喜"。

2. 大三元

和牌中，有中、发、白三副刻（杠）子，为"大三元"番种，其分值是88分。

牌例1：

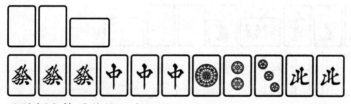

此牌例主体番种是"大三元"。

牌例2：

此牌例主体番种是"大三元"。

3. 小四喜

和牌时有风牌的三副刻（杠）子及将牌，为"小四喜"番种，其分值是64分。

牌例1：

此牌例主体番种是"小四喜"。

牌例2：

此牌例主体番种是"小四喜"。

4. 小三元

和牌时有箭牌的两副刻（杠）子和将牌，为"小三元"番种，其分值是 64 分。

牌例1：

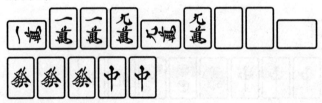

此牌例主体番种是"小三元"。

牌例2：

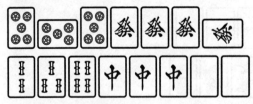

此牌例主体番种是"小三元"。

5. 字一色

由字牌的刻子（杠）和将牌组成的和牌，为"字一色"番种，其分值是 64 分。

牌例1:

此牌例主体番种是"字一色"。

牌例2:

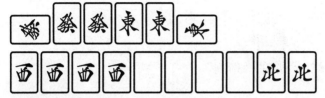

此牌例主体番种是"字一色"。

6. 三风刻

和牌中有三个风刻,为"三风刻"番种,其分值是12分。

牌例1:

此牌例主体番种是"三风刻"。

牌例2:

此牌例主体番种是"三风刻"。

7. 双箭刻

和牌中有两个箭刻(杠),为"双箭刻"番种,其分值是6分。

牌例1:

此牌例是由三张白板及三张红中组成的"双箭刻"番种。

牌例2：

此牌例是由三张白板及三张发财组成的"双箭刻"番种。

8. 箭刻

由中、发、白三张相同的牌组成的刻子，即为"箭刻"，其分值是2分。

牌例1：

此牌例是由三张红中组成的"箭刻"。

牌例2：

此牌例是由三张白板组成的"箭刻"。

9. 圈风刻

所谓"圈风刻"，就是抓到与圈风相同的风刻。

与圈风相同的风刻，即为"圈风刻"番种，其分值是2分。

第一圈为东风圈，第二圈为南风圈，第三圈为西风圈，第四圈为北风圈。由此推出第一圈内东风刻即为"圈风刻"；第二圈内南风刻即为"圈风刻"；第三圈内西风刻即为"圈风刻"；第四圈内北风刻即为"圈风刻"。

牌例1：

第二圈为南风圈，在第二圈内任何一家抓到或碰到南风刻，即为"圈风刻"。

牌例2：

第三圈为西风圈，在第三圈内任何一家抓到或碰到西风刻，即为"圈风刻"。

10. 门风刻

与本门风相同的风刻，即为"圈风刻"番种，其分值是2分。

提示：本盘内庄家坐庄时本门风为东风，庄家的下家（右手旁）本门风为南风，庄家的对家本门风为西风，庄家的上家（左手旁）本门风为北风。由此推出庄家的东风刻，庄家下家的南风刻，庄家对家的西风刻，庄家上家的北风刻，均为各自的"门风刻"。

牌例 1：

对家是庄家时，抓到或碰到西风刻，即为"门风刻"。

牌例 2：

下家是庄家时，抓到或碰到北风刻，即为"门风刻"。

（二）序数牌系列

序数牌系列有 16 个番种：

步步高类："一色四步高"、"一色三步高"、"三色三步高"、"平和"四个番种。

同顺类："一色四同顺"、"一色三同顺"、"三色三同顺"、"一般高"、"喜相逢"五个番种。

龙类："清龙"、"组合龙"、"花龙"、"连六"（俗称小龙）四个番种。

老少类："一色双龙会"、"三色双龙会"、"老少副"三个番种。

1. 一色四步高

和牌时，有一种花色四副依次递增一位数或依次递增两位数的顺子，为"一色四步高"番种，其分值是 32 分。

牌例 1：

此牌例是一种花色四副依次递增一位数的"一色四步高"番种。

牌例 2：

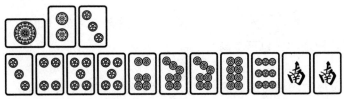

此牌例是一种花色四副依次递增两位数的"一色四步高"和牌牌型，主体番种是"一色四步高"。

2. 一色三步高

和牌时，有一种花色三副依次递增一位或依次递增两位数字的顺子，为"一色三步高"番种，其分值是16分。

牌例1：

此牌例主体番种是"一色三步高"。

牌例2：

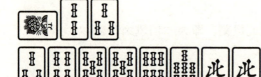

此牌例主体番种是"一色三步高"。

3. 三色三步高

和牌中有三种花色三副依次递增一位序数的顺子，为"三色三步高"番种，其分值是6分。

牌例1：

此牌例主体番种是"三色三步高"。

牌例2：

此牌例主体番种是"三色三步高"。

4. 平和

由四副顺子及序数牌做将组成的和牌，为"平和"番种，其分值是2分。

牌例 1：

此牌例是由四副顺子及序数牌做将组成的和牌，为"平和"番种。

牌例 2：

此牌例是由四副顺子及序数牌做将组成的和牌，为"平和"番种。

5. 一色四同顺

和牌中有一种花色四副序数相同的顺子，为"一色四同顺"番种，其分值是 48 分。

牌例 1：

此牌例主体番种是"一色四同顺"。

牌例 2：

此牌例主体番种是"一色四同顺"。

6. 一色三同顺

和牌时有一种花色三副序数相同的顺子，为"一色三同顺"番种，其分值是 24 分。

牌例1：

此牌例主体番种是"一色三同顺"。

牌例2：

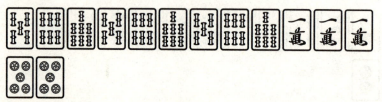

此牌例主体番种是"一色三同顺"。

7. 三色三同顺

和牌时有三种花色三副序数相同的顺子，为"三色三同顺"番种，其分值是8分。

牌例1：

此牌例主体番种是"三色三同顺"。

牌例2：

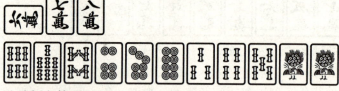

此牌例主体番种是"三色三同顺"。

8. 一般高

由一种花色两副相同的顺子组成的牌，为"一般高"番种，其分值是1分。

牌例1:

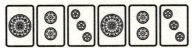

此牌例是由两副相同的123饼顺子组成的"一般高"番种。

牌例2:

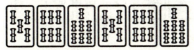

此牌例是由两副相同的567条顺子,组成的"一般高"番种。

9. 喜相逢

由两种花色两副序数相同的顺子组成的牌,为"喜相逢"番种,其分值是1分。

牌例1:

此牌例是由两种花色两副序数相同的567顺子组成的"喜相逢"番种。

牌例2:

此牌例是由两种花色两副序数相同的678顺子组成的"喜相逢"番种。

10. 清龙

和牌时,有一种花色1~9相连接的序数牌,为"清龙"番种,其分值是16分。

牌例1:

此牌例主体番种是"清龙"。

牌例2:

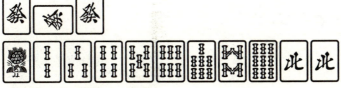

此牌例主体番种是"清龙"。

11. 组合龙

和牌中有三种花色的 147、258、369 不能错位的序数牌，为"组合龙"番种，其分值是 12 分。

牌例 1：

此牌例主体番种是"组合龙"。

牌例 2：

此牌例主体番种是"组合龙"。

12. 花龙

和牌中有三种花色的三副顺子连接成 1~9 的序数牌，为"花龙"番种，其分值是 8 分。

牌例 1：

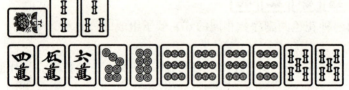

此牌例主体番种是"花龙"。

牌例 2：

此牌例主体番种是"花龙"。

13. 连六

一种花色六张相连接的序数牌，为"连六"番种，其分值是 1 分。

牌例1：

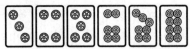

此牌例是由3~8饼六张相连接的序数牌组成的"连六"番种。

牌例2：

此牌例是由一万至六万六张相连接的序数牌组成的"连六"番种。

14. 一色双龙会

和牌中有一种花色的两个老少副，5为将牌，为"一色双龙会"番种，其分值是64分。

这一对5的将牌，好比是"龙珠"，两组老少副好比两条只现龙首龙尾的龙，好一幅"双龙戏珠"图。

牌例1：

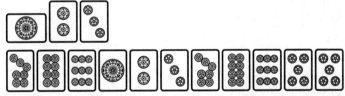

此牌例主体番种是"一色双龙会"。

牌例2：

此牌例自摸一万和牌。主体番种是"一色双龙会"。

15. 三色双龙会

两种花色两个老少副、另一种花色5做将牌的和牌，为"三色双龙会"番种，其分值是16分。

"三色双龙会"与"一色双龙会"的区别在于"三色双龙会"必须三种花色搭配。好似两条不同色彩的龙，在争抢戏要一对5做将另一色的"彩珠"。

牌例1:

此牌例主体番种是"三色双龙会"。

牌例2:

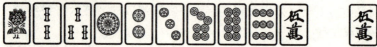

此牌例自摸牌墙上最后一张五万和牌。主体番种是"三色双龙会"。

16. 老少副

一种花色牌的123与789两副顺子,为"老少副"番种,其分值是1分。

牌例1:

由一种花色牌的一二三万及七八九万两副顺子组成的"老少副"番种。

牌例2:

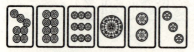

由一种花色牌的123饼及789饼两副顺子组成的"老少副"番种。

(三) 刻系列

刻子系列:"四暗刻"、"清幺九"、"一色四节高"、"混幺九"、"一色三节高"、"全双刻"、"三同刻"、"三暗刻"、"三色三节高"、"碰碰和"、"双同刻"、"双暗刻"、"幺九刻"共13种。

杠子系列:"四杠"、"三杠"、"双暗杠"、"双明杠"、"暗杠"、"明杠"共6种。

1. 四暗刻

和牌中有四个暗刻(暗杠),为"四暗刻"番种,其分值是64分。

牌例1:

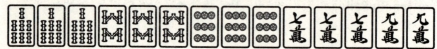

此牌例四个刻子皆为暗刻。主体番种是"四暗刻"。

牌例2：

此牌例有两个暗杠及两个暗刻，主体番种是"四暗刻"。

2. 清幺九

由序数牌一、九刻（杠）子组成的和牌，为"清幺九"番种，其分值是64分。

牌例1：

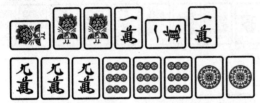

此牌例是由序数牌一、九刻子组成的和牌。主体番种是"清幺九"。

牌例2：

此牌例主体番种是"清幺九"。

3. 一色四节高

和牌中有一种花色四副依次递增一位数的刻（杠）子，为"一色四节高"番种，其分值是48分。

牌例1：

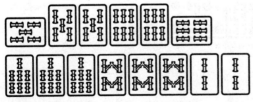

此牌例主体番种是"一色四节高"。

牌例2：

此牌例主体番种是"一色四节高"。

4. 混幺九

由字牌和序数牌一、九的刻（杠）子及将牌组成的和牌，为"混幺九"番种，其分值是32分。

"混幺九"与"清幺九"的区别在于前者有字刻，后者无字刻。

牌例1：

此牌例主体番种是"混幺九"。

牌例2：

此牌例主体番种是"混幺九"。

5. 一色三节高

和牌时有一种花色三副依次递增一位数字的刻（杠）子，为"一色三节高"番种，其分值是24分。

牌例1：

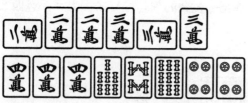

此牌例主体番种是"一色三节高"。

牌例2：

此牌例主体番种是"一色三节高"。

6. 全双刻

由 2、4、6、8 序数牌的刻（杠）子及将牌组成的和牌，为"全双刻"番种，其分值是 24 分。

牌例1：

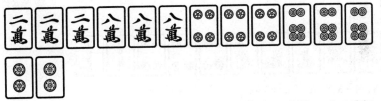

此牌例是由 2、4、6、8 序数牌的刻子及将牌组成的"全双刻"。

牌例2：

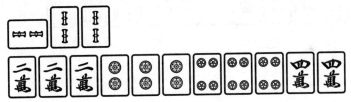

此牌例主体番种是"全双刻"。

7. 三同刻

和牌中有三个序数相同的刻子（杠），为"三同刻"番种，其分值是 16 分。

牌例1：

此牌例主体番种是"三同刻"。

牌例 2：

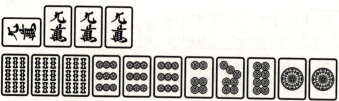

此牌例主体番种是"三同刻"。

8. 三暗刻

和牌中有三个暗刻（杠），为"三暗刻"番种，其分值是 16 分。

牌例 1：

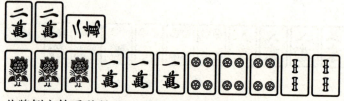

此牌例主体番种是"三暗刻"。

牌例 2：

此牌例主体番种是"三暗刻"。

9. 三色三节高

和牌中有三种花色三副依次递增一位数的刻（杠）子，为"三色三节高"番种，其分值是 8 分。

牌例 1：

此牌例主体番种是"三色三节高"。

牌例2：

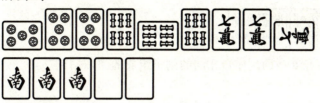

此牌例主体番种是"三色三节高"。

10. 碰碰和

由四副刻（杠）子及将牌组成的和牌，为"碰碰和"番种，其分值是6分。

竞技麻将的基础就是"碰碰和"番种，竞技麻坛新手只要学会了碰牌，基本上就可以和牌。所以，掌握"碰碰和"番种的原理及其派生的各种牌型，是打好竞技麻将的基本功。

牌例1：

此牌例主体番种是"碰碰和"。

牌例2：

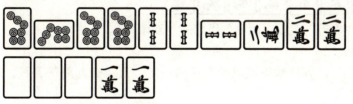

此牌例主体番种是"碰碰和"。

11. 双同刻

两副序数相同的刻（杠）子，为"双同刻"番种，其分值是2分。

牌例1：

此牌例是由五万与5饼两副序数相同的刻子组成的"双同刻"。

牌例 2：

此牌例是由八万与 8 条两副序数相同的刻子组成的 "双同刻"。

12. 双暗刻

两个暗刻为 "双暗刻" 番种，其分值是 2 分。

"双暗刻" 番种只比 "三暗刻" 番种少一个暗刻，分差就达 14 分。由此看来，"双暗刻" 番种在一副牌中只能当配角。

牌例 1：

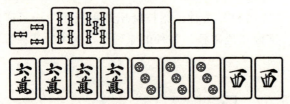

此牌例是由六万暗杠及 3 饼暗刻组成的 "双暗刻"。

牌例 2：

此牌例是由四万与五万两副暗刻组成的 "双暗刻"。

13. 幺九刻

三张相同的一、九序数牌或风牌组成的刻子，为 "幺九刻" 番种，其分值是 1 分。

牌例 1：

此牌例是由三张 1 饼组成的刻子，即为 "幺九刻"。

牌例 2：

此牌例是由三张东风组成的刻子，亦为 "幺九刻"。

14. 四杠

番种定义与分值。

和牌中有四个杠，为"四杠"番种，其分值是 88 分。

牌例 1：

此牌例是由两个明杠及两个暗杠组成的"四杠"。

牌例 2：

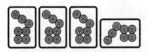

此牌例是由三个暗杠和一个明杠组成的"四杠"。

15. 三杠

和牌中有三个杠，为"三杠"番种，其分值是 32 分。

牌例 1：

此牌例主体番种是"三杠"。

牌例 2：

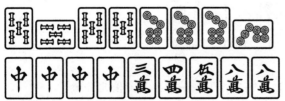

此牌例主体番种是"三杠"。

16. 双暗杠

和牌中有两个暗杠，为"双暗杠"番种，其分值是 6 分。

牌例1：

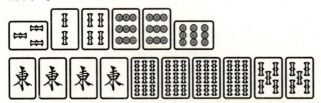

此牌例主体番种是"双暗杠"。

牌例2：

此牌例主体番种是"双暗杠"。

17. 双明杠

和牌中有两个明杠，为"双明杠"，其分值是4分。

牌例1：

此牌例有2饼与9饼两个"明杠"，即为"双明杠"番种。

牌例2：

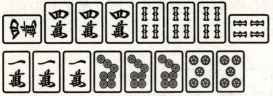

此牌例有四万与4条两个"明杠"，即为"双明杠"。

18. 暗杠

自抓四张相同的牌开杠，为"暗杠"番种，其分值是2分。

牌例1：

此牌例自抓四张相同的 7 饼开杠，是"暗杠"番种。

牌例 2：

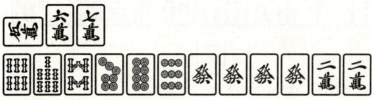

此牌例自抓四张相同的发财开杠，为"暗杠"番种。

19. 明杠

自己有暗刻，碰别人打出的一张相同的牌开杠或自己抓进一张与碰的明刻相同的牌开杠，均为"明杠"番种，其分值是 1 分。

牌例 1：

此牌例对家打出一张九万，手牌中有暗刻九万，九万杠是"明杠"。

牌例 2：

此牌例门前有发财的"明刻"，又抓来一张发财，发财杠是"明杠"。

（四）七对系列

七对系列分"连七对"、"七对"两种。

1. 连七对

由一种花色序数牌组成序数相连的七个对子的和牌，为"连七对"番种，其分值是 88 分。

牌例 1：

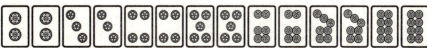

此牌例主体番种是"连七对"。

牌例 2：

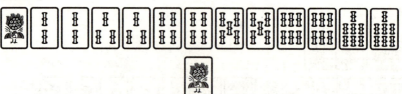

此牌例自摸 1 条和牌，主体番种是"连七对"。

2. 七对

由七个对子组成和牌，为"七对"番种，其分值是 24 分。

牌例 1：

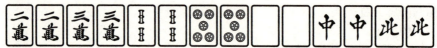

此牌例主体番种是"七对"。

牌例 2：

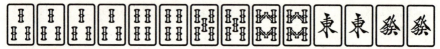

此牌例主体番种是"七对"。

（五）花色组合系列

花色组合番种系列有"绿一色"、"九莲宝灯"、"清一色"、"五门齐"、"混一色"、"缺一门"、"无字"七种。

1. 绿一色

由 2 条、3 条、4 条、6 条、8 条及发字中的任何牌组成的顺子、刻子、将的和牌，为"绿一色"番种，其分值是 88 分。

"绿一色"不是我国传统番种，20 世纪 50 年代先后出现在美国、日本和中国香港及台湾地区。"绿一色"顾名思义和牌时所有的牌全由绿色的牌组成。麻将中带绿色的牌仅有 2 条、3 条、4 条、6 条、8 条和绿发。

牌例 1：

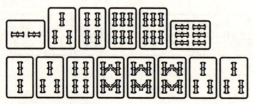

此牌例主体番种是"绿一色"。

牌例2：

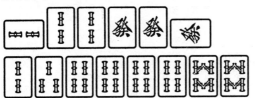

此牌例主体番种是"绿一色"。

2. 九莲宝灯

番种定义与分值。

由一种花色序数牌子按1112345678999组成的特定牌型，见同花色任何1张序数牌即成和牌，为"九莲宝灯"番种，其分值是88分。

牌例1：

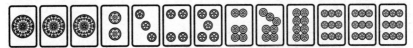

此牌例是"九莲宝灯"标准牌型，1饼至9饼都是听张。

牌例2：

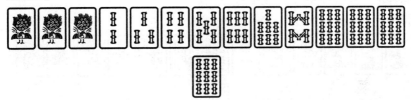

此牌例也是"九莲宝灯"标准牌型，1条至9条都是听张，自摸牌墙上最后一张牌9条和牌。

3. 清一色

由一种花色的序数牌组成的和牌，为"清一色"番种，其分值是24分。

牌例1：

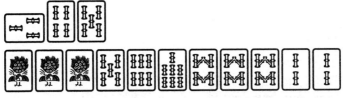

此牌例主体番种是"清一色"。

牌例 2：

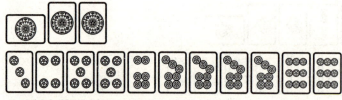

此牌例主体番种是"清一色"。

4. 五门齐

和牌中三种序数牌、风牌、箭牌齐全，为"五门齐"番种，其分值是6分。

牌例 1：

此牌例主体番种是"五门齐"。

牌例 2：

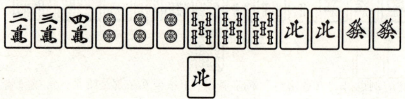

此牌例自摸北风和牌。主体番种是"五门齐"。

5. 混一色

由一种花色序数牌和字牌组成的和牌，为"混一色"番种，其分值是6分。

牌例 1：

此牌例主体番种是"混一色"。

牌例2：

此牌例主体番种是"混一色"。

6. 缺一门

和牌中缺少一种花色序数牌，为"缺一门"番种，其分值是1分。

牌例1：

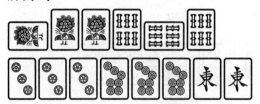

此牌例和牌中缺少一种序数牌万子，为"缺一门"番种。

牌例2：

此牌例和牌中缺少一种序数牌饼子，为"缺一门"番种。

7. 无字

和牌中没有风、箭牌，为"无字"番种，其分值是1分。

牌例1：

此牌例和牌中没有风牌、箭牌，为"无字"番种。

牌例2：

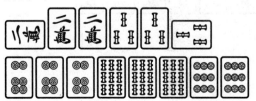

此牌例和牌中没有风牌、箭牌，为"无字"番种。

（六）全带系列

全带番种系列有"全大"、"全中"、"全小"、"全带五"、"大于五"、"小于五"、"全带幺"七个番种。

1. 全大

由序数牌789组成的顺子、刻子（杠）、将牌的和牌，为"全大"番种，其分值是24分。

牌例1：

此牌例主体番种是"全大"。

牌例2：

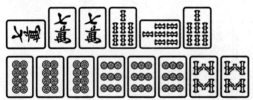

此牌例主体番种是"全大"。

2. 全中

由序数牌456组成的顺子、刻子（杠）、将牌的和牌，为"全中"番种，其分值是24分。

牌例1：

此牌例主体番种是"全中"。

牌例2：

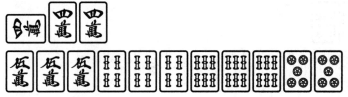

此牌例主体番种是"全中"。

3. 全小

由序数牌123组成的顺子、刻子（杠）、将牌的和牌，为"全小"番种，其分值是24分。

牌例1：

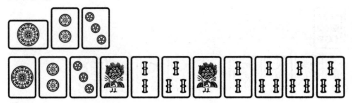

此牌例主体番种是"全小"。

牌例2：

此牌例主体番种是"全小"。

4. 全带五

和牌时每副牌及将牌都有5的序数牌，为"全带五"番种，其分值是16分。

牌例1：

此牌例主体番种是"全带五"。

牌例2：

此牌例主体番种是"全带五"。

5. 大于五

由序数牌 6~9 的顺子、刻子（杠）、将牌组成的和牌，为"大于五"番种，其分值是 12 分。

牌例1：

此牌例主体番种是"大于五"。

牌例2：

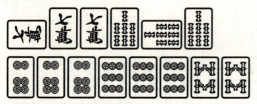

此牌例主体番种是"大于五"。

6. 小于五

由序数牌 1~4 的顺子、刻子、将牌组成的和牌，为"小于五"番种，其分值是 12 分。

牌例1：

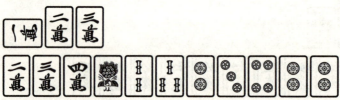

此牌例主体番种是"小于五"。

牌例2：

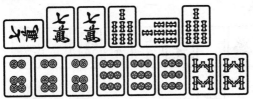

此牌例主体番种是"小于五"。

7. 全带幺

和牌时，每副牌、将牌都有幺牌，为"全带幺"番种，其分值是4分。

提示："全带幺"的"幺"有13种。即东风、西风、南风、北风、红中、发财、白板、一万、1条、1饼、九万、9条、9饼。

牌例1：

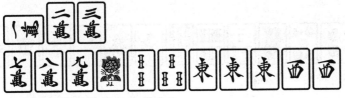

此牌例主体番种是"全带幺"。

牌例2：

此牌例主体番种是"全带幺"。

（七）不靠系列

不靠番种系列有"七星不靠"及"全不靠"两个番种。

1. 七星不靠

必须有七个单张的东风、西风、南风、北风、红中、发财、白板，加上三种花色，数位按147、258、369中的七张序数牌，组成没有将牌的和牌，为"七星不靠"番种，其分值是24分。

牌例1：

此牌例主体番种是"七星不靠"。

牌例2：

此牌例旁家打出一张6饼，庄家报和。主体番种是"七星不靠"。

2. 全不靠

由单张三种花色147、258、369不能错位的序数牌及东风、西风、南风、北风、红中、发财、白板中的任何14张牌组成的和牌，为"全不靠"番种，其分值是12分。

牌例1：

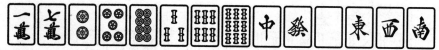

此牌例主体番种是"全不靠"。

牌例2：

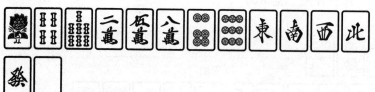

此牌例和牌时"组合龙"缺少一张，"七星"的字牌也少一张。主体番种是"全不靠"。

（八）和牌方式系列

和牌方式系列有"杠上开花"、"抢杠和"、"妙手回春"、"海底捞月"、"全求人"、"不求人"、"和绝张"、"门前清"、"断幺"、"边张"、"坎张"、"自摸"、"单钓将"13个番种。

1. 杠上开花

开杠抓进的牌成和牌，为"杠上开花"番种，其分值是8分。

牌例 1：

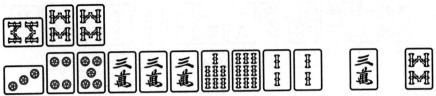

此牌例抓到三万补暗杠，从杠上又抓到一张 8 条形成和牌。主体番种是"杠上开花"。

牌例 2：

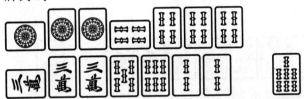

此牌例上家打出 4 条，庄家报杠，从牌墙上抓到一张 7 条形成"杠上开花"番种和牌。

2. 抢杠和

和别人自抓开明杠的牌，为"抢杠和"番种，其分值是 8 分。

牌例 1：

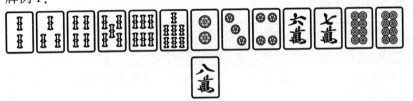

此牌例上家已经碰出八万一刻，又抓到一张八万，亮明补杠，庄家抢八万杠报和。

牌例 2：

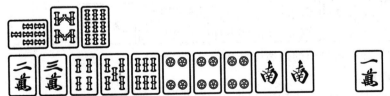

此牌例下家打出一万，上家喊杠，当上家把牌加到明刻时，庄家立即喊"和"。主体番种是"抢杠和"。

3. 妙手回春

自摸牌墙上最后一张牌和牌，为"妙手回春"番种，其分值是 8 分。

牌例1：

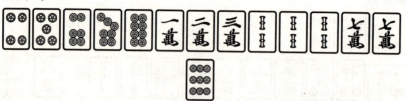

此牌例自摸牌墙上最后一张9饼和牌，为"妙手回春"番种。

牌例2：

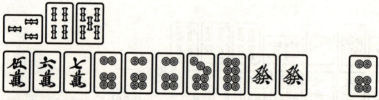

此牌例自摸牌墙上最后一张6饼和牌，为"妙手回春"番种。

4. 海底捞月

和打出的最后一张牌，为"海底捞月"番种，其分值是8分。

牌例1：

此牌例和对家打出的最后一张红中，为"海底捞月"番种。

牌例2：

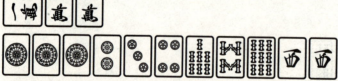

此牌例和上家打出的最后一张9条，为"海底捞月"番种。

5. 全求人

全靠吃牌、碰牌、单钓别人打出的牌和牌，为"全求人"番种，其分值是6分。

牌例 1：

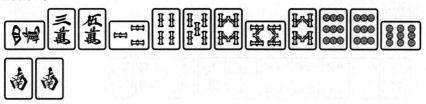

此牌例四副牌全是吃牌、碰牌，最后单钓旁家打出的南风和牌，为"全求人"番种。

牌例 2：

此牌例四副牌全是吃牌、碰牌，最后下家打出的 1 饼点和，为"全求人"番种。

6. 不求人

四副牌及将牌全是自摸，为"不求人"番种，其分值是 4 分。

牌例 1：

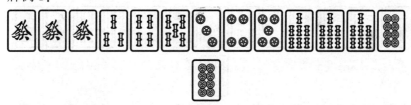

此牌例没有吃牌、碰牌或明杠，自摸 8 饼和牌，为"不求人"番种。

牌例 2：

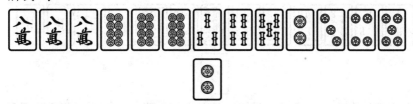

此牌例没有吃牌、碰牌或明杠，自摸 2 饼和牌，为"不求人"番种。

7. 和绝张

和台面上已亮明的最后一张牌（第四张牌），为"和绝张"番种，其分值是 4 分。

牌例1：

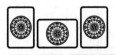

此牌例对家又打出一张1饼，形成"和绝张"番种。

牌例2：

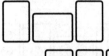

此牌例牌池中见了两张7条，此时下家又打出一张7条，对家见7条安全，也跟张打出最后一张7条，庄家报和，形成"和绝张"番种。

8. 门前清

没有吃、碰、明杠，和别人打出的牌，为"门前清"番种，其分值是2分。

牌例1：

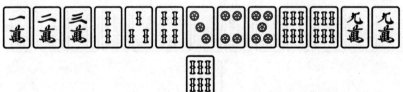

此牌例没有吃牌、碰牌及明杠，和旁家打出的6条，为"门前清"番种。

牌例2：

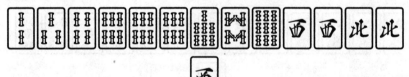

此牌例没有吃牌、碰牌及明杠，和旁家打出西风，为"门前清"番种。

9. 断幺

和牌中没有一、九及字牌，为"断幺"番种，其分值是2分。

牌例 1：

此牌例和牌中没有一、九及字牌，为"断幺"番种。

牌例 2：

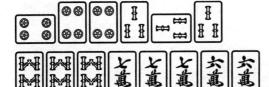

此牌例和牌中没有一、九及字牌，为"断幺"番种。

10. 边张

单和 123 的 3 及 789 的 7 或 1233 和 3、7789 和 7，均为"边张"番种，其分值是 1 分。

提示：手牌中有 12345 和 3，56789 和 7 都不算边张。

牌例 1：

此牌例中有四张八万，牌手放弃开暗杠的"杠上开花"的机会，听边张七万。

牌例 2：

此牌例自摸边张 3 条和牌，3 条为"边张"番种。

11. 坎张

和两张牌之间的牌，为"坎张"，其分值是 1 分。

提示：4556 和 5，7889 和 8 均为"坎张"；45567 和 6，23345 和 4 不算"坎张"。

牌例1：

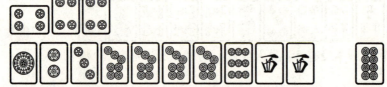

此牌例中有四张 7 饼，庄家放弃开暗杠的"杠上开花"的机会，听坎张 8 饼。

牌例2：

此牌例自摸五万和牌，五万为"坎张"番种。

12. 自摸

自己抓进牌成和牌，为"自摸"番种，其分值是 1 分。

牌例1：

此牌例自己抓进 8 条和牌，为"自摸"和牌。

牌例2：

此牌例自己抓进南风和牌，为"自摸"和牌。

13. 单钓将

钓单张牌做将成和，为"单钓将"番种，其分值是 1 分。

牌例 1：

此牌例单钓发财做将和牌。

牌例 2：

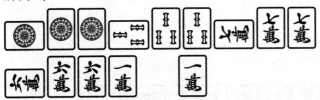

此牌例已上听，单钓一万做将和牌，旁家打出一万点和，为"单钓将"番种。

（九）特殊系列

特殊番种系列有"十三幺"、"无番和"、"推不倒"、"四归一"、"花牌"五个番种。

1. 十三幺

由三种序数牌的一、九牌和七种字牌及其中一对做将组成的和牌，为"十三幺"番种，其分值是 88 分。

牌例 1：

此牌例"十三幺"已经上听，没有将牌，可和"十三幺"中的任何一张牌，自摸东风和牌。主体番种是"十三幺"。

牌例 2：

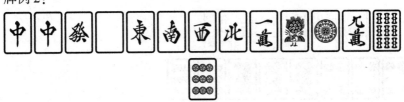

此牌例"十三幺"已经上听，有了红中做将牌，只能和"十三幺"中所缺的9饼一张牌。尾盘时对家打出9饼，庄家和牌。主体番种是"十三幺"。

2. 无番和

和牌后，数不出任何番种分，为"无番和"番种，其分值是8分。

"无番和"俗称"穷和"。从番名的文字语言上看，似乎实现"穷和"十分容易，实则不然，它需左躲右闪，千方百计防止出现某些低番值番种，如"绝张"、"一般高"、"喜相逢"、"门前清"、"无字"、"断幺"、"平和"、"幺九刻"、"连六"、"坎张"、"单钓将"、"自摸"。

牌例1：

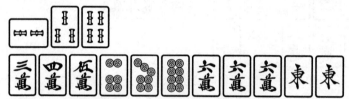

此牌例旁家打出五万，庄家报和，主体番种为"无番和"。

牌例2：

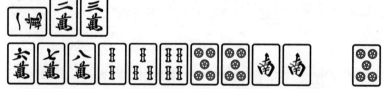

此牌例旁家打出5饼，庄家报和，主体番种为"无番和"。

3. 推不倒

由牌面图形没有上下区别的1234589饼、245689条、白板等组成的顺子、刻子、将牌的和牌，为"推不倒"番种，其分值是8分。

牌例1：

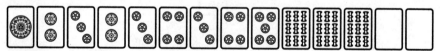

此牌例主体番种是"推不倒"。

牌例2：

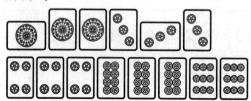

此牌例主体番种是"推不倒"。

4. 四归一

和牌中，有四张相同的牌归于一家的顺子、刻子、对子、将牌中（不包括杠牌），为"四归一"番种，其分值是2分。

牌例1：

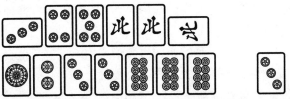

此牌例旁家打出3饼点和，和牌中有四张3饼归于一家，为"四归一"番种。

牌例2：

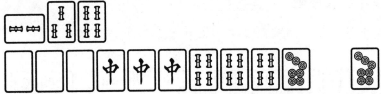

此牌例旁家打出7饼点和，和牌中有四张4条归于一家，为"四归一"番种。

5. 花牌

花牌是一种特殊牌张。它的特点如下：

第一，花牌既不能吃，也不能碰，好像麻将桌上的一道新鲜菜，用来调节口味，增加情趣。

第二，一张花牌虽可计1分，但必须和牌才有分，如果不和牌，花牌抓得再多也没有用。

第三，花牌不能当作起和分和牌，只有和牌后才可以加计在基本分内。

二、基本分的计分原则

基本分就是和牌时各个番种的合计分。《番种分值表》是计分的依据。在计分时，要遵循下列原则：

（一）不重复原则

当某个番种，由于组牌的条件决定在其成立的同时，必然并存着其他番种，依照不重复原则，则其他番种不重复计分。

比如，"大三元"番种由三个"箭刻"组成，必然并存着"箭刻"的番种；"小四喜"番种中必然并存着"三风刻"番种；"一色四步高"番种中必然并存着"一色三步高"番种等。

某些番种有特定的组牌形式，在这种特定的组牌形式中不可避免地会出现某些相关番种。依照不重复原则，某些相关番种不重复计分。

比如，"连七对"番种，必然有"清一色"、"门前清"、"单钓将"番种；"一色双龙会"与"三色双龙会"番种，必然有"平和"、"老少副"、"一般高"及"喜相逢"番种；"清龙"番种，必然有"连六"、"老少副"番种。

（二）不拆移原则

确定一个番种后，不能将其再拆开互相组成新的番种计分。

牌例1：

此牌主体番种是"七对"，除了"七对"外，不能再拆开而组成"一般高"、"喜相逢"番种。

牌例2：

此牌主体番种是"三色双龙会"番种。根据不拆移的原则，不能再拆开而组成"老少副"、两个"喜相逢"番种。

（三）不得相同的原则

凡已组合过某一番种的牌，不能再同其他一副牌组成相同的番种计分。

牌例1：

此牌主体番种是"花龙"，组合过"花龙"用的是第一副789条。根据不得相同的原则，不能再用第二副789条，与一二三万和456饼组成相同的"花龙"。

牌例2：

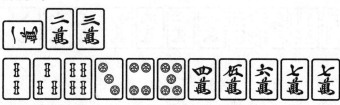

此牌主体番种是"三色三步高"，组合过"三色三步高"用的是一二三万、234条、345饼。根据不得相同的原则，不能再用234条、345饼与四五六万组成相同的"三色三步高"。

（四）就高不就低原则

有两副以上的牌，有可能组成两个以上的番种，而只能选其中一种计分时，可选择分高的番种计分。

牌例：

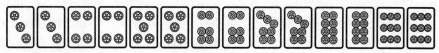

此牌自摸9饼和牌。可以组合成两种和牌：

第一种是主体番种是"连七对"88分，加计"自摸"1分，计89分。

第二种是主体番种是"清一色"24分，一个"连六"1分、两个"一般高"2分、"平和"2分及"不求人"4分，计33分。

根据就高不就低原则，可选择第一种89分的"连七对"番种计分。

（五）套算一次原则

如有尚未组合过的一副牌，只可同已组合过的相应的一副牌套算一次。

牌例1：

此牌主体番种是"三色三同顺"，可加计"一般高"、"全带幺"、"平和"番种分。不能再加计"喜相逢"番种分，这是因为一二三万与一二三万算过一次"一般高"番种，因此不能再与123饼或123条再套算一次"喜相逢"番种。

牌例2：

此牌是小番和牌，正确的计分方法是"门前清"2分、"平和"2分、"缺一门"1分、"连六"1分及两个"喜相逢"2分。正好达到起和分8分。

倘若先组成两个"连六"番种，就没有了两个"喜相逢"番种。因为在组成两个"连六"番种时，四副顺子均被组合过一次。依照套算一次原则，这四副顺子互相之间就不能再组合了。

三、确认与主体番种有必然联系

（一）确定主体番种

和牌后，首先根据牌型确定主体番种。"主体番种"即和牌时牌面呈现的主要番种。绝大多数主体番种的番值都在起和分8分或8分以上，只有少数的主体番种番值是6分或4分，还要通过加计附加番种番值，才能达到或超过起和分8分。

（二）确认必然联系

依照基本分的计分原则，通过大量典型牌例，为您逐一确认与主体番种有必然联系的番种。凡是与主体番种有必然联系的番种，不能再加计其番种分。

1. 大四喜

牌例1：

牌例2：

以上两个牌例主体番种均为"大四喜"。在"大四喜"番种成立的同时，必然同时并存着"三风刻"、"圈风刻"、"门风刻"、"重风刻"、"幺九刻"、"碰碰和"番种，这些番种与"大四喜"番种存在必然联系，依照不重复原则这些番种均不予计分。

2. 大三元

牌例1：

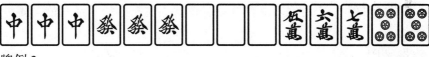

牌例2：

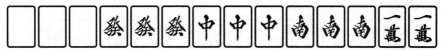

以上两个牌例主体番种均为"大三元"。在"大三元"番种成立的同时，必然同时并存着"箭刻"及"双箭刻"番种。这些番种与"大三元"番种存在着必然联系，依照不重复原则这些番种均不予计分。

3. 绿一色

牌例1：

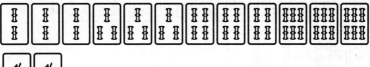

牌例2：

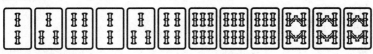

以上两个牌例主体番种均为"绿一色"。绿一色番种定义中规定，不计"混一色"番种分。

4. 九莲宝灯

牌例1：

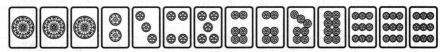

牌例2：

以上两个牌例主体番种均为"九莲宝灯"。"九莲宝灯"番种是"清一

色"番种中的一种特殊型，13 张牌全靠自摸，行牌中不能吃、碰牌。在"九莲宝灯"番种成立的同时，必然同时并存着"清一色"番种。"清一色"番种与"九莲宝灯"番种存在着必然联系，依照不重复原则"清一色"番种不予计分。

5. 四杠

牌例 1：

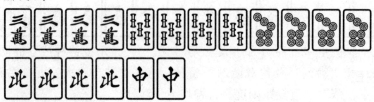

牌例 2：

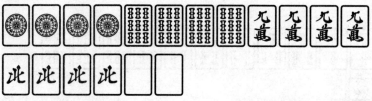

以上两个牌例主体番种均为"四杠"。"四杠"番种的定义中，只说了四个杠，没有说明是"明杠"还是"暗杠"。因此，可以把"四杠"番种的定义理解为既包含"明杠"，又包含"暗杠"。

在"四杠"番种成立的同时，必然同时并存着"碰碰和"、"三杠"、"明杠"、"双明杠"、"暗杠"、"双暗杠"、"双暗刻"、"三暗刻"及"四暗刻"番种，这些番种与"四杠"番种存在必然联系，依照不重复原则这些番种均不予计分。

6. 连七对

牌例 1：

牌例 2：

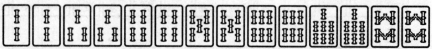

以上两个牌例主体番种均为"连七对"。在"连七对"番种成立的同时，必然同时并存着"七对"、"清一色"、"单钓将"及"门前清"番种。这些番种与"连七对"番种存在必然联系，依照不重复原则这些番种不予计分。

　　在组合"连七对"番种时，只差一张牌就成"不求人"番种的和牌，在给"连七对"番种定分值时已考虑到它组合成牌的难度，所以不另加计"不求人"番种分。

　　此外，凡是番种定义中指明是刻子（杠）或顺子的，例如："字一色"、"全大"及"清一色"番种，都不能加计其番种分，因为"连七对"番种中只有对子，没有刻子（杠）或顺子。

　　值得说明的是："清一色"番种定义虽然在"番种分值表"中只规定，"由一种花色的序数牌组成的和牌"。但又在《规则》第67页中明确规定，"由一种花色的序数牌的顺子、刻子（杠）、将牌组成的和牌"。

7. 十三幺

牌例1：

牌例2：

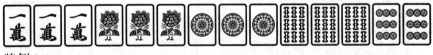

　　以上两个牌例主体番种均为"十三幺"。在"十三幺"番种成立的同时，必然并存"五门齐"、"全带幺"、"门前清"及"单钓将"番种。这些番种与"十三幺"番种存在必然联系，依照不重复原则，这些番种不予计分。

　　此外，在组合"十三幺"番种时，事实上存在"不求人"番种，为什么不计"不求人"番种分呢？只因差一张牌就成"不求人"番种的和牌，在给"十三幺"番种定分值时已考虑到它组合成牌的难度，所以不另加计"不求人"番种分。

8. 清幺九

牌例1：

牌例2：

以上两个牌例主体番种均为"清幺九"。在"清幺九"番种成立的同时，必然并存"碰碰和"、"双同刻"、"幺九刻"及"全带幺"番种。这些番种与"清幺九"番种存在必然联系，依照不重复原则，这些番种不予计分。

9. 小四喜

牌例1：

牌例2：

以上两个牌例主体番种均为"小四喜"。在"小四喜"番种成立的同时，必然并存"三风刻"及"风刻"番种。这些番种与"小四喜"番种存在必然联系，依照不重复原则，这些番种不予计分。

10. 小三元

牌例1：

牌例2：

以上两个牌例主体番种均为"小三元"。在"小三元"成立的同时，必然并存"箭刻"及"双箭刻"番种。这些番种与"小三元"番种存在必然联系，依照不重复原则，这些番种不予计分。

11. 字一色

牌例1：

牌例2：

以上两个牌例主体番种均为"字一色"。在"字一色"番种成立的同时，必然并存"碰碰和"、"全带幺"及"幺九刻"番种。这些番种与"字一色"番种存在必然联系，依照不重复原则，这些番种不予计分。

12. 四暗刻

牌例1：

牌例2：

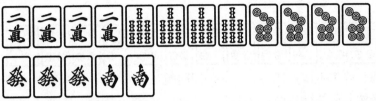

以上两个牌例主体番种均为"四暗刻"。值得说明的是暗杠亦是暗刻。在"四暗刻"番种成立的同时，必然并存"三暗刻"、"双暗刻"、"碰碰和"及"门前清"番种。这些番种与"四暗刻"番种存在必然联系，依照不重复原则，这些番种不予计分。

"四暗刻"番种的听牌方式有两种：第一种是三个暗刻（暗杠）、两副暗对，准备自摸对倒和牌；第二种是四个暗刻（暗杠）、一个单张，准备单钓将，点和或者自摸和牌。

若是第一种，只有自摸和牌才是"四暗刻"，那么这个自摸番种是必需的，自然形成有必然联系的番种，为此不应再计"自摸"番种分。

若是第二种，自摸和牌，可计"自摸"番种分，但不计"单钓将"番种分；如果是点和牌，也不计"单钓将"番种分。

13. 一色双龙会

牌例1：

牌例2：

以上两个牌例主体番种均为"一色双龙会"。在"一色双龙会"番种成立的同时，必然并存"清一色"、"平和"、"老少副"及"一般高"番种。这些番种与"一色双龙会"番种存在必然联系，依照不重复原则，这些番种不予计分。

此外，依照不拆移原则，即确定一个番种后，不能将其自身再拆开互相组成新的番种计分，这两个牌例不能再拆开组成"七对"番种。

14. 一色四同顺

牌例1：

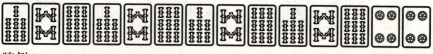

牌例2：

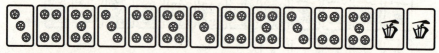

以上两个牌例主体番种均为"一色四同顺"。在"一色四同顺"番种成立的同时，必然并存"一般高"、"四归一"及"一色三同顺"番种，这些番种与"一色四同顺"番种存在必然联系，依照不重复原则，这些番种不予计分。

此外，依照不拆移原则，即确定一个番种后，不能将其自身再拆开互相组成新的番种计分，此牌例不能再拆开组成"七对"或"一色三节高"等番种。

15. 一色四节高

牌例1：

牌例2：

以上两个牌例主体番种均为"一色四节高"。在"一色四节高"番种成立的同时，必然并存"碰碰和"及"一色三节高"番种，这些番种与"一色四节高"番种存在必然联系，依照不重复原则，这些番种不予计分。

此外，依照不拆移原则，即确定一个番种后，不能将其自身再拆开互相组成新的番种计分，此牌例不能再拆开组成"一色三同顺"番种。

16. 一色四步高

牌例1：

牌例2：

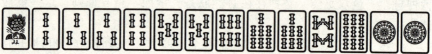

　　以上两个牌例主体番种均为"一色四步高"。在"一色四步高"番种成立的同时，必然并存"一色三步高"番种，"一色三步高"番种与"一色四步高"番种存在必然联系，依照不重复原则，"一色三步高"番种不予计分。

　　这里要特别指出的是：依照不拆移原则，牌例1中三四五万不能再拆开与六七八万组成"连六"番种；牌例2中123条不能再拆开与789条组成"老少副"番种。

17. 三杠

牌例1：

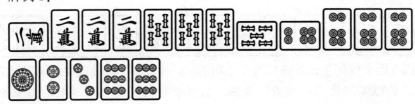

牌例2：

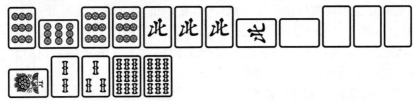

　　"三杠"番种的定义中，只说了三个杠，没有说明是"明杠"还是"暗杠"。因此，可以把"三杠"番种的定义理解为既包含"明杠"，也包含"暗杠"。

　　在"三杠"番种成立的同时，必然并存"明杠"、"双明杠"、"暗杠"、"双暗杠"。这些番种与"三杠"番种存在必然联系，依照不重复原则，均不予计分。

　　此外，由纯暗杠组成的"双暗刻"、"三暗刻"等番种，依照不重复原则，均不予计分。

18. 混幺九

牌例1：

牌例2：

以上两个牌例主体番种均为"混幺九"。在"混幺九"番种成立的同时，必然并存"碰碰和"及"全带幺"番种，这些番种与"混幺九"番种存在必然联系，依照不重复原则，这些番种不予计分。

19. 七对

牌例1：

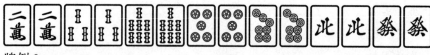

牌例2：

以上两个牌例主体番种均为"七对"。在"七对"番种成立的同时，必然并存"单钓将"及"门前清"番种。这些番种与"七对"番种存在必然联系，依照不重复原则，这些番种不予计分。

"七对"也不应再加计"字一色"、"混幺九"、"清幺九"及"清一色"等番种分。因为"字一色"、"混幺九"、"清幺九"及"清一色"番种在定义上都应该是刻子或顺子。和牌的牌型应是四副刻子或顺子加一对将牌。而"七对"番种中只有对子，不符合上述番种定义要求。

此外，在组合"七对"番种时，只差一张牌就成"不求人"番种的和牌，在给予"七对"番种分值时已考虑到它组合成牌的难度，所以不另加计"不求人"番种分。

20. 七星不靠

牌例1：

牌例2：

以上两个牌例主体番种均为"七星不靠"。在"七星不靠"番种成立的同时，必然并存"五门齐"、"单钓将"及"门前清"番种。这些番种与"七星不靠"番种存在必然联系，依照不重复原则，这些番种不予计分。

此外，在组合"七星不靠"番种时，只差一张牌就成"不求人"番种的和牌，在给予"七星不靠"番种的分值时已考虑到它组合成牌的难度，所以不另加计"不求人"番种分。

21. 全双刻

牌例1：

牌例2：

以上两个牌例主体番种均为"全双刻"。在"全双刻"番种成立的同时，必然并存"碰碰和"、"断幺"番种，这些番种与"全双刻"存在必然联系，依照不重复原则，这些番种不予计分。

22. 清一色

牌例1：

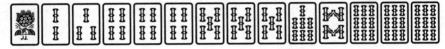

牌例2：

以上两个牌例主体番种均为"清一色"。"清一色"番种必然"无字"，故不能加计"无字"番种分。

23. 一色三同顺

牌例1：

牌例2：

以上两个牌例主体番种均为"一色三同顺"。在"一色三同顺"番种成立的同时，必然并存"一般高"番种，依照不重复原则，"一般高"番种不予计分。

此外，依照不拆移原则，即确定一个番种后，不能将其自身再拆开互相组成新的番种计分，"一色三同顺"番种不能再拆开组成"一色三节高"番种。

24. 一色三节高

牌例1：

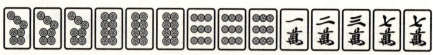

牌例2：

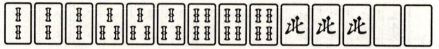

以上两个牌例主体番种均为"一色三节高"。依照不拆移原则，即确定一个番种后，不能将其自身再拆开互相组成新的番种计分。这两个牌例均不能再拆开组成"一色三同顺"番种。

25. 全大

牌例1：

牌例2：

以上两个牌例主体番种均为"全大"。在"全大"番种成立的同时，必然并存"大于五"及"无字"番种。这些番种与"全大"番种存在必然联系，依照不重复原则，这些番种不予计分。

26. 全中

牌例1：

牌例2：

以上两个牌例主体番种均为"全中"。在"全中"番种成立的同时，必然是"断幺"、"无字"，这些番种与"全中"番种存在必然联系，故不能加计"断幺"及"无字"番种分。

27. 全小

牌例1:

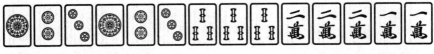

牌例2:

　　以上两个牌例主体番种均为"全小"。在"全小"番种成立的同时，必然并存"小于五"及"无字"番种。这些番种与"全小"番种存在必然联系，依照不重复原则，这些番种不予计分。

28. 清龙

牌例1:

牌例2:

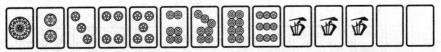

　　以上两个牌例主体番种均为"清龙"。依照不拆移原则，即确定一个番种后，不能将其自身再拆开互相组成新的番种计分，此牌例不能再拆开组成"连六"及"老少副"等番种。

29. 三色双龙会

牌例1:

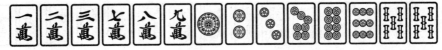

牌例2:

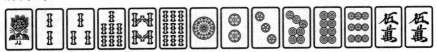

　　以上两个牌例主体番种均为"三色双龙会"。在"三色双龙会"番种成立的同时，必然并存"老少副"、"平和"、"无字"及"喜相逢"番种，这些番种与"三色双龙会"存在必然联系，依照不重复、不拆移原则，这些番种不予计分。

30. 一色三步高

牌例 1：

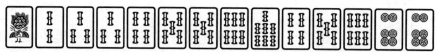

牌例 2：

以上两个牌例主体番种均为"一色三步高"。依照不得相同的原则，凡已组合过某一番种的牌，不能再同其他一副牌组成相同的番种计分。牌例 1 已经由 123 条、345 条、567 条组成"一色三步高"番种，不能再另外由 345 条、456 条、567 条组成"一色三步高"番种。

31. 全带五

牌例 1：

牌例 2：

以上两个牌例主体番种均为"全带五"。在"全带五"番种成立的同时，必然是"断幺"、"无字"，故不能加计这些番种分。

32. 三同刻

牌例 1：

牌例 2：

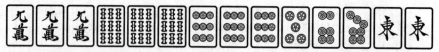

以上两个牌例主体番种均为"三同刻"。在"三同刻"番种成立的同时，必然并存"双同刻"番种，"双同刻"番种与"三同刻"番种存在必然联系，依照不重复原则，"双同刻"番种不予计分。

33. 三暗刻

牌例1：

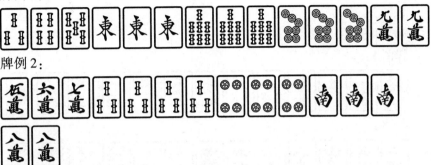

牌例2：

以上两个牌例主体番种均为"三暗刻"。在"三暗刻"番种成立的同时，必然并存"双暗刻"番种，"双暗刻"番种与"三暗刻"番种存在着必然联系，依照不重复原则，"双暗刻"番种不予计分。

34. 全不靠

牌例1：

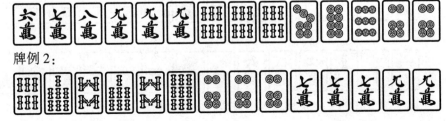

牌例2：

以上两个牌例主体番种均为"全不靠"。在"全不靠"番种成立的同时，必然并存"五门齐"、"门前清"及"单钓将"番种，这些番种与"全不靠"番种存在必然联系，依照不重复原则，这些番种不予计分。

此外，在组合"全不靠"番种时，只差一张牌就成"不求人"番种的和牌，在给予"全不靠"番种的分值时已考虑到其组合成牌的难度，所以不另加计"不求人"番种分。

35. 大于五

牌例1：

牌例2：

以上两个牌例主体番种均为"大于五"。当"大于五"番种成立时，必然是"无字"，"无字"番种与"大于五"番种存在必然联系，故不能加计"无字"番种分。

36. 小于五

牌例1:

牌例2:

以上两个牌例主体番种均为"小于五"。当"小于五"番种成立时，它必然是"无字"，"无字"番种与"小于五"番种存在必然联系，故不能加计"无字"番种分。

37. 三风刻

牌例1:

牌例2:

以上两个牌例主体番种均为"三风刻"。"三风刻"番种成立的同时，必然并存"风刻"番种，"风刻"番种与"三风刻"番种存在必然联系，依照不重复原则，"风刻"番种（"圈风刻"、"门风刻"及"重风刻"除外）不予计分。

38. 花龙

牌例1:

牌例2:

以上两个牌例主体番种均为"花龙"。依照套算一次原则，如有尚未组合

过的一副牌，只可同已组合过的相应的一副牌套算一次。

牌例1中四五六万如果已同一二三万组成"连六"番种，就不能再与456条组合成"喜相逢"番种。

牌例2中七八九万如果已同789饼组成"喜相逢"番种，就不能再与四五六万组合成"连六"番种。

39. 推不倒

牌例1：

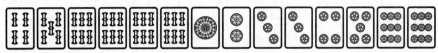

牌例2：

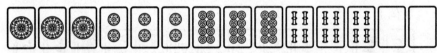

以上两个牌例主体番种均为"推不倒"。在"推不倒"番种成立的同时，必然并存"缺一门"番种，"缺一门"番种与"推不倒"番种存在必然联系，依照不重复原则，"缺一门"番种不予计分。

40. 三色三同顺

牌例1：

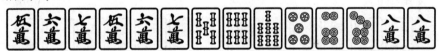

牌例2：

以上两个牌例主体番种均为"三色三同顺"。在"三色三同顺"番种成立的同时，必然并存"喜相逢"番种，"喜相逢"番种与"三色三同顺"番种中的三同顺存在必然联系，依照不重复原则，"喜相逢"番种不予计分。

此外，依照套算一次原则，牌例1中第一个五六七万如果已同第二个五六七万组成一次"一般高"番种，就不能再与567条或567饼组合成"喜相逢"番种。反之，第一个五六七万如果已同567条或567饼组合成"喜相逢"番种，就不能再与第二个五六七万组成"一般高"番种。

41. 三色三节高

牌例1：

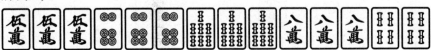

牌例 2：

以上两个牌例主体番种均为"三色三节高"。依照不得相同的原则，凡已组合过某一番种的牌，不能再同其他一副牌组成相同的番种计分。

牌例 1 中五五五万已同 666 饼、777 条组成"三色三节高"番种，八八八万不能与 666 饼和 777 条再组成相同的"三色三节高"番种。

牌例 2 中 111 条已同 222 饼、三三三万组成"三色三节高"番种，444 条不能再与 222 饼和三三三万组成相同的"三色三节高"番种。

42. 妙手回春

牌例 1：

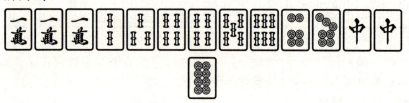

自摸牌墙上最后一张 8 饼和牌

牌例 2：

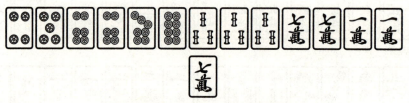

自摸牌墙上最后一张七万和牌

以上两个牌例主体番种均为"妙手回春"。"妙手回春"番种成立的同时，它必然是"自摸"，"自摸"番种与"妙手回春"番种存在必然联系，依照不重复原则，"自摸"番种不予计分。

43. 杠上开花

牌例 1：

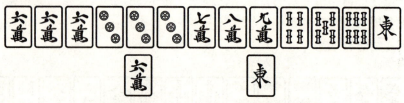

旁家打出六万　　开杠抓进东风和牌

牌例2：

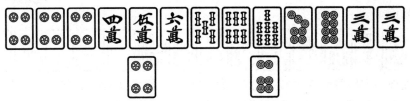

旁家打出 4 饼　　　开杠抓进 6 饼和牌

以上两个牌例主体番种均为"杠上开花"。当"杠上开花"番种成立时，它必然是"自摸"及"杠牌"。这些番种与"杠上开花"存在必然联系，依照不重复原则，"自摸"与"明杠"番种不予计分。若是"暗杠"、"幺九杠"、"门风杠"、"圈风杠"、"重风杠"番种，依照不重复原则，在应计的番值分中减去"明杠"的 1 分。

44. 抢杠和

牌例1：

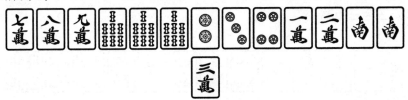

此牌例旁家自抓三万开明杠。庄家听张正是三万，于是形成"抢杠和"番种。

牌例2：

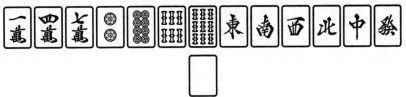

此牌例旁家已碰白板一刻，在抓到第四张白板要补杠的时候被庄家"抢杠和"。

以上两个牌例均为"抢杠和"番种。"抢杠和"番种必然要别人已经亮明的第四张牌，可见"和绝张"与"抢杠和"存在必然联系，依照不重复原则，"和绝张"番种不予计分。

45. 混一色

牌例1：

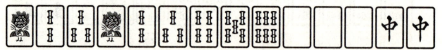

此牌例主体番种为"混一色"。第一个123条可以同第二个123条组成一次"一般高"番种；456条还可以与第一个123条组成一次"连六"番种，依照套算一次原则，456条不能再同第二个123条组成一次"连六"番种。

牌例2：

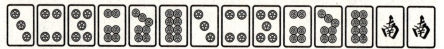

此牌例主体番种为"混一色"。依照套算一次原则，若先组成两个"连六"番种，四副顺子全部被使用一次，相互之间就不能再次组合；若先组成一个"连六"番种，还可以再组成两个"一般高"番种。

46. 三色三步高

牌例1：

牌例2：

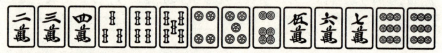

以上两个牌例主体番种为"三色三步高"。依照不得相同的原则，这两个牌例只能组成一次"三色三步高"番种。

牌例1若已组成123条、234饼、三四五万的"三色三步高"番种，就不能再另外组成234饼、三四五万、456条的"三色三步高"番种。

牌例2若已组成二三四万、345条、456饼的"三色三步高"番种，就不能再另外组成345条、456饼、五六七万的"三色三步高"番种。

47. 双暗杠

牌例1：

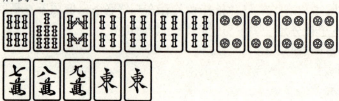

牌例2：

以上两个牌例主体番种为"双暗杠"。在"双暗杠"番种成立的同时，必然并存"暗杠"及"双暗刻"番种，"暗杠"、"双暗刻"等番种与"双暗杠"番种存在必然联系，依照不重复原则，这些番种不予计分。

48. 双箭刻

牌例1：

牌例2：

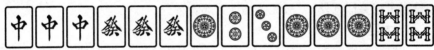

以上两个牌例主体番种为"双箭刻"。在"双箭刻"番种成立的同时，必然并存"箭刻"番种，"箭刻"番种与"双箭刻"番种存在必然联系，依照不重复原则，"箭刻"番种不予计分。

49. 断幺与平和

牌例1：

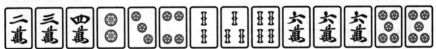

此牌的主体番种是"三色三同顺"。可加计"断幺"番种分，但是不能再计"无字"番种分，因为"断幺"的定义中包含着"无字"番种，说明"无字"番种与"断幺"番种有必然联系，依照不重复原则，凡是加计了"断幺"番种分，就不能再加计"无字"番种分。

牌例2：

此牌的主体番种是"花龙"，可加计"平和"番种分，但是不能再计"无字"番种分，因为"平和"的定义中包含着"无字"番种，说明"无字"番种与"平和"番种有必然联系，依照不重复原则，凡是加计了"平和"番种

分，就不能再加计"无字"番种分。

四、计算和牌的基本分

（一）基本分

基本分指和牌后，各个番种分数的总和。

（二）基本分的计算

依据下面列出的和牌牌例，准确、迅速地计算出基本分是牌手的基本功。

值得说明的是：从下面列出的和牌牌例中无法得知有关"自摸"、"不求人"、"妙手回春"、"海底捞月"、"杠上开花"、"抢杠和"、"和绝张"、"边张"、"坎张"、"单钓将"、"圈风刻"、"门风刻"及"重风刻"信息（除已经设定了相关信息外），故无法加计上述番种分。

1. 大四喜

在竞技麻将学术探讨中有人不同意"大四喜"番种加计"混一色"番种分，理由是排除"字一色"与"混幺九"类型的"大四喜"，最低分值便只有"混一色"类型的"大四喜"了。

但大多数有识之士认为，加计番种分应当体现出区别对待的原则。主体番种有三种不同的加计番种可能性，实现其中任何一种可能性，都可以加计其番种分。

牌例1：

此牌例主体番种是"大四喜"，可加计"字一色"及"三暗刻"番种分。

基本分总计为：88分+64分+16分=168分。

牌例2：

此牌例主体番种是"大四喜",可加计"混幺九"及"双暗刻"番种分。

基本分总计为：88 分+32 分+2 分＝122 分。

牌例 3：

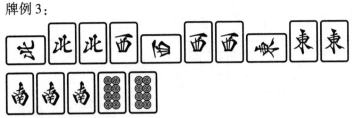

此牌例主体番种是"大四喜",可加计"混一色"及"明杠"番种分。

基本分总计为：88 分+6 分+1 分＝95 分。

2. 大三元

牌例 1：

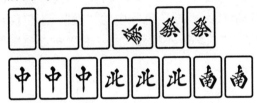

此牌例主体番种是"大三元",可加计"字一色"及"双暗刻"番种分。

基本分总计为：88 分+64 分+2 分＝154 分。

牌例 2：

此牌例主体番种是"大三元",可加计"混幺九"、"混一色"及"三暗刻"番种分。

基本分总计为：88 分+32 分+6 分+16 分＝142 分。

牌例 3：

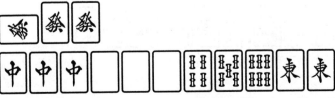

此牌例主体番种是"大三元",可加计"混一色"及"双暗刻"番种分。

基本分总计为：88 分+6 分+2 分＝96 分。

牌例 4：

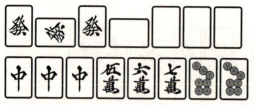

此牌例主体番种是"大三元"，可加计"缺一门"及"明杠"番种分。

基本分总计为：88 分+1 分+1 分＝90 分。

3. 绿一色

关于"绿一色"和牌后"箭刻"的计分问题，学术上一直争论不休。第一种意见认为，一对"绿发"应是"绿一色"的基本条件，不要再给"绿发刻"加计"箭刻"分；第二种意见认为，"绿一色"中的"发"，不仅仅是视为绿色，也是"箭牌"中的"发"。"箭刻"不应是"绿一色"的必然联系的番种。

笔者赞同第二种意见。

牌例 1：

此牌例主体番种是"绿一色"，可加计"清一色"、"碰碰和"及"三暗刻"番种分。

基本分总计为：88 分+24 分+6 分+16 分＝134 分。

牌例 2：

此牌例主体番种是"绿一色"，可加计"四归一"、"箭刻"及"三暗刻"番种分。

基本分总计为：88 分+2 分+2 分+16 分＝108 分。

牌例3：

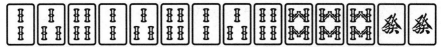

此牌例主体番种是"绿一色"，可加计"一色三同顺"及"门前清"番种分。

基本分总计为：88分+24分+2分＝114分。

牌例4：

此牌例主体番种是"绿一色"，可加计"四暗刻"及"箭刻"的番种分。

基本分总计为：88分+64分+2分＝154分。

4. 九莲宝灯

关于"幺九刻"番种与主体番种"九莲宝灯"有无必然联系，说法不一。第一种意见认为，"九莲宝灯"和牌后至少有一个"幺九刻"，如"九莲宝灯"和牌后有两个"幺九刻"，可加计一个"幺九刻"的番值分。第二种意见认为，"九莲宝灯"牌型中本身就有"幺九刻"，和牌后不能加计"幺九刻"的番值分。

笔者赞同第一种意见。

牌例1：

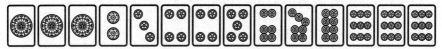

此牌例主体番种是"九莲宝灯"，可加计"连六"番种分。

基本分总计为：88分+1分＝89分。

牌例2：

此牌例主体番种是"九莲宝灯"，可加计一个"幺九刻"番种分。

基本分总计为：88分+1分＝89分。

提示："九莲宝灯"和牌后有两个"幺九刻"，可加计一个"幺九刻"的番值分。

牌例3：

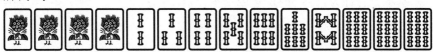

此牌例主体番种是"九莲宝灯",可加计"清龙"及"四归一"番种分。

基本分总计为:88 分+16 分+2 分=106 分。

牌例 4:

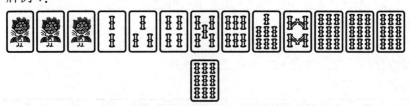

此牌例也是"九莲宝灯"标准牌型,1 条至 9 条都是听张,自摸牌墙上最后一张牌 9 条和牌。主体番种是"九莲宝灯",可加计"妙手回春"、"清龙"及"四归一"番种分。

基本分总计为:88 分+8 分+16 分+2 分=114 分。

5. 四杠

"四杠"番种的定义是四个杠,既包含"明杠",也包含"暗杠"。因此,"暗杠"、"双暗杠"、"双暗刻"、"三暗刻"、"四暗刻"番种,均不予计分。

牌例 1:

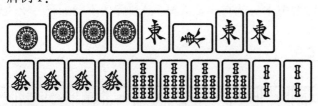

此牌例主体番种是"四杠",可加计"箭刻"、两个"幺九刻"及"缺一门"番种分。

基本分总计为:88 分+2 分+2 分+1 分=93 分。

牌例 2:

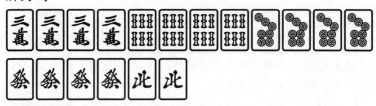

此牌例主体番种是"四杠",可加计"五门齐"、"门前清"及"箭刻"番种分。

基本分总计为:88 分+6 分+2 分+2 分=98 分。

牌例3：

此牌例主体番种是"四杠"，可加计"混幺九"、"三风刻"及"缺一门"等番种分。

基本分总计为：88分+32分+9分+1分=130分。

提示：四杠中的"三风刻"杠牌的番种，减去了三个明杠的3分。

牌例4：

此牌例主体番种是"四杠"，可加计"三同刻"、"小于五"及"幺九刻"番种分。

基本分总计为：88分+13分+12分+1分=114分。

提示：四杠中的"三同刻"杠牌的番种，减去了三个"明杠"的3分。

6. 连七对

牌例1：

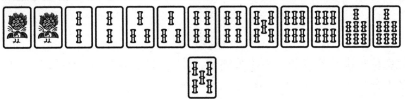

此牌例自摸5条成和。主体番种是"连七对"，可加计"自摸"番种分。

基本分总计为：88分+1分=89分。

牌例2：

此牌例主体番种是"连七对"，可加计"断幺"番种分。

基本分总计为：88分+2分=90分。

牌例 3：

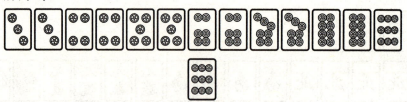

此牌例自摸牌墙上最后一张牌 9 饼和牌。主体番种是"连七对"，可加计"妙手回春"的番种分。

基本分总计为：88 分+8 分=96 分。

牌例 4：

此牌例和旁家打出的最后一张牌六万。主体番种是"连七对"，可加计"海底捞月"的番种分。

基本分总计为：88 分+8 分=96 分。

7. 十三幺

牌例 1：

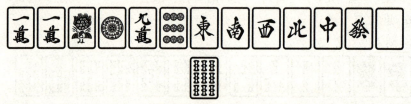

此牌例自摸 9 条成和。主体番种是"十三幺"，可加计"自摸"番种分。

基本分总计为：88 分+1 分=89 分。

牌例 2：

此牌例对家打出牌墙上最后一张牌南风点和。主体番种是"十三幺"，可加计"海底捞月"番种分。

基本分总计为：88 分+8 分＝96 分。

牌例3：

此牌例"十三幺"已经上听，没有将牌，可和"十三幺"中的任何一张牌，自摸东风和牌。主体番种是"十三幺"，可加计"自摸"的番种分。

基本分总计为：88 分+1 分＝89 分。

牌例4：

此牌例"十三幺"已经上听，有了红中做将牌，只能和"十三幺"中所缺的9饼一张牌。尾盘时对家打出9饼成和。主体番种是"十三幺"，没有可加计的番种分。

基本分为：88 分。

8. 清幺九

牌例1：

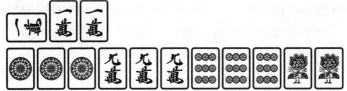

此牌例主体番种是"清幺九"，可加计"三暗刻"番种分。

基本分总计为：64 分+16 分＝80 分。

提示："清幺九"番种不计"双同刻"番种分。

牌例2：

此牌例主体番种是"清幺九"，可加计"三同刻"及"双暗刻"番种分。基本分总计为：64分+16分+2分＝82分。

牌例3：

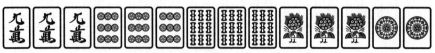

此牌例主体番种是"清幺九"，可加计"三同刻"及"四暗刻"番种分。基本分总计为：64分+16分+64分＝144分。

牌例4：

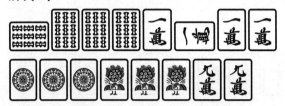

此牌例主体番种是"清幺九"，可加计"双明杠"、"双暗刻"及"三同刻"番种分。

基本分总计为：64分+4分+2分+16分＝86分。

9. 小四喜

有人认为"小四喜"番种中，"圈风刻"与"门风刻"固定会有其一，有时还可能有其二，因为是自然形成，有必然联系的附加番种不应计分。所以，"小四喜"番种和牌后，有"圈风刻"、"门风刻"其一者不应加计分。如果有其二者，即"圈风刻"、"门风刻"并存时，只能加计其中一种的分了。参照《规则》在牌例与计分中关于"三风刻"有"圈风刻"、"门风刻"可加计番种分的情形。笔者认为"小四喜"与"三风刻"番种性质相同，如有"圈风刻"、"门风刻"亦可加计番种分。

值得说明的是：因为组成"小四喜"番种时，"圈风刻"、"门风刻"和"重风刻"番种都以普通风刻用过一次，普通风刻在"小四喜"中是不计分的。因此，"小四喜"番种和牌后的"圈风刻"、"门风刻"和"重风刻"番种，每刻应减去1分。

牌例1：

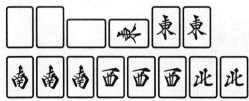

此牌例主体番种是"小四喜",可加计"字一色"及"双暗刻"番种分。

基本分总计为:64分+64分+2分=130分。

牌例2:

此牌例是庄家第二圈的和牌牌型。主体番种是"小四喜",可加计"混幺九"及"双暗刻"番种分。

基本分总计为:64分+32分+2分=98分。

牌例3:

此牌例主体番种是"小四喜",可加计"碰碰和"及"三暗刻"番种分。

基本分总计为:64分+6分+16分=86分。

牌例4:

此牌例是第三圈庄家的对家自摸和牌。主体番种是"小四喜",可加计"不求人"、"混一色"、"重风刻"及"三暗刻"番种分。

基本分总计为:64分+4分+6分+3分+16分=93分。

提示:"重风刻"番种分减去1分。

10. 小三元

牌例1:

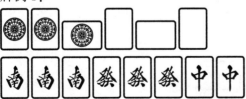

此牌例主体番种是"小三元",可加计"混幺九"、"混一色"及"双暗刻"番种分。

基本分总计为:64分+32分+6分+2分=104分。

牌例2:

此牌例主体番种是"小三元",可加计"缺一门"、"门前清"及"双暗刻"番种分。

基本分总计为：64分+1分+2分+2分=69分。

牌例3:

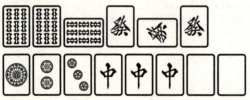

此牌例主体番种是"小三元",可加计"全带幺"、"幺九刻"及"缺一门"番种分。

基本分总计为：64分+4分+1分+1分=70分。

牌例4:

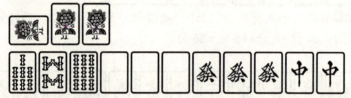

此牌例主体番种是"小三元",可加计"混一色"、"全带幺"、"双暗刻"及"幺九刻"番种分。

基本分总计为：64分+6分+4分+2分+1分=77分。

11. 字一色

"字一色"四副刻都必然是"幺九刻"（均有1分番值），一般"幺九刻"番种，不再加计分。"箭刻"、"圈风刻"、"门风刻"、"重风刻"等都应该减去应有的1分，可加计多出来的番值。比如"箭刻"、"圈风刻"、"门风刻"等番种加计1分，"重风刻"加计3分，"双箭刻"加计4分。

牌例1:

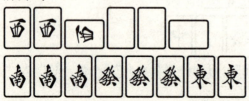

此牌例主体番种是"字一色",可加计"双箭刻"及"双暗刻"番种分。

基本分总计为：64 分+4 分+2 分=70 分。

提示："双箭刻"只加计 4 分。

牌例 2：

此牌例主体番种是"字一色"，可加计"三风刻"、"箭刻"及"三暗刻"番种分。

基本分总计为：64 分+12 分+1 分+16 分=93 分。

提示："箭刻"只加计 1 分。

牌例 3：

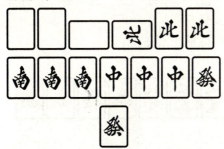

此牌例自摸发财和牌。主体番种是"字一色"，可加计"小三元"、"自摸"、"单钓将"及"双暗刻"番种分。

基本分总计为：64 分+64 分+1 分+1 分+2 分=132 分。

牌例 4：

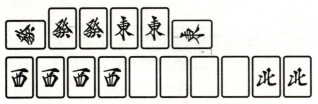

此牌例是庄家第一圈的和牌牌型。主体番种是"字一色"，可以加计"双暗杠"、"双箭刻"及"重风刻"番种分。

基本分总计为：64 分+6 分+4 分+3 分=77 分。

提示："双箭刻"只加计 4 分，"重风刻"只加计 3 分。

12. 四暗刻

牌例1：

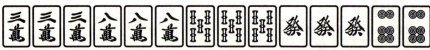

此牌例主体番种是"四暗刻"，可加计"箭刻"番种分。

基本分总计为：64分+2分＝66分。

牌例2：

此牌例主体番种是"四暗刻"，可加计"暗杠"及"幺九刻"番种分。

基本分总计为：64分+1分+1分＝66分。

提示："四暗刻"番种中的"暗杠"只计1分。

牌例3：

此牌例主体番种是"四暗刻"，可加计"暗杠"及"箭刻"番种分。

基本分总计为：64分+1分+2分＝67分。

提示："四暗刻"番种中的"暗杠"只计1分。

牌例4：

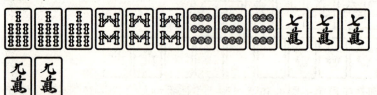

此牌例四个刻子皆为暗刻。主体番种是"四暗刻"，可加计"全大"、"三色三节高"、"双同刻"及"幺九刻"番种分。

基本分总计为：64分+24分+8分+2分+1分＝99分。

13. 一色双龙会

牌例1：

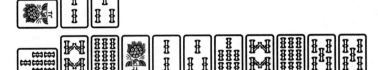

此牌例主体番种是"一色双龙会"，没有可加计的番种分。

基本分为64分。

牌例2：

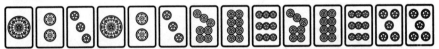

此牌例主体番种是"一色双龙会"，可加计"门前清"番种分。

基本分总计为：64分+2分=66分。

牌例3：

此牌例自摸八万和牌。主体番种是"一色双龙会"，可加计"自摸"及"坎张"番种分。

基本分总计为：64分+1分+1分=66分。

牌例4：

此牌例对家打出7条点和。主体番种是"一色双龙会"，可加计"门前清"及"边张"番种分。

基本分总计为：64分+1分+1分=66分。

14. 一色四同顺

牌例1:

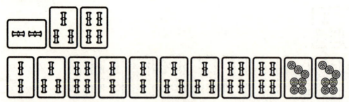

此牌例主体番种是"一色四同顺",可加计"断幺"、"平和"及"缺一门"番种分。

基本分总计为:48分+2分+2分+1分=53分。

牌例2:

此牌例主体番种是"一色四同顺",可加计"清一色"及"平和"番种分。

基本分总计为:48分+24分+2分=74分。

牌例3:

此牌例主体番种是"一色四同顺",可加计"全中"、"全带五"、"缺一门"及"平和"番种分。

基本分总计为:48分+24分+16分+1分+2分=91分。

牌例4:

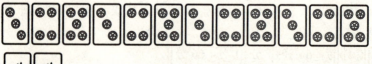

此牌例主体番种是"一色四同顺",可加计"混一色"及"门前清"番

种分。

基本分总计为：48 分+6 分+2 分＝56 分。

15. 一色四节高

牌例 1：

此牌例主体番种是"一色四节高"，可加计"清一色"及"双暗刻"番种分。

基本分总计为：48 分+24 分+2 分＝74 分。

牌例 2：

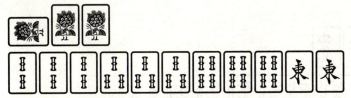

此牌例主体番种是"一色四节高"，可加计"混一色"、"幺九刻"及"三暗刻"番种分。

基本分总计为：48 分+6 分+1 分+16 分＝71 分。

牌例 3：

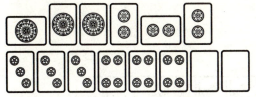

此牌例主体番种是"一色四节高"，可加计"混一色"、"推不倒"及"双暗刻"番种分。

基本分总计为：48 分+6 分+8 分+2 分＝64 分。

牌例 4：

此牌例主体番种是"一色四节高",可加计"混一色"、"双明杠"、"幺九刻"及"双暗刻"番种分。

基本分总计为:48 分+6 分+4 分+1 分+2 分=61 分。

16. 一色四步高

牌例 1:

此牌例主体番种是依次递增一位数的"一色四步高"和牌牌型。主体番种是"一色四步高",可加计"清一色"、"四归一"及"平和"番种分。

基本分总计为:32 分+24 分+2 分+2 分=60 分。

牌例 2:

此牌例主体番种是依次递增一位数的"一色四步高"和牌牌型。可加"平和"及"缺一门"番种分。

基本分总计为:32 分+2 分+1 分=35 分。

牌例 3:

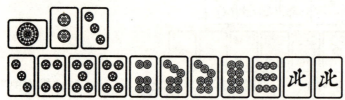

此牌例主体番种是依次递增两位数的"一色四步高"和牌牌型。主体番种是"一色四步高",可加计"混一色"番种分。

基本分总计为:32 分+6 分=38 分。

牌例 4:

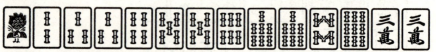

此牌例主体番种是依次递增两位数的"一色四步高"和牌牌型。主体番

种是"一色四步高",可加计"门前清"、"缺一门"及"平和"番种分。

基本分总计为：32分+2分+1分+2分=37分。

17. 三杠

"三杠"番种的定义是三个杠，既包含"明杠"，也包含"暗杠"。因此，"双明杠"、"暗杠"、"双暗杠"及由"暗杠"组成的"双暗刻"、"三暗刻"番种均不予计分。

牌例1：

此牌例主体番种是"三杠"，可加计"碰碰和"、"双同刻"、"双暗刻"、"无字"及"幺九刻"番种分。

基本分总计为：32分+6分+2分+2分+1分=43分。

提示："三杠"番种中的"双明杠"及"暗杠"番种不能加计分。

牌例2：

此牌例主体番种是"三杠"，可加计"幺九刻"番种分。

基本分总计为：32分+1分=33分。

提示："三杠"番种中的由纯暗杠组成的"双暗杠"番种不能加计分。

牌例3：

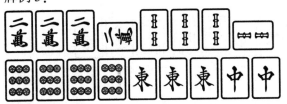

此牌例主体番种是"三杠"，可加计"五门齐"、"碰碰和"、"双同刻"、"双暗刻"及两个"幺九刻"番种分。

基本分总计为：32分+6分+6分+2分+2分+2分=50分。

提示："三杠"番种中的"双明杠"及"暗杠"番种不能加计分。

牌例4：

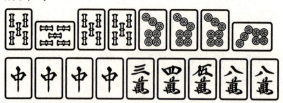

此牌例主体番种是"三杠"，可加计"箭刻"的番种分。

基本分总计为：32分+2分＝34分。

提示："三杠"番种中的"双明杠"及"暗杠"番种不能加计分。

18. 混幺九

"混幺九"四副刻必然是"幺九刻"，1分番值的"幺九刻"，不再加计分。"箭刻"、"圈风刻"及"门风刻"只计1分，"重风刻"只计3分，"双箭刻"只计4分，"三风刻"只计9分。

牌例1：

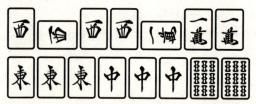

此牌例主体番种是"混幺九"，可加计"双暗刻"、"箭刻"、"明杠"及"缺一门"番种分。

基本分总计为：32分+2分+1分+1分+1分＝37分。

提示："箭刻"只计1分。

牌例2：

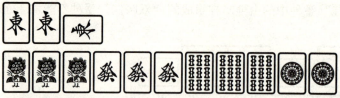

此牌例主体番种是"混幺九"，可加计"三暗刻"、"箭刻"及"缺一门"番种分。

基本分总计为：32分+16分+1分+1分＝50分。

提示："箭刻"只计1分。

牌例3：

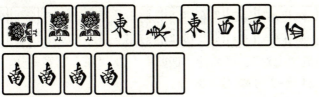

此牌例是庄家第三圈的和牌。主体番种是"混幺九"，可加计"三风刻"、"混一色"、"门风刻"、"圈风刻"及"暗杠"番种分。

基本分总计为：32分+9分+6分+1分+1分+2分=51分。

提示："门风刻"、"圈风刻"各计1分，"三风刻"只计9分。

牌例4：

此牌例主体番种是"混幺九"，可加计"双明杠"、"双同刻"、"双暗刻"及"缺一门"番种分。

基本分总计为：32分+4分+2分+2分+1分=41分。

19. 七对

"七对"有三种类型：一是"五门齐"型的"七对"；二是"混一色"型的"七对"；三是普通型的"七对"。

牌例1：

此牌例主体番种是"七对"，可加计"五门齐"番种分。

基本分总计为：24分+6分=30分。

牌例2：

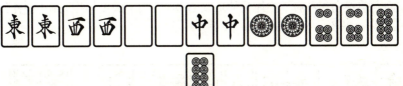

此牌例自摸8饼和牌。主体番种是七对，可加计"混一色"及"自摸"番种分。

基本分总计为：24分+6分+1分=31分。

牌例3：

此牌例主体番种是"七对"，可加计"四归一"及"断幺"番种分。

基本分总计为：24分+2分+2分＝28分。

牌例4：

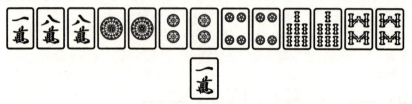

此牌例自摸一万和牌。主体番种是"七对"，可加计"自摸"及"无字"番种分。

基本分总计为：24分+1分+1分＝26分。

20. 七星不靠

牌例1：

此牌例主体番种是"七星不靠"，没有可加计的番种分。

基本分为24分。

牌例2：

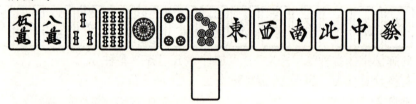

此牌例自摸白板和牌。主体番种是"七星不靠"。可加计"自摸"番种分。

基本分总计为：24分+1分＝25分。

牌例3：

此牌例自摸牌墙上最后一张牌九万和牌。主体番种是"七星不靠"，可加计"妙手回春"番种分。

基本分总计为：24分+8分=32分。

牌例4：

此牌例是和旁家开9饼明杠的牌。主体番种是"七星不靠"，可加计"抢杠和"的番种分。

基本分总计为：24分+8分=32分。

21. 全双刻

牌例1：

此牌例主体番种是"全双刻"，可加计"双同刻"及"三暗刻"番种分。

基本分总计为：24分+2分+16分=42分。

牌例2：

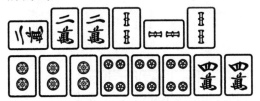

此牌例主体番种是"全双刻"，可加计"三同刻"、"小于五"及"双暗刻"番种分。

基本分总计为：24分+16分+12分+2分=54分。

牌例3：

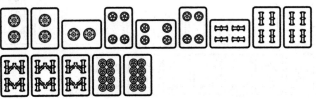

此牌例主体番种是"全双刻",可加计"推不倒"、"双同刻"及"缺一门"番种分。

基本分总计为:24分+8分+2分+1分=35分。

牌例4:

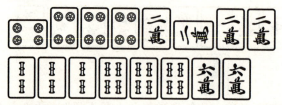

此牌例主体番种是"全双刻",可加计"双明杠"、"双暗刻"及两个"双同刻"番种分。

基本分总计为:24分+4分+2分+4分=34分。

22. 清一色

牌例1:

此牌例主体番种是"清一色",可加计"四归一"番种分。

基本分总计为:24分+2分=26分。

牌例2:

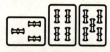

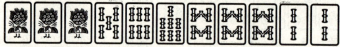

此牌例主体番种是"清一色",可加计"幺九刻"及"双暗刻"番种分。

基本分总计为:24分+1分+2分=27分。

牌例3:

　　此牌例主体番种是"清一色"，可加计"清龙"、"平和"及"一般高"番种分。

　　基本分总计为：24分+16分+2分+1分＝43分。

　　牌例4：

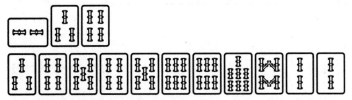

　　此牌例主体番种是"清一色"，可加计"一色三步高"、"平和"、"断幺"及"连六"番种分。

　　基本分总计为：24分+16分+2分+2分+1分＝45分。

23. 一色三同顺

　　牌例1：

　　此牌例主体番种是"一色三同顺"，可加计"平和"番种分。

　　基本分总计为：24分+2分＝26分。

　　牌例2：

　　此牌例主体番种是"一色三同顺"，可加计"幺九刻"、"缺一门"及"门前清"番种分。

　　基本分总计为：24分+1分+1分+2分＝28分。

　　牌例3：

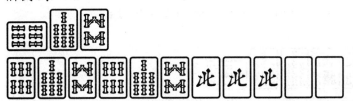

　　此牌例主体番种是"一色三同顺"，可加计"混一色"及"幺九刻"番种分。

基本分总计为：24 分+6 分+1 分＝31 分。

牌例 4：

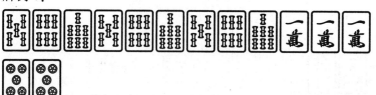

此牌例主体番种是"一色三同顺"，可加计"门前清"、"无字"及"幺九刻"番种分。

基本分总计为：24 分+2 分+1 分+1 分＝28 分。

24. 一色三节高

牌例 1：

此牌例主体番种是"一色三节高"，可加计"无字"及"双暗刻"番种分。

基本分总计为：24 分+1 分+2 分＝27 分。

牌例 2：

此牌例主体番种是"一色三节高"，可加计"幺九刻"、"缺一门"、"无字"及"双暗刻"番种分。

基本分总计为：24 分+1 分+1 分+1 分+2 分＝29 分。

牌例 3：

此牌例主体番种是"一色三节高",可加计"碰碰和"、"混一色"、"幺九刻"及"双暗刻"番种分。

基本分总计为：24分+6分+6分+1分+2分=39分。

牌例4：

此牌例主体番种是"一色三节高",可加计"小于五"、"三暗刻"、"门前清"、"缺一门"及"幺九刻"番种分。

基本分总计为：24分+12分+16分+2分+1分+1分=56分。

25. 全大

"全大"番种牌型结构有五种：一是"平和"型的"全大"番种；二是"碰碰和"型的"全大"番种；三是"同顺"型的"全大"番种；四是"三节高"型的"全大"番种；五是普通型"全大"番种。

牌例1：

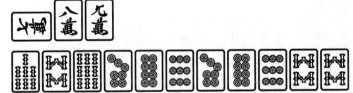

此牌例主体番种是"全大",可加计"三色三同顺"、"平和"、"一般高"番种分。

基本分总计为：24分+8分+2分+1分=35分。

牌例2：

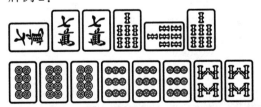

此牌例主体番种是"全大",可加计"碰碰和"、"双同刻"、"双暗刻"及"幺九刻"番种分。

基本分总计为：24分+6分+2分+2分+1分=35分。

牌例3：

此牌例主体番种是"全大"，可加计"三色三同顺"及"四归一"番种分。

基本分总计为：24分+8分+2分=34分。

牌例4：

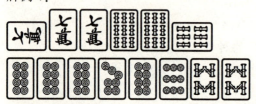

此牌例主体番种是"全大"，可加计"三色三节高"及"四归一"番种分。

基本分总计为：24分+8分+2分=34分。

牌例5：

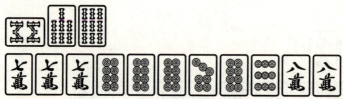

此牌例主体番种是"全大"，可加计"四归一"、"喜相逢"及"双暗刻"番种分。

基本分总计为：24分+2分+1分+2分=29分。

26. 全中

"全中"番种牌型结构有五种：一是"平和"型的"全中"番种；二是"碰碰和"型的"全中"番种；三是"同顺"型的"全中"番种；四是"三节高"型的"全中"番种；五是普通型"全中"番种。

牌例1：

此牌例主体番种是"全中"，可加计"平和"、"四归一"、"缺一门"、

"一般高"及两个"喜相逢"番种分。

基本分总计为：24 分+2 分+2 分+1 分+1 分+2 分＝32 分。

牌例 2：

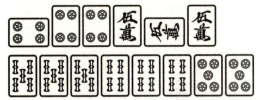

此牌例主体番种是"全中"，可加计"碰碰和"及两个"双同刻"番种分。

基本分总计为：24 分+6 分+4 分＝34 分。

牌例 3：

此牌例主体番种是"全中"，可加计"三色三同顺"、"平和"及"一般高"番种分。

基本分总计为：24 分+8 分+2 分+1 分＝35 分。

牌例 4：

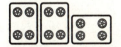

此牌例主体番种是"全中"，可加计"一色三节高"及"双暗刻"番种分。

基本分总计为：24 分+24 分+2 分＝50 分。

牌例 5：

此牌例主体番种是"全中"，可加计"喜相逢"及"双暗刻"番种分。

基本分总计为：24 分+1 分+2 分＝27 分。

27. 全小

"全小"番种牌型结构有五种：一是"平和"型的"全小"番种；二是"碰碰和"型的"全小"番种；三是"同顺"型的"全小"番种；四是"三节高"型的"全小"番种；五是普通型"全小"番种。

牌例1：

此牌例主体番种是"全小"，可加计"平和"、"四归一"、"缺一门"、"一般高"及两个"喜相逢"番种分。

基本分总计为：24分+2分+2分+1分+1分+2分=32分。

牌例2：

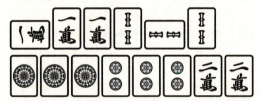

此牌例主体番种是"全小"，可加计"碰碰和"、两个"幺九刻"、"双暗刻"及两个"双同刻"番种分。

基本分总计为：24分+6分+2分+2分+4分=38分。

牌例3：

此牌例主体番种是"全小"，可加计"一色三同顺"、"幺九刻"番种分。

基本分总计为：24分+24分+1分=49分。

牌例4：

此牌例主体番种是"全小"，可加计"三色三节高"、"双暗刻"及"四归一"番种分。

基本分总计为：24 分+8 分+2 分+2 分=36 分。

牌例 5：

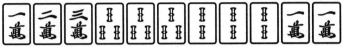

此牌例主体番种是"全小"，可加计"喜相逢"及"双暗刻"番种分。

基本分总计为：24 分+1 分+2 分=27 分。

28. 清龙

牌例 1：

此牌例主体番种是"清龙"，可加计"缺一门"及"无字"番种分。

基本分总计为：16 分+1 分+1 分=18 分。

牌例 2：

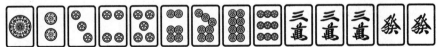

此牌例主体番种是"清龙"，可加计"缺一门"及"门前清"番种分。

基本分总计为：16 分+1 分+2 分=19 分。

牌例 3：

此牌例主体番种是"清龙"，可加计"四归一"、"缺一门"及"无字"番种分。

基本分总计为：16 分+2 分+1 分+1 分=20 分。

牌例4：

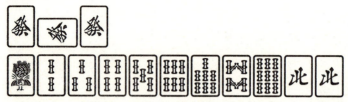

此牌例主体番种是"清龙"，可加计"混一色"及"箭刻"番种分。

基本分总计为：16分+6分+2分=24分。

29. 三色双龙会

牌例1：

此牌例主体番种是"三色双龙会"，可加计"门前清"番种分。

基本分总计为：16分+2分=18分。

牌例2：

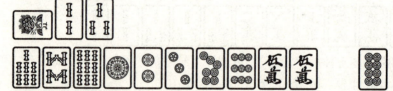

此牌例自摸8饼成和。主体番种是"三色双龙会"，可加计"自摸"及"坎张"等番种分。

基本分总计为：16分+1分+1分=18分。

牌例3：

此牌例自摸5条成和。主体番种是"三色双龙会"，可加计"自摸"及"单钓将"番种分。

基本分总计为：16分+1分+1分=18分。

牌例4：

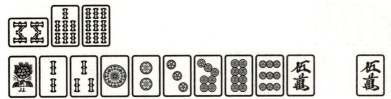

此牌例自摸牌墙上最后一张五万和牌。主体番种是"三色双龙会"，可以加计"妙手回春"及"单钓将"番种分。

基本分总计为：16分+8分+1分=25分。

30. 一色三步高

牌例1：

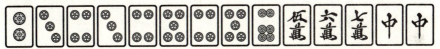

此牌例主体番种是依次递增一位数的"一色三步高"和牌牌型。可加计"缺一门"及"门前清"番种分。

基本分总计为：16分+1分+2分=19分。

牌例2：

此牌例主体番种是依次递增一位数的"一色三步高"和牌牌型。可加计"混一色"及"幺九刻"番种分。

基本分总计为：16分+6分+1分=23分。

牌例3：

此牌例主体番种是依次递增两位数的"一色三步高"和牌牌型。可加计"平和"及"喜相逢"番种分。

基本分总计为：16分+2分+1分=19分。

牌例4：

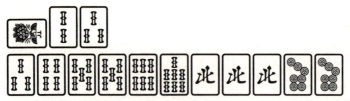

此牌例主体番种是依次递增两位数的"一色三步高"和牌牌型。可加计"缺一门"及"幺九刻"番种分。

基本分总计为：16分+1分+1分＝18分。

31. 全带五

"全带五"番种牌型结构有四种：一是"平和"型的"全带五"番种；二是"同顺"型的"全带五"番种；三是"三步高"型"全带五"番种；四是普通型"全带五"番种。

牌例1：

此牌例主体番种是"全带五"，可加计"平和"及两个"喜相逢"番种分。

基本分总计为：16分+2分+2分＝20分。

牌例2：

此牌例主体番种是"全带五"，可加计"三色三同顺"及"平和"番种分。

基本分总计为：16分+8分+2分＝26分。

牌例3：

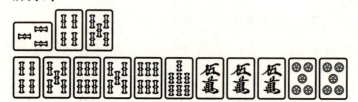

此牌例主体番种是"全带五",可加计"一色三步高"的番种分。

基本分总计为：16 分+16 分＝32 分。

牌例4：

此牌例主体番种是"全带五",可加计"喜相逢"及"门前清"番种分。

基本分总计为：16 分+1 分+2 分＝19 分。

32. 三同刻

牌例1：

此牌例主体番种是"三同刻",可加计"断幺"番种分。

基本分总计为：16 分+2 分＝18 分。

牌例2：

此牌例主体番种是"三同刻",可加计"碰碰和"、四个"幺九刻"及"双暗刻"番种分。

基本分总计为：16 分+6 分+4 分+2 分＝28 分。

牌例3：

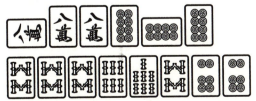

此牌例主体番种是"三同刻",可加计"大于五"、"四归一"及"断幺"番种分。

基本分总计为：16 分+12 分+2 分+2 分＝32 分。

牌例4：

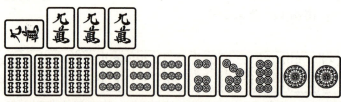

此牌例主体番种是"三同刻"，可加计"双暗刻"、"明杠"、"无字"及三个"幺九刻"番种分。

基本分总计为：16分+2分+1分+1分+3分＝23分。

33. 三暗刻

牌例1：

此牌例主体番种是"三暗刻"，可加计"双同刻"及"缺一门"番种分。

基本分总计为：16分+2分+1分＝19分。

牌例2：

此牌例主体番种是三暗刻，可加计两个"幺九刻"及"门前清"番种分。

基本分总计为：16分+2分+2分＝20分。

牌例3：

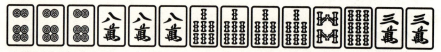

此牌例主体番种是"三暗刻"，可加计"三色三节高"、"门前清"、"四归一"及"无字"番种分。

基本分总计为：16分+8分+2分+2分+1分＝29分。

牌例4：

此牌例主体番种是"三暗刻",可加计"小于五"、"碰碰和"、"双同刻"及两个"幺九刻"番种分。

基本分总计为:16分+12分+6分+2分+2分=38分。

34. 全不靠

牌例1:

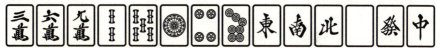

此牌例主体番种是"全不靠",没有可加计的番种分。

基本分为12分。

牌例2:

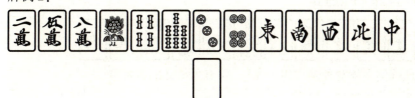

此牌例自摸白板和牌。主体番种是"全不靠",可加计"自摸"番种分。

基本分总计为:12分+1分=13分。

牌例3:

此牌例旁家打出最后一张牌南风点和。主体番种是"全不靠",可加计"海底捞月"番种分。

基本分总计为:12分+8分=20分。

牌例4:

此牌例旁家打出绝张一万,庄家报和。主体番种是"全不靠",可加计"组合龙"及"和绝张"番种分。

基本分总计为:12分+12分+4分=28分。

35. 组合龙

牌例 1：

此牌例主体番种是"组合龙"，可加计"四归一"、"平和"及"门前清"番种分。

基本分总计为：12 分+2 分+2 分+2 分＝18 分。

牌例 2：

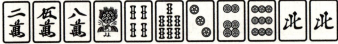

此牌例主体番种是"组合龙"，没有可加计的番种分。

基本分总计为：12 分。

牌例 3：

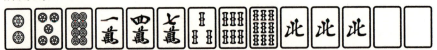

此牌例主体番种是"组合龙"，可加计"五门齐"、"幺九刻"及"门前清"番种分。

基本分总计为：12 分+6 分+1 分+2 分＝21 分。

牌例 4：

此牌例主体番种是"组合龙"，可加计"平和"的番种分。

基本分总计为：12 分+2 分＝14 分。

36. 大于五

"大于五"番种牌型结构有五种：一是"平和"型的"大于五"番种；二是"碰碰和"型的"大于五"番种；三是"同顺"型的"大于五"番种；四是"三节高"型的"大于五"番种；五是普通型"大于五"番种。

牌例1：

此牌例主体番种是"大于五"，可加计"平和"、"一般高"及"喜相逢"番种分。

基本分总计为：12分+2分+1分+1分=16分。

牌例2：

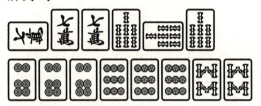

此牌例主体番种是"大于五"。可加计"碰碰和"、"双同刻"、"双暗刻"及"幺九刻"番种分。

基本分总计为：12分+6分+2分+2分+1分=23分。

牌例3：

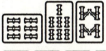

此牌例主体番种是"大于五"，可加计"三色三同顺"及"四归一"番种分。

基本分总计为：12分+8分+2分=22分。

牌例4：

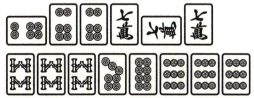

此牌例主体番种是"大于五"，可加计"三色三节高"的番种分。

基本分总计为：12分+8分=20分。

牌例 5：

此牌例主体番种是"大于五"，可加计"喜相逢"、"缺一门"及"门前清"番种分。

基本分总计为：12 分+1 分+1 分+2 分＝16 分。

37．小于五

"小于五"番种牌型结构有五种：一是"平和"型的"小于五"番种；二是"碰碰和"型的"小于五"番种；三是"同顺"型的"小于五"番种；四是"节节高"型的"小于五"番种；五是普通型"小于五"番种。

牌例 1：

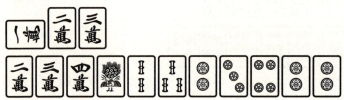

此牌例主体番种是"小于五"，可加计"平和"及两个"喜相逢"番种分。

基本分总计为：12 分+2 分+2 分＝16 分。

牌例 2：

此牌例主体番种是"小于五"，可加计"碰碰和"、"双同刻"、"双暗刻"及"幺九刻"番种分。

基本分总计为：12 分+6 分+2 分+2 分+1 分＝23 分。

牌例 3：

此牌例主体番种是"小于五"，可加计"三色三同顺"、"一般高"及

"平和"番种分。

　　基本分总计为：12 分+8 分+1 分+2 分=23 分。

　　牌例 4：

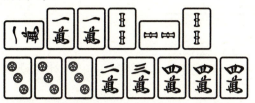

　　此牌例主体番种是"小于五"，可加计"三色三节高"及"幺九刻"番种分。

　　基本分总计为：12 分+8 分+1 分=21 分。

　　牌例 5：

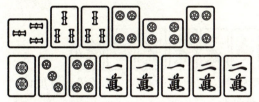

　　此牌例主体番种是"小于五"，可加计"四归一"及"幺九刻"番种分。

　　基本分总计为：12 分+2 分+1 分=15 分。

38. 三风刻

　　关于"三风刻"和牌后的"圈风刻"、"门风刻"、"重风刻"的计分问题，经常引发竞技麻将的学术争论。

　　有人认为"三风刻"番种中，"圈风刻"与"门风刻"等番种固定会有其一，有时还可能有其二，因为是自然形成，有必然联系的附加番种是不应计分的。所以，"三风刻"番种和牌后，有"圈风刻"、"门风刻"番种其一者不应加计分。如果有其二者，即"圈风刻"、"门风刻"番种并存时，只能加计其中一种的番种分。

　　然而《规则》在牌例与计分中明确规定，"三风刻"有"圈风刻"、"门风刻"亦可加计番种分。

　　值得说明的是，因为组成"三风刻"番种时，"圈风刻"、"门风刻"及"重风刻"都以普通风刻用过一次，普通风刻在"三风刻"中是不计番种分的。因此，"三风刻"和牌后"圈风刻"、"门风刻"及"重风刻"番种，每刻均应减去 1 分。

牌例1：

此牌例是庄家第三圈的和牌。主体番种是"三风刻"，可加计"碰碰和"、"圈风刻"、"门风刻"、"缺一门"及"双暗刻"番种分。

基本分总计为：12分+6分+1分+1分+1分+2分=23分。

提示："圈风刻"、"门风刻"只各记1分。

牌例2：

此牌例是第一圈庄家的对家和牌。主体番种是"三风刻"，可加计"门风刻"、"缺一门"及"双暗刻"番种分。

基本分总计为：12分+1分+1分+2分=16分。

提示："门风刻"只记1分。

牌例3：

此牌例是庄家第四圈的和牌。主体番种是"三风刻"，可加计"全带幺"、"圈风刻"、"门风刻"、"缺一门"及"双暗刻"番种分。

基本分总计为：12分+4分+1分+1分+1分+2分=21分。

提示："圈风刻"、"门风刻"只各记1分。

牌例4：

此牌例主体番种是"三风刻"，可以加计"碰碰和"、"暗杠"、"双暗刻"、"缺一门"番种分。

基本分总计为：12分+6分+2分+2分+1分=23分。

39. 花龙

"花龙"可以吃进，战术较隐蔽，不易被上家发觉，在实战中经常为牌手所采用。

牌例1：

此牌例主体番种是"花龙"，可加计"幺九刻"番种分。

基本分总计为：8分+1分=9分。

牌例2：

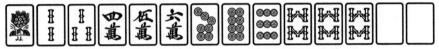

此牌例主体番种是"花龙"，可加计"门前清"番种分。

基本分总计为：8分+2分=10分。

牌例3：

此牌例自摸1条和牌。主体番种是"花龙"，可加计"不求人"、"四归一"及"无字"番种分。

基本分总计为：8分+4分+2分+1分=15分。

牌例4：

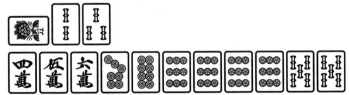

此牌例主体番种是"花龙"，可加计"四归一"、"幺九刻"及"无字"

番种分。

基本分总计为：8 分+2 分+1 分+1 分 = 12 分。

40. 推不倒

牌例 1：

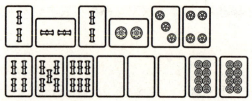

此牌例主体番种是"推不倒"，可加计"箭刻"番种分。

基本分总计为：8 分+2 分 = 10 分。

牌例 2：

此牌例主体番种是"推不倒"，可加计"无字"及"幺九刻"番种分。

基本分总计为：8 分+1 分+1 分 = 10 分。

牌例 3：

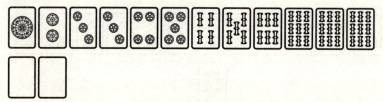

此牌主体番种是"推不倒"，可加计"幺九刻"及"门前清"番种分。

基本分总计为：8 分+1 分+2 分 = 11 分。

牌例 4：

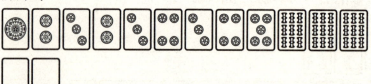

此牌例主体番种是"推不倒"，可加计"一色三步高"、"门前清"及"幺九刻"番种分。

基本分总计为：8 分+16 分+2 分+1 分＝27 分。

41. 三色三同顺

牌例 1：

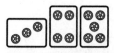

此牌例主体番种是"三色三同顺"，可加计"幺九刻"番种分。

基本分总计为：8 分+1 分＝9 分。

牌例 2：

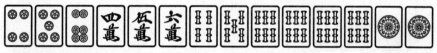

此牌例主体番种是"三色三同顺"，可加计"四归一"、"门前清"及"无字"番种分。

基本分总计为：8 分+2 分+2 分+1 分＝13 分。

牌例 3：

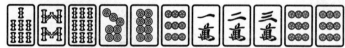

此牌例主体番种是"三色三同顺"，可加计"全带幺"、"平和"及"老少副"番种分。

基本分总计为：8 分+4 分+2 分+1 分＝15 分。

牌例 4：

此牌例主体番种是"三色三同顺"，可加计"五门齐"、"门前清"及"幺九刻"番种分。

基本分总计为：8 分+6 分+2 分+1 分＝17 分。

42. 三色三节高

牌例1：

此牌例主体番种是"三色三节高"，可加计"断幺"、"四归一"及"双暗刻"番种分。

基本分总计为：8分+2分+2分+2分=14分。

牌例2：

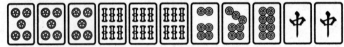

此牌例主体番种是"三色三节高"，可加计"双暗刻"番种分。

基本分总计为：8分+2分=10分。

牌例3：

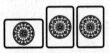

此牌例主体番种是"三色三节高"，可加计"四归一"、"幺九刻"、"无字"及"双暗刻"番种分。

基本分总计为：8分+2分+1分+1分+2分=14分。

牌例4：

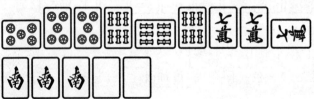

此牌例主体番种是"三色三节高"，可加计"五门齐"、"碰碰和"及"幺九刻"番种分。

基本分总计为：8 分+6 分+6 分+1 分 = 21 分。

43. 无番和

牌例 1：

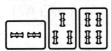

此牌例旁家打出五万，庄家报和，主体番种为"无番和"。

基本分为 8 分。

牌例 2：

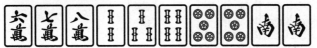

此牌例旁家打出 5 饼，庄家报和，主体番种为"无番和"。

基本分为 8 分。

牌例 3：

此牌例旁家打出 2 饼，庄家报和，主体番种为"无番和"。

基本分为 8 分。

牌例 4：

此牌例旁家打出五万，庄家报和。主体番种是"无番和"。

基本分为 8 分。

44. 妙手回春

牌例 1：

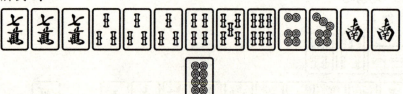

此牌例自摸牌墙上最后一张牌 8 饼和牌是"妙手回春"，可加计"双暗刻"及"不求人"番种分。

基本分总计为：8 分+2 分+4 分＝14 分。

牌例 2：

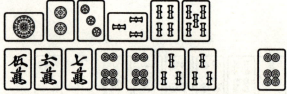

此牌例自摸牌墙上最后一张牌 6 饼和牌是"妙手回春"，可加计"无字"番种分。

基本分总计为：8 分+1 分＝9 分。

牌例 3：

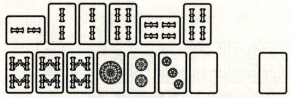

此牌例自摸牌墙上最后一张牌白板和牌，为"妙手回春"。主体番种是"推不倒"，可加计"妙手回春"及"单钓将"番种分。

基本分总计为：8 分+8 分+1 分＝17 分。

牌例 4：

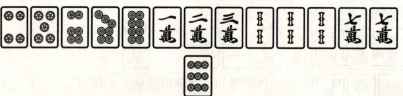

此牌例自摸牌墙上最后一张 9 饼和牌，为"妙手回春"。可加计"不求人"、"无字"及"连六"等番种分。

基本分总计为：8 分+4 分+1 分+1 分＝14 分。

45. 海底捞月

牌例 1：

此牌例和别人打出的最后一张牌 1 饼，为"海底捞月"。可加计"无字"及"连六"番种分。

基本分总计为：8 分+1 分+1 分＝10 分。

牌例 2：

 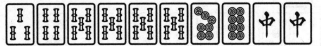

此牌例和别人打出的最后一张牌 9 饼，为"海底捞月"。可加计"四归一"番种分。

基本分总计为：8 分+2 分＝10 分。

牌例 3：

此牌例和别人打出的最后一张牌发财，为"海底捞月"。主体番种是"三暗刻"，可加计"海底捞月"、"五门齐"、"单钓将"及"幺九刻"番种分。

基本分总计为：16 分+8 分+6 分+1 分+1 分＝32 分。

牌例 4：

 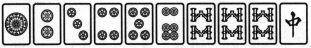

此牌例和对家打出的最后一张红中，为"海底捞月"。可加计"连六"及

"单钓将"番种分。

基本分总计为：8 分+1 分+1 分＝10 分。

46. 杠上开花

牌例 1：

此牌例对家打出 1 饼，开杠抓进七万成和牌。主体番种是"杠上开花"，可加计"幺九刻"、"双暗刻"及"无字"番种分。

基本分总计为：8 分+1 分+2 分+1 分＝12 分。

牌例 2：

此牌例对家打出西风，开杠抓进 6 饼成和牌。主体番种是"杠上开花"，可加计"箭刻"、"幺九刻"及"缺一门"番种分。

基本分总计为：8 分+2 分+1 分+1 分＝12 分。

牌例 3：

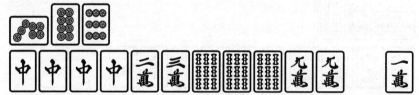

此牌例自摸红中开暗杠，抓进一万成和牌。主体番种是"杠上开花"，可加计"暗杠"、"箭刻"、"全带幺"、"幺九刻"及"双暗刻"番种分。

基本分总计为：8 分+1 分+2 分+4 分+1 分+2 分＝18 分。

提示："暗杠"只计 1 分。

牌例 4：

此牌例是第一圈第一盘，庄家自摸东风开暗杠，抓进三万成和牌。主体番种是"杠上开花"，可加计"暗杠"、"重风刻"、"喜相逢"及"幺九刻"番种分。

基本分总计为：8分+1分+4分+1分+1分=15分。

提示："暗杠"番种只计1分。

47. 抢杠和

牌例1：

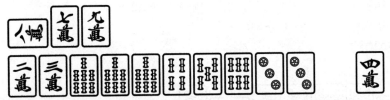

此牌例上家已经碰出四万一刻，又抓到一张四万，亮明补杠，庄家报和。主体番种是"抢杠和"，可加计"无字"番种分。

基本分总计为：8分+1分=9分。

牌例2：

此牌例上家已经碰出三万一刻，又抓到一张三万，亮明补杠，庄家报和。主体番种是"抢杠和"，可加计"平和"、"边张"、"喜相逢"及"老少副"番种分。

基本分总计为：8分+2分+1分+1分+1分=13分。

牌例3：

此牌例对家打9饼，上家开明杠，庄家报和。和别人开明杠的牌，为"抢杠和"。主体番种是"组合龙"，可加计"抢杠和"及"平和"番种分。

基本分总计为：12分+8分+2分=22分。

牌例4：

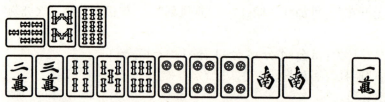

此牌例下家打出一万，上家喊杠，当上家把牌加到明刻时，庄家立即喊"和"。主体番种是"抢杠和"，可加计"连六"的番种分。

基本分总计为：8分+1分＝9分。

48. 碰碰和

牌例1：

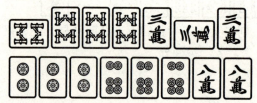

此牌例主体番种是"碰碰和"，可加计"断幺"、"明杠"及"双暗刻"番种分。

基本分总计为：6分+2分+1分+2分＝11分。

牌例2：

此牌例主体番种是"碰碰和"，可加计"缺一门"、两个"幺九刻"及"双暗刻"番种分。

基本分总计为：6分+1分+2分+2分＝11分。

牌例3：

此牌例主体番种是"碰碰和"，可加计"五门齐"、"双暗刻"及两个

"幺九刻"番种分。

基本分总计为：6分+6分+2分+2分＝16分。

牌例4：

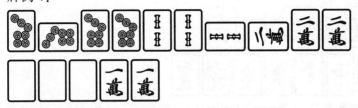

此牌例主体番种是"碰碰和"，可加计"箭刻"、"双同刻"及"明杠"番种分。

基本分总计为：6分+2分+2分+1分＝11分。

49. 混一色

牌例1：

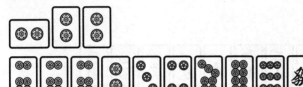

此牌例主体番种是"混一色"，可加计"四归一"番种分。

基本分总计为：6分+2分＝8分。

牌例2：

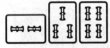

此牌例主体番种是"混一色"，可加计"箭刻"及"双暗刻"番种分。

基本分总计为：6分+2分+2分＝10分。

牌例3：

此牌例自摸西风和牌。主体番种是"混一色"，可加计"不求人"、"双暗

刻”及“幺九刻”番种分。

基本分总计为：6分+4分+2分+1分=13分。

牌例4：

此牌例主体番种是“混一色”，可加计“四归一”、“双暗刻”、“箭刻”及“幺九刻”番种分。

基本分总计为：6分+2分+2分+2分+1分=13分。

50. 三色三步高

牌例1：

此牌例主体番种是“三色三步高”，可加计“幺九刻”及“无字”番种分。

基本分总计为：6分+1分+1分=8分。

牌例2：

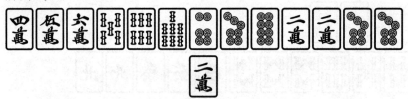

此牌例自摸二万和牌。主体番种是“三色三步高”，可加计“断幺”及“不求人”番种分。

基本分总计为：6分+2分+4分=12分。

牌例3：

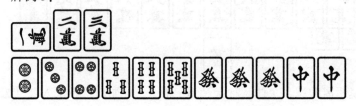

此牌例主体番种是"三色三步高",可加计"箭刻"番种分。

基本分总计为:6分+2分=8分。

牌例4:

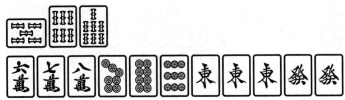

此牌例主体番种是"三色三步高",可加计"五门齐"及"幺九刻"番种分。

基本分总计为:6分+6分+1分=13分。

51. 五门齐

牌例1:

此牌例主体番种是"五门齐",可加计两个"幺九刻"及"双暗刻"番种分。

基本分总计为:6分+2分+2分=10分。

牌例2:

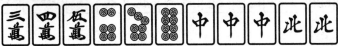

此牌例主体番种是"五门齐",可加计"箭刻"及"幺九刻"番种分。

基本分总计为:6分+2分+1分=9分。

牌例3:

此牌例主体番种是"五门齐",可加计"幺九刻"及"喜相逢"番种分。

基本分总计为：6 分+1 分+1 分＝8 分。

牌例4：

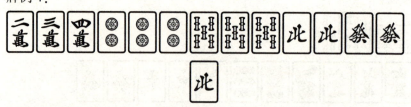

此牌例自摸北风和牌。主体番种是"五门齐",可加计"不求人"、"三暗刻"及"幺九刻"番种分。

基本分总计为：6 分+4 分+16 分+1 分＝27 分。

52. 全求人

牌例1：

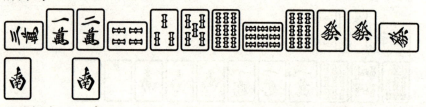

此牌例先用一二万吃三万,又用 3 条、5 条吃 4 条,接着碰出 9 条和发财,单钓旁家打出的南风和牌。这副牌全靠吃牌、碰牌、单钓别人打出的牌和牌,为"全求人"。可加计"箭刻"、"幺九刻"及"缺一门"番种分。

基本分总计为：6 分+2 分+1 分+1 分＝10 分。

牌例2：

此牌例先用 56 条吃 4 条,又用 5 饼、7 饼吃 6 饼,接着再用五六万吃七万,再碰出东风,单钓旁家打出的北风和牌。全靠吃牌、碰牌、单钓别人打出的牌和牌,为"全求人"。可加计"幺九刻"及"喜相逢"番种分。

基本分总计为：6 分+1 分+1 分＝8 分。

牌例 3：

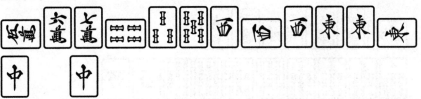

此牌例先用六七万吃五万，又用 3 条、5 条吃 4 条，接着碰出西风和东风，单钓上家打出的红中和牌。这副牌全靠吃牌、碰牌、单钓别人打出的牌和牌，为"全求人"。可加计两个"幺九刻"及"缺一门"番种分。

基本分总计为：6 分+2 分+1 分=9 分。

牌例 4：

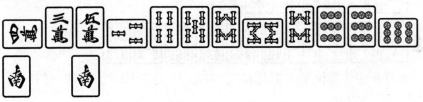

此牌例四副牌全是吃牌、碰牌，单钓旁家打出的南风和牌，为"全求人"。可加计"喜相逢"及"幺九刻"番种分。

基本分总计为：6 分+1 分+1 分=8 分。

53. 双暗杠

牌例 1：

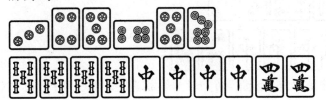

此牌例主体番种是"双暗杠"，可加计"箭刻"番种分。

基本分总计为：6 分+2 分=8 分。

牌例 2：

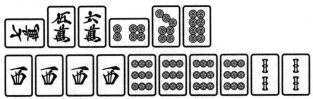

此牌例主体番种是"双暗杠"，可加计两个"幺九刻"番种分。

基本分总计为：6 分+2 分=8 分。

牌例 3：

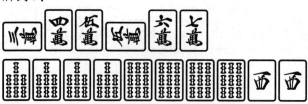

此牌例主体番种是"双暗杠"，可加计"缺一门"及"幺九刻"番种分。

基本分总计为：6 分+1 分+1 分＝8 分。

牌例 4：

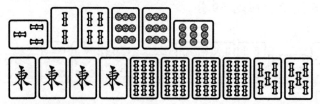

此牌例主体番种是"双暗杠"，可加计"双同刻"、"缺一门"及三个"幺九刻"番种分。

基本分总计为：6 分+2 分+1 分+3 分＝12 分。

54. 双箭刻

牌例 1：

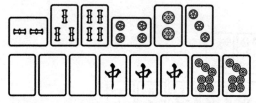

此牌例主体番种是"双箭刻"，可加计"喜相逢"、"缺一门"及"双暗刻"番种分。

基本分总计为：6 分+1 分+1 分+2 分＝10 分。

牌例 2：

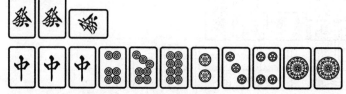

此牌例主体番种是"混一色"，可加计"双箭刻"番种分。

基本分总计为：6 分+6 分＝12 分。

牌例 3：

此牌例自摸 2 饼和牌。主体番种是"双箭刻"，可加计"不求人"、"暗杠"、"缺一门"及"双暗刻"番种分。

基本分总计为：6 分+4 分+2 分+1 分+2 分＝15 分。

牌例 4：

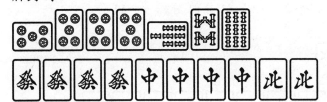

此牌例主体番种是"三杠"，可以加计"双箭刻"、"双暗杠"及"缺一门"番种分。

基本分总计为：32 分+6 分+2 分+1 分＝41 分。

55. 全带幺

牌例 1：

此牌例主体番种是"全带幺"，可加计"双同刻"、三个"幺九刻"番种分。

基本分总计为：4 分+2 分+3 分＝9 分。

牌例 2：

此牌例主体番种是"全带幺"，可加计"四归一"、两个"幺九刻"、"喜

相逢"及"缺一门"番种分。

基本分总计为：4 分+2 分+2 分+1 分+1 分＝10 分。

牌例 3：

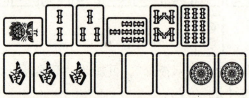

此牌例主体番种是"全带幺"，可加计"双暗刻"、"箭刻"、"幺九刻"、"老少副"及"缺一门"番种分。

基本分总计为：4 分+2 分+2 分+1 分+1 分+1 分＝11 分。

牌例 4：

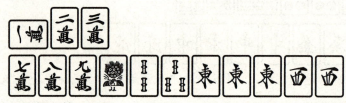

此牌例主休番种是"全带幺"，可加计"喜相逢"、"老少副"、"缺一门"及"幺九刻"番种分。

基本分总计为：4 分+1 分+1 分+1 分+1 分＝8 分。

56. 不求人

牌例 1：

此牌例没有吃牌、碰牌及杠别家的牌，自摸一万和牌。主体番种是"不求人"，可加计"双同刻"、"双暗刻"、"缺一门"及两个"幺九刻"番种分。

基本分总计为：4 分+2 分+2 分+1 分+2 分＝11 分。

牌例 2：

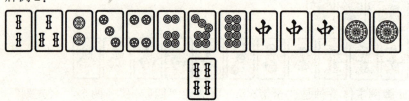

此牌例没有吃牌、碰牌及杠别家的牌，自摸 4 条和牌。主体番种是"不求人"，可加计"箭刻"、"喜相逢"及"缺一门"番种分。

基本分总计为：4 分+2 分+1 分+1 分＝8 分。

牌例 3：

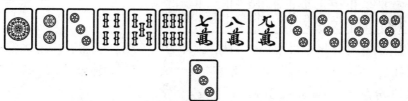

此牌例没有吃牌、碰牌及杠别家的牌，自摸 3 饼和牌，为"不求人"。主体番种是"花龙"，可加计"不求人"、"四归一"及"无字"番种分。

基本分总计为：8 分+4 分+2 分+1 分＝15 分。

牌例 4：

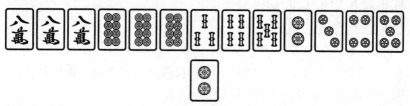

此牌例没有吃牌、碰牌或明杠，自摸 2 饼和牌，为"不求人"番种。主体番种是"不求人"，可加计"双同刻"、"双暗刻"、"喜相逢"及"断幺"番种分。

基本分总计为：4 分+2 分+2 分+1 分+2 分＝11 分。

57. 双明杠

牌例 1：

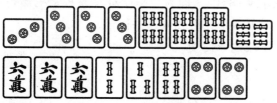

此牌例有 3 饼与 6 条两个"明杠"，即为"双明杠"番种。主体番种是"双明杠"，可加计"双同刻"及"断幺"番种分。

基本分总计为：4 分+2 分+2 分＝8 分。

牌例2：

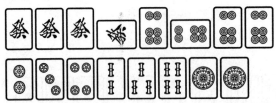

此牌例有发财与6饼两个"明杠"，即为"双明杠"番种。主体番种是"双明杠"，可加计"箭刻"、"喜相逢"及"缺一门"番种分。

基本分总计为：4分+2分+1分+1分＝8分。

牌例3：

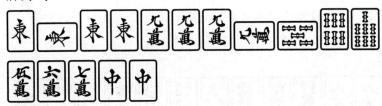

此牌例有东风与九万两个"明杠"，即为"双明杠"番种。主体番种是"双明杠"，可加计"喜相逢"、"缺一门"及两个"幺九刻"番种分。

基本分总计为：4分+1分+1分+2分＝8分。

牌例4：

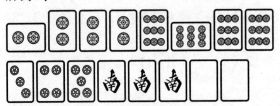

此牌例有2饼与9饼两个"明杠"，即为"双明杠"番种。主体番种是"混一色"，可加计"双明杠"及两个"幺九刻"番种分。

基本分总计为：6分+4分+2分＝12分。

58. 和绝张

牌例1：

此牌例台面上已见三张 3 条，旁家又打出 3 条，庄家报和，为"和绝张"。主体番种是"和绝张"，可加计"双同刻"、"断幺"及"坎张"番种分。

基本分总计为：4 分+2 分+2 分+1 分=9 分。

牌例 2：

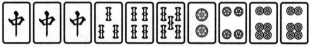

此牌例台面上已见三张 3 饼，旁家又打出 3 饼，庄家报和，即为"和绝张"。主体番种是"和绝张"，可加计"箭刻"、"喜相逢"及"坎张"番种分。

基本分总计为：4 分+2 分+1 分+1 分=8 分。

牌例 3：

此牌例已经碰出 1 条，又摸到 1 条和牌，为"和绝张"。主体番种是"小于五"，可加计"和绝张"、"四归一"、"喜相逢"及"幺九刻"番种分。

基本分总计为：12 分+4 分+2 分+1 分+1 分=20 分。

牌例 4：

此牌例对家打出绝张 1 饼，庄家喊和。主体番种是"和绝张"，可加计"四归一"、"幺九刻"及"无字"番种分。

基本分总计为：4 分+2 分+1 分+1 分=8 分。

59. 箭刻

凡是 2 分或 2 分以下的小番种，都不能作为主体番种，只能作为附加番种。

牌例1：

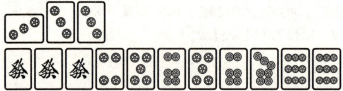

此牌例主体番种是"混一色"，可加计"箭刻"番种分。

基本分总计为：6分+2分＝8分。

牌例2：

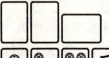

此牌例主体番种是"三色三步高"，可加计"箭刻"番种分。

基本分总计为：6分+2分＝8分。

牌例3：

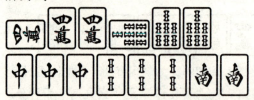

此牌例主体番种是"碰碰和"，可加计"箭刻"、"双暗刻"及"缺一门"番种分。

基本分总计为：6分+2分+2分+1分＝11分。

牌例4：

此牌例主体番种是"五门齐"，可以加计"箭刻"及"门前清"番种分。

基本分总计为：6分+2分+2分＝10分。

60. 圈风刻

牌例1：

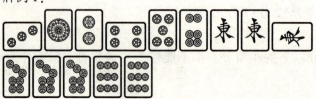

此牌例是第一圈庄家对家的和牌牌型，东风刻为"圈风刻"。主体番种是"混一色"，可加计"圈风刻"及"连六"番种分。

基本分总计为：6分+2分+1分=9分。

牌例2：

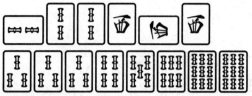

此牌例是第三圈庄家的和牌牌型，西风刻为"圈风刻"。主体番种是"混一色"，可加计"圈风刻"番种分。

基本分总计为：6分+2分=8分。

牌例3：

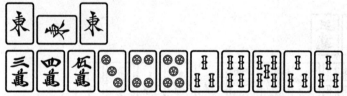

此牌例是庄家的对家第一圈的和牌牌型，东风刻为"圈风刻"。主体番种是"三色三同顺"，可加计"圈风刻"番种分。

基本分总计为：8分+2分=10分。

牌例4：

此牌例是庄家的上家第四圈的和牌牌型，北风刻为"圈风刻"。主体番种是"五门齐"，可加计"圈风刻"及"双暗刻"番种分。

基本分总计为：6分+2分+2分=10分。

61. 门风刻

牌例1：

此牌例是庄家的和牌牌型，东风刻为"门风刻"。主体番种是"混一色"，可加计"门风刻"及"箭刻"番种分。

基本分总计为：6分+2分+2分=10分。

牌例2：

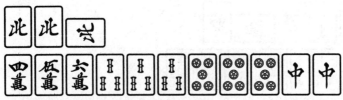

此牌例是庄家上家的和牌牌型，北风刻为"门风刻"。主体番种是"五门齐"，可加计"门风刻"及"双暗刻"番种分。

基本分总计为：6分+2分+2分=10分。

牌例3：

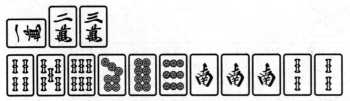

此牌例是庄家的下家的和牌牌型，南风刻为"门风刻"。主体番种是"花龙"，可加计"门风刻"番种分。

基本分总计为：8分+2分=10分。

牌例4：

此牌例是庄家的对家的和牌牌型，西风刻为"门风刻"。主体番种是"混一色"，可加计"门风刻"及"双暗刻"番种分。

基本分总计为：6分+2分+2分=10分。

62. 门前清

牌例1：

此牌例没有吃牌、碰牌及明杠，为"门前清"。主体番种是"三色三步

高"，可加计"门前清"番种分。

基本分总计为：6分+2分=8分。

牌例2：

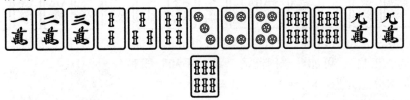

此牌例没有吃牌、碰牌及明杠，为"门前清"。主体番种是"三色三步高"，可加计"门前清"番种分。

基本分总计为：6分+2分=8分。

牌例3：

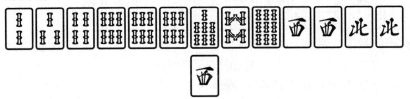

此牌例没有吃牌、碰牌及明杠，和旁家打出的6条，为"门前清"番种。主体番种是"三色三步高"，可加计"门前清"及"无字"番种分。

基本分总计为：6分+2分+1分=9分。

牌例4：

此牌例没有吃牌、碰牌及明杠，和旁家打出西风，为"门前清"番种。主体番种是"混一色"，可加计"门前清"及"幺九刻"番种分。

基本分总计为：6分+2分+1分=9分。

63. 平和

牌例1：

此牌例是由四副顺子及序数牌做将组成的和牌，为"平和"。主体番种是"三色三步高"，可加计"平和"及"断幺"番种分。

基本分总计为：6 分+2 分+2 分 = 10 分。

牌例 2：

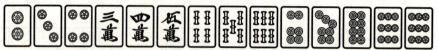

此牌例是由四副顺子及序数牌做将组成的和牌，为"平和"。主体番种是
"三色三步高"，可加计"平和"及"门前清"番种分。

基本分总计为：6 分+2 分+2 分 = 10 分。

牌例 3：

此牌例是由四副顺子及序数牌做将组成的和牌，为"平和"番种。主体
番种是"花龙"，可加计"门前清"及"平和"番种分。

基本分总计为：8 分+2 分+2 分 = 12 分。

牌例 4：

此牌例是由四副顺子及序数牌做将组成的和牌，为"平和"。主体番种是
"清龙"，可加计"平和"及"喜相逢"番种分。

基本分总计为：16 分+2 分+1 分 = 19 分。

64. 四归一

已经碰出一副明刻，后又自摸到与明刻相同的最后一张牌和牌；或者是旁家
打出与明刻相同的最后一张牌点和，均可兼得"和绝张"与"四归一"番种分。

牌例 1：

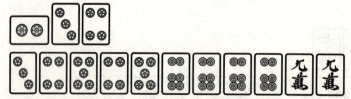

此牌例四张 6 饼归于一家，为"四归一"番种。主体番种是"一色三步
高"，可加计"四归一"、"缺一门"及"无字"番种分。

基本分总计为：16 分+2 分+1 分+1 分 = 20 分。

牌例2：

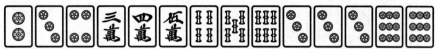

此牌例四张3饼归于一家，为"四归一"番种。主体番种是"三色三步高"，可加计"四归一"、"门前清"及"无字"番种分。

基本分总计为：6分+2分+2分+1分=11分。

牌例3：

此牌例5条已经碰出，后又自摸到5条成和牌。主体番种是"三色三步高"，可加计"和绝张"、"四归一"及"自摸"番种分。

基本分总计为：6分+4分+2分+1分=13分。

牌例4：

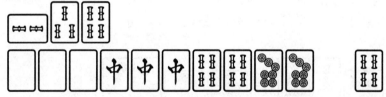

此牌例旁家打出4条点和，和牌中有四张4条归于一家，为"四归一"番种。主体番种是"双箭刻"，可加计"四归一"、"缺一门"及"双暗刻"番种分。

基本分总计为：6分+2分+1分+2分=11分。

65. 双同刻

牌例1：

此牌例有3条与3饼两副序数相同的刻子组成的"双同刻"。主体番种是"碰碰和"，可加计"双同刻"及"双暗刻"番种分。

基本分总计为：6分+2分+2分=10分。

牌例2：

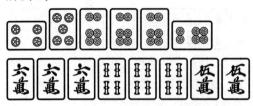

此牌例有六万与6饼两副序数相同的刻子组成的"双同刻"番种。主体番种是"全中"，可加计"双同刻"、"四归一"及"双暗刻"番种分。

基本分总计为：24分+2分+2分+2分=30分。

牌例3：

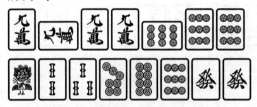

此牌例有九万明杠与9饼刻子组成的"双同刻"番种。主体番种是"全带幺"，可加计"双同刻"、"四归一"、"明杠"及两个"幺九刻"番种分。

基本分总计为：4分+2分+2分+1分+2分=11分。

牌例4：

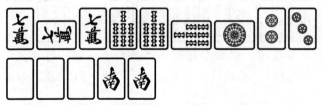

此牌例有七万与7条两副序数相同的刻子组成的"双同刻"。主体番种是"五门齐"，可加计"双同刻"及"箭刻"番种分。

基本分总计为：6分+2分+2分=10分。

66. 双暗刻

牌例1：

此牌例有8饼与西风两副暗刻，为"双暗刻"番种。主体番种是"五门

齐"，可加计"双暗刻"及两个"幺九刻"番种分。

基本分总计为：6 分+2 分+2 分＝10 分。

牌例 2：

此牌例有 4 饼与五万两副暗刻，为"双暗刻"番种。主体番种是"三色三节高"，可加计"双暗刻"番种分。

基本分总计为：8 分+2 分＝10 分。

牌例 3：

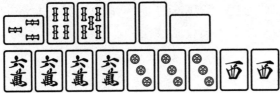

此牌例有六万暗杠与 3 饼暗刻组成的"双暗刻"番种。主体番种是"五门齐"，可加计"双暗刻"、"箭刻"及"暗杠"番种分。

基本分总计为：6 分+2 分+2 分+2 分＝12 分。

牌例 4：

此牌例有四万与五万两副暗刻组成的"双暗刻"番种。主体番种是"碰碰和"，可加计"双暗刻"及"幺九刻"番种分。

基本分总计为：6 分+2 分+1 分＝9 分。

67. 暗杠

牌例 1：

此牌例自抓四张相同的一万开杠，组成"暗杠"番种。主体番种是"三同刻"，可加计"暗杠"、"无字"及三个"幺九刻"番种分。

基本分总计为：16分+2分+1分+3分=22分。

牌例2：

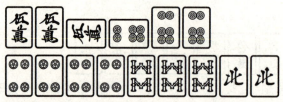

此牌例自抓四张相同的4饼开杠，组成"暗杠"番种。主体番种是"碰碰和"，可加计"暗杠"及"双暗刻"番种分。

基本分总计为：6分+1分+2分=9分。

提示："暗杠"与"暗刻"组成"双暗刻"时，"暗杠"减去1分。

牌例3：

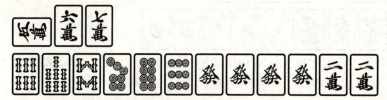

此牌例自抓四张相同的发财开杠，组成"暗杠"番种。主体番种是"三色三步高"，可加计"暗杠"及"箭刻"番种分。

基本分总计为：6分+2分+2分=10分。

牌例4：

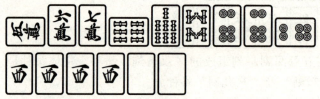

此牌例自抓四张相同的西风开杠，组成"暗杠"番种。主体番种是"五门齐"，可加计"暗杠"及"幺九刻"番种分。

基本分总计为：6分+2分+1分=9分。

68. 断幺

牌例1：

此牌例和牌中没有一、九及字牌，为"断幺"番种。主体番种是"一色三步高"，可加计"断幺"及"门前清"番种分。

基本分总计为：16 分+2 分+2 分=20 分。

牌例 2：

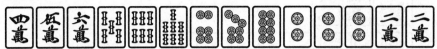

此牌例和牌中没有一、九及字牌，为"断幺"番种。主体番种是"三色三步高"，可加计"断幺"及"门前清"番种分。

基本分总计为：6 分+2 分+2 分=10 分。

牌例 3：

此牌例和牌中没有一、九及字牌，为"断幺"番种。主体番种是"三色三步高"，可加计"断幺"番种分。

基本分总计为：6 分+2 分=8 分。

牌例 4：

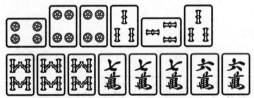

此牌例和牌中没有一、九及字牌，为"断幺"番种。主体番种是"碰碰和"。可加计"断幺"及"双暗刻"番种分。

基本分总计为：6 分+2 分+2 分=10 分。

69. 一般高

牌例 1：

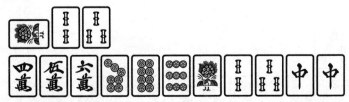

此牌例 123 条与 123 条是"一般高"番种。主体番种是"花龙"，可加计

"一般高"番种分。

基本分总计为：8 分+1 分＝9 分。

牌例 2：

此牌例四五六万与四五六万是"一般高"番种。主体番种是"混一色"，可加计"一般高"、"幺九刻"及"双暗刻"番种分。

基本分总计为：6 分+1 分+1 分+2 分＝10 分。

牌例 3：

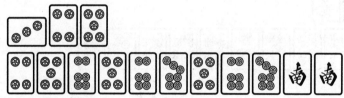

此牌例 567 饼与 567 饼是"一般高"番种。主体番种是"一色三步高"，可加计"混一色"及"一般高"番种分。

基本分总计为：16 分+6 分+1 分＝23 分。

牌例 4：

此牌例六七八万与六七八万是"一般高"番种。主体番种是"三色三步高"，可加计"平和"及"一般高"番种分。

基本分总计为：6 分+2 分+1 分＝9 分。

70. 喜相逢

牌例 1：

此牌例三四五万与 345 饼是"喜相逢"番种。主体番种是"一色三步高",可加计"喜相逢"、"缺一门"番种分。

基本分总计为：16 分+1 分+1 分＝18 分。

牌例 2：

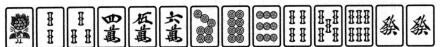

此牌例四五六万与 456 条是"喜相逢"番种。主体番种是"花龙",可加计"喜相逢"及"门前清"番种分。

基本分总计为：8 分+1 分+2 分＝11 分。

牌例 3：

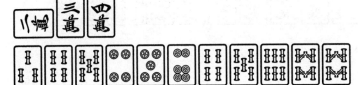

此牌例 456 条与 456 饼是"喜相逢"番种。主体番种是"三色三步高",可加计"喜相逢"、"平和"及"断幺"番种分。

基本分总计为：6 分+1 分+2 分+2 分＝11 分。

牌例 4：

此牌例七八九万与 789 条是"喜相逢"番种。主体番种是"花龙",可加计"喜相逢"番种分。

基本分总计为：8 分+1 分＝9 分。

71. 连六

牌例 1：

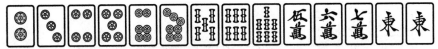

此牌例 234 饼与 567 饼是六张相连接的序数牌组成的"连六"番种。主体番种是"三色三同顺",可加计"连六"及"门前清"番种分。

基本分总计为：8 分+1 分+2 分＝11 分。

牌例 2：

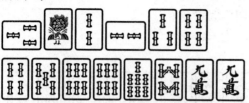

此牌例 456 条与 123 条是六张相连接的序数牌组成的"连六"番种。主体番种是"一色三步高"，可加计"连六"、"平和"及"缺一门"番种分。

基本分总计为：16 分+1 分+2 分+1 分＝20 分。

牌例 3：

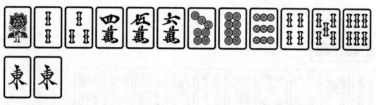

此牌例 456 条与 123 条是六张相连接的序数牌组成的"连六"番种。主体番种是"花龙"，可加计"连六"及"门前清"番种分。

基本分总计为：16 分+1 分+2 分＝19 分。

牌例 4：

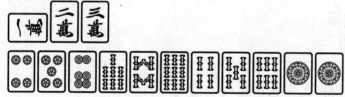

此牌例 456 条与 789 条是六张相连接的序数牌组成的"连六"番种。主体番种是"花龙"，可加计"连六"及"平和"番种分。

基本分总计为：16 分+1 分+2 分＝19 分。

72. 老少副

牌例 1：

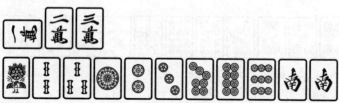

此牌例 123 饼与 789 饼两副顺子为"老少副"番种。主体番种是"三色

三同顺",可加计"老少副"及"全带幺"番种分。

基本分总计为：8 分+1 分+4 分＝13 分。

牌例 2：

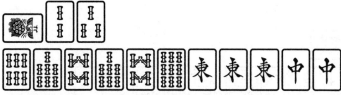

此牌例 123 条与 789 条两副顺子为"老少副"番种。主体番种是"混一色",可加计"老少副"及"幺九刻"番种分。

基本分总计为：6 分+1 分+1 分＝8 分。

牌例 3：

此牌例 123 饼与 789 饼两副顺子为"老少副"番种。主体番种是"三色三步高",可加计"老少副"、"门前清"及"平和"番种分。

基本分总计为：6 分+1 分+2 分+2 分＝11 分。

牌例 4：

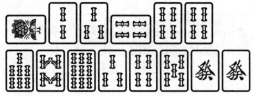

此牌例 123 条与 789 条两副顺子为"老少副"番种。主体番种是"混一色",可加计"老少副"及"四归一"番种分。

基本分总计为：6 分+1 分+2 分＝9 分。

73. 幺九刻

牌例 1：

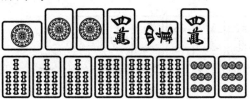

此牌例有三张1饼与9条组成的刻子，即为两个"幺九刻"番种。主体番种是"碰碰和"，可加计两个"幺九刻"、"无字"及"双暗刻"番种分。

基本分总计为：6分+2分+1分+2分=11分。

牌例2：

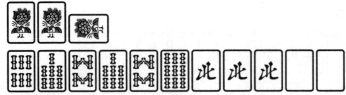

此牌例有三张北风与1条组成的刻子，即为两个"幺九刻"番种。主体番种是"混一色"，可加计两个"幺九刻"番种分。

基本分总计为：6分+2分=8分。

牌例3：

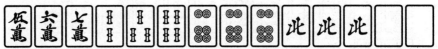

此牌例有三张北风组成的刻子，即为"幺九刻"番种。主体番种是"五门齐"，可加计"幺九刻"、"门前清"及"双暗刻"番种分。

基本分总计为：6分+1分+2分+2分=11分。

牌例4：

此牌例有三张9饼组成的刻子，即为"幺九刻"番种。主体番种是"花龙"，可加计"幺九刻"番种分。

基本分总计为：8分+1分=9分。

74. 明杠

牌例1：

此牌例门前的四张发财是"明杠"番种。主体番种是"混一色"，可加计"明杠"及"箭刻"番种分。

基本分总计为：6分+1分+2分＝9分。

牌例2：

此牌例门前的四张1条是"明杠"番种。主体番种是"全带幺"，可加计"一明杠一暗杠"、"双同刻"、两个"幺九刻"、"喜相逢"及"缺一门"番种分。

基本分总计为：4分+5分+2分+2分+1分+1分＝15分。

提示："一明杠一暗杠"为5分。

牌例3：

此牌例门前的四张9条是"明杠"番种。主体番种是"花龙"，可加计"明杠"及"幺九刻"番种分。

基本分总计为：8分+1分+1分＝10分。

牌例4：

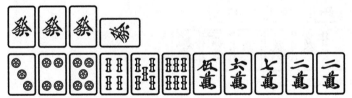

此牌例门前的四张发财是"明杠"番种。主体番种是"三色三步高"，可加计"明杠"及"箭刻"番种分。

基本分总计为：6分+1分+2分＝9分。

75. 缺一门

牌例1：

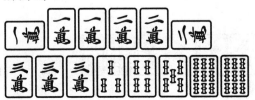

此牌例和牌牌型中缺少一种序数牌饼子，为"缺一门"番种。主体番种是"一色三节高"，可加计"缺一门"及"无字"番种分。

基本分总计为：24分+1分+1分=26分。

牌例2：

此牌例和牌牌型中缺少一种序数牌条子，为"缺一门"番种。主体番种是"清龙"，可加计"缺一门"及"门前清"番种分。

基本分总计为：16分+1分+2分=19分。

牌例3：

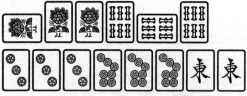

此牌例和牌牌型中缺少一种序数牌万子，为"缺一门"番种。主体番种是"碰碰和"，可加计"缺一门"、"双暗刻"及"幺九刻"番种分。

基本分总计为：6分+1分+2分+1分=10分。

牌例4：

此牌例和牌牌型中缺少一种序数牌饼子，为"缺一门"番种。主体番种是"双箭刻"，可加计"缺一门"、"双暗刻"及"喜相逢"番种分。

基本分总计为：6分+1分+2分+1分=10分。

76. 无字

牌例1：

此牌例和牌牌型中没有风牌、箭牌，为"无字"番种。主体番种是"三

暗刻"，可加计"无字"、"四归一"及"缺一门"番种分。

基本分总计为：16 分+1 分+2 分+1 分＝20 分。

牌例 2：

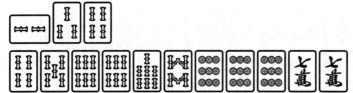

此牌例和牌牌型中没有风牌、箭牌，为"无字"番种。主体番种是"一色三步高"，可加计"无字"及"幺九刻"番种分。

基本分总计为：16 分+1 分+1 分＝18 分。

牌例 3：

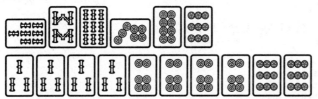

此牌例和牌牌型中没有风牌、箭牌，为"无字"番种。主体番种是"三色三步高"，可加计"无字"、"门前清"及"幺九刻"番种分。

基本分总计为：6 分+1 分+2 分+1 分＝10 分。

牌例 4：

此牌例和牌牌型中没有风牌、箭牌，为"无字"番种。主体番种是"双暗杠"，可加计"无字"、"缺一门"及"喜相逢"番种分。

基本分总计为：6 分+1 分+1 分+1 分＝9 分。

77. 边张

牌例 1：

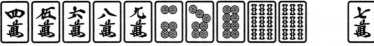

此牌例自摸边张七万和牌。主体番种是"清龙"，可加计"边张"、"自摸"及"平和"番种分。

基本分总计为：16 分+1 分+1 分+2 分＝20 分。

牌例 2：

此牌例是第二圈旁家打出 3 条，庄家和牌。主体番种是"三风刻"，可加计"边张"、"缺一门"、"门风刻"及"双暗刻"番种分。

基本分总计为：12 分+1 分+1 分+1 分+2 分＝17 分。

提示："门风刻"只计 1 分。

牌例 3：

此牌例中有四张八万，牌手放弃开暗杠的"杠上开花"的机会，听边张七万，对家打出七万点和。主体番种是"花龙"，可加计"边张"、"无字"及"四归一"番种分。

基本分总计为：8 分+1 分+1 分+2 分＝12 分。

牌例 4：

此牌例自摸边张 3 条和牌，3 条为"边张"。主体番种是"五门齐"，可加计"边张"、"自摸"及"幺九刻"番种分。

基本分总计为：6 分+1 分+1 分+1 分＝9 分。

78. 坎张

牌例 1：

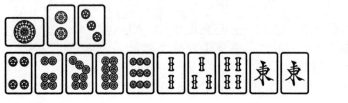

此牌例自摸坎张 5 饼和牌。主体番种是"清龙",可加计"坎张"、"自摸"及"缺一门"番种分。

基本分总计为:16 分+1 分+1 分+1 分=19 分。

牌例 2:

此牌例旁家打出二万点和,二万是"坎张"。主体番种是"五门齐",可加计"坎张"、"箭刻"及"门前清"番种分。

基本分总计为:6 分+1 分+2 分+2 分=11 分。

牌例 3:

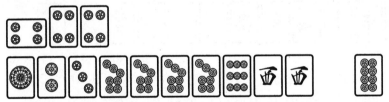

此牌例中有四张 7 饼,庄家放弃开暗杠的"杠上开花"的机会,听坎张 8 饼,结果自摸 8 饼成和牌。主体番种是"混一色",可加计"坎张"、"四归一"及"老少副"番种分。

基本分总计为:6 分+1 分+2 分+1 分=10 分。

牌例 4:

此牌例自摸五万和牌,五万为"坎张"。主体番种是"双明杠",可加计"自摸"、"坎张"、"幺九刻"及"缺一门"番种分。

基本分总计为:4 分+1 分+1 分+1 分+1 分=8 分。

79. 单钓将

牌例 1:

此牌例已上听，单钓 4 饼将和牌，旁家打 4 饼点和。主体番种是"小于五"，可加计"单钓将"、"幺九刻"及"喜相逢"番种分。

基本分总计为：12 分+1 分+1 分+1 分=15 分。

牌例 2:

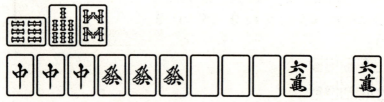

此牌例已上听，自摸六万和牌，六万为"单钓将"番种。主体番种是"大三元"，可加计"三暗刻"、"单钓将"、"自摸"及"缺一门"番种分。

基本分总计为：88 分+16 分+1 分+1 分+1 分=107 分。

牌例 3:

此牌例已上听，单钓发财将和牌，旁家打出发财点和。主体番种是"混一色"，可加计"单钓将"及"幺九刻"番种分。

基本分总计为：6 分+1 分+1 分=8 分。

牌例 4:

此牌例单钓南风将听牌，旁家打出南风点和。主体番种是"花龙"，可加

计"单钓将"的番种分。

基本分总计为：8 分+1 分＝9 分。

80. 自摸

牌例 1：

此牌例自摸 5 饼和牌。主体番种是"全带五"，可加计"自摸"番种分。

基本分总计为：16 分+1 分＝17 分。

牌例 2：

此牌例自摸九万和牌。主体番种是"混幺九"，可加计"自摸"、"双同刻"、"双暗刻"、"箭刻"及"缺一门"番种分。

基本分总计为：32 分+1 分+2 分+2 分+1 分+1 分＝39 分。

提示："混幺九"番种和牌，"箭刻"番种只计 1 分。

牌例 3：

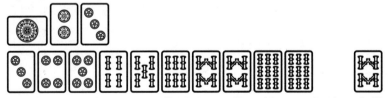

此牌例自摸 8 条和牌。主体番种是"推不倒"，可加计"自摸"及"无字"番种分。

基本分总计为：8 分+1 分+1 分＝10 分。

牌例 4：

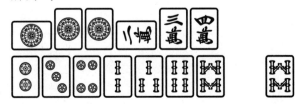

此牌例自摸 8 条和牌。主体番种是"三色三同顺"。可加计"自摸"、"单钓将"、"无字"及"幺九刻"番种分。

基本分总计为：8 分+1 分+1 分+1 分+1 分 = 12 分。

81. 花牌

花牌每花计 1 分。不计在起和分内，和牌后才能计分。

第三章 竞技麻将规则

一、规则宗旨及内容

(一) 规则的宗旨

竞技麻将规则的宗旨是:"为了规范中国麻将竞赛活动,引导竞技麻将运动逐步走向科学、规范、健康的轨道,提高竞技麻将运动技术水平,丰富人民群众的文化生活,坚决反对以竞技麻将作为工具进行赌博的行为,提倡健康的麻将竞赛,更好地为社会主义精神文明建设服务。"

(二) 规则的内容

中国麻将竞赛规则的主要内容有:总则,比赛的场地器材,比赛通则,罚则,申诉及附则。比赛通则为核心章节,它包含了基本术语,行牌、和牌的规定,番种分值、计分和评定名次的方法等。

上述《规则》的主要内容,我们已在第一章竞技麻将常识及第二章番种定义分值中做了较为详尽的解读。关于名次的评定将在本章第三部分进行解读。可以这么讲,只要通读本书第一、第二章,您就初步会打竞技麻将了,若再精读本章,您不仅会打竞技麻将了,而且将成为一位精通竞技麻将规则的牌手。

二、规则的未尽事宜

多年来,在比赛过程中和裁判工作中,遇到不少有关规则方面的问题,这些问题在《规则》中又没有明确的规定,牌手和裁判员之间争论不休,分歧较大,难以达成共识。

笔者在此只是将本人对这些问题的认识发表一下意见，以求达到抛砖引玉的目的。竞技麻将规则的精神实质是实事求是，笔者想通过不断的深入学习和认真实践，尽可能领悟到《规则》的精神实质，根据其精神实质，做出自己的正确判断。

当然，欢迎同行在这些问题上展开学术探讨，在学术探讨中领悟《规则》的真谛。

（一）一般性规定

1. 场地布置

（1）正面墙上挂钟。正面墙上要挂一块钟，作为比赛用的标准钟。裁判员可根据这块钟决定比赛开始、比赛结束、牌手迟到时间等。时钟显示是不容争辩的依据。

（2）墙上贴"东"字。场地墙上贴"东"字，便于竞技麻将比赛开始时定位和定庄，使赛场上各桌座位有了固定的顺序。凡是抓到东字坐庄者，背向墙上的"东"字坐，其他三人按东、南、西、北逆时针的顺序依次坐下。

2. 关于补花

《规则》指出："抓到花牌后，明放在立牌前，并从牌墙最后补一张牌。"它说的是补花的程序，并没说补花的时间、开牌补花的具体要求及是否可以打花等。

竞技麻将中一出现花牌，就引起了各种反响。有的认为花牌没啥意思，补不补张牌都一样，大不了和牌后多加点分而已。花牌真像他们认为的那样，是竞技麻将中的累赘，是可有可无的东西吗？非也。

（1）花牌的功能。

牌例：

竞技麻将既然在144张牌中设置了花牌，就应该有其独特的功能。作为牌手，就应该充分发挥包括花牌在内的144张牌各自具有的功能，促其尽快和牌或者达到自己希望的目的。花牌不仅是竞技麻将的重要组成部分，而且是最具有活力、功能最多的牌。

它有四个功能：

一是不点炮功能。除花牌以外的任何一张牌都保证不了不点炮。例如：在"无番和"番种待听时，因为自摸不能和牌，抓到花牌时打入牌池。既不点炮，又避免补花补来险张。

二是和牌时加计 1 分的功能。花牌是 81 个番种之一，虽然不计在起和分之内，但它是有分值的。

三是增加了自摸和牌功能。上听补花，带来了自摸和牌的机会。

四是寻找运气和机会的功能。当运气不佳，正常抓牌抓不上有用的牌时，利用手中的花牌，补花从墙后抓牌。就有可能抓上来想要的牌，或许牌运就可能转过来。

（2）补花自由。手牌中有花牌，什么时候补花，应根据牌手自己的意愿，别人无权干涉。牌手根据牌势，灵活机动处理花牌，可补花，可留花，也可打花。

（3）起手牌补花的规定。起手牌补花时，也应有个规定。笔者的想法是在一轮内按庄家、南家、西家、北家的顺序把花补完。如果补花过程中又抓到花牌，还按补花顺序进行第二次补花，以此类推。也有的牌手认为，补花应该是庄家先补完花牌，既包括庄家起手牌中的花牌，也包括补花过程中又抓到的花牌，庄家全部补完后才能由南家、西家、北家依次补花。笔者认为这不太合理，因为庄家补花过程中又抓到花牌接着继续补花，按牌理，再补花补的那张牌不应该是庄家的牌，而应该是下一家头次抓到花牌补花应得的牌，顺延后，造成各家从第二次补花应得到牌都错了位，何况庄家连续补花，使自摸和牌机会增多，也有失公平。

3. 牌手坐错位置

前两盘发现有人坐错位置，裁判员查明后，宣布停止行牌，按公布座位表调整牌手座位，重新开始比赛。若第二盘发现有人坐错位置，第一盘比赛成绩有效，但第一盘的坐庄者不能连续坐庄。

调整牌手座位原则上是每个牌手各坐庄一次，各占东、南、西、北位置一次。

第三盘或第三盘以后才发现坐错位置，因一圈赛程已经过半，继续行牌。

4. 牌手缺席

（1）缺席一人。如果一桌临时缺席一人，仍码四道牌墙，三人采用"推磨"的方法，照常比赛。最后根据各自所得比赛分多少核定名次，第一名计标准分 4 分，第二名计 2 分，第三名计 1 分。

（2）缺席两人。如果一桌临时缺席两名牌手，不能另行安排。另外两名牌手不再进行比赛，平均分享第一名和第二名的标准分，各计 3 分。

5. 牌不离桌

所谓牌不离桌，即按规定把 13 张牌整齐摆放在麻将桌上。在竞技麻将正式比赛过程中，有的牌手时常把一张或几张牌握在手中，置于桌下，而在麻将桌子上立着的不到 13 张牌。笔者认为麻将牌不允许离开麻将桌，因为它不符合"摆在自己门前的牌为手牌，标准张为 13 张"的规定。麻将牌一旦离开麻将桌，弊处有二：

一是对手难以监督。麻将牌一旦离开麻将桌使对手难以监督你的牌是否为"相公"。二是有作弊的嫌疑。把几张牌握在手中置于桌下，如已经多一张牌，成了"大相公"，但他把多余的牌握在手中置于桌下，和牌时，借洗牌之机，把多余的那张牌送进牌池内。

(二) 违例的处罚

1. 开错牌

在竞技麻将比赛过程中，若庄家由于两次掷骰子的数加错了，或是把墩数数错了及其他原因出现了开错牌，可按以下情况区别对待：

（1）无人翻看牌面。开错牌后，如无人翻看牌面，重新放回牌墙原处继续抓牌，同时裁判员给开错牌者以警告处罚。在一局中同一牌手第二次出现开错牌判罚 5 分，第三次扣罚 10 分，第四次扣罚 20 分，以此类推。

（2）有人翻看牌面。开错牌后，已有人翻看牌面，或比赛进行中，才发现开错牌，该盘比赛已无法进行，判罚开错牌者 10 分。在一局中同　牌手第二次出现开错牌判罚 20 分，第三次出现判罚 30 分，以此类推。

（3）和牌后发现开错牌。庄家开错牌后，行牌到有人和牌才发现，和牌即为该盘已经有了比赛结果，既成事实，任何人不得再追究庄家开错牌的责任。

2. 抓错牌

在竞技麻将比赛过程中，倘若出现抓错牌，可按以下四种情况给予不同处理：

一是触及或抓起牌，没有看到牌面，裁判员对其提出警告，抓错牌者将牌放回原处。

二是已看到牌面，除向其提出警告外，并扣罚 10 分，抓错牌者将牌放回原处。

三是将牌插入或混入手牌中，判处其停和，并扣罚 10 分，抓错的牌，不必放回原处。

四是开杠或补花抓错牌判处其停和，并扣罚 10 分。

提示：开杠或补花时应该抓牌墙最后一墩底下的那张牌，因为底下的那张牌是牌墙最后面的 1 张牌。

3. 摸牌不取

手已摸牌不能再改为吃牌、碰牌、杠牌或和牌。违者给予警告，在同一盘第二次出现同样行为扣罚 5 分，第三次扣罚 10 分，第四次扣罚 20 分，以此类推。

4. 不收骰子

庄家在打出第一张牌之前应收回骰子，放在本方右侧。坐庄结束，应将骰子转交给下家。能否及时收回骰子和转交骰子，直接影响比赛的正常进行。

若庄家在打出第一张牌后没有收回骰子，第一次给予警告；一局中第二次出现同样行为扣罚 5 分，第三次扣罚 10 分，第四次扣罚 20 分，以此类推。

5. 牌已过墙

伸手打牌已过牌墙，只要牌没有触及牌池或没有暴露，第一次可以收回重新换牌打出。倘若同一局中第二次及第二次以后出现，则必须打出。

6. 相公如何陪打

《规则》对"相公"的处理只规定了"没有和牌的权利，只作陪打"，但对怎样发现"相公"以及成了"相公"后如何陪打都没有详细说明。各地对"相公"的处理也不一致，大体上有两种：

第一种是要求成为"相公"者主动向裁判宣布，并进行明陪打，即再不允许吃牌、碰牌、杠牌，更不允许"相公"和牌，其理由是"相公"者既然多了或少了牌，已经侵占别人权益和改变了行牌程序，再也不能让"相公"继续影响和干扰别人了。

第二种是成为"相公"者可以不公开、不宣布，照常行牌，可以吃牌、碰牌、杠牌，只是不能和牌。

笔者认同第二种做法。因为，既然《规则》对成为"相公"后没有明文规定和要求，"相公"者何必要主动宣布呢？至于其他牌手能否发现，那是他人的牌技水平和洞察能力问题。另外，笔者觉得"相公"也是牌手，既然是牌手，就不能消极地等待别人和牌，而要积极地同对手进行较量，斗智斗勇。他既享有其他牌手正常行牌的权利，又有想方设法千方百计地干扰、阻止、破坏其他牌手和牌的权利，"相公"者的战略是尽快促使本盘荒牌，避免更大损失。所以"相公"者应该是个能吃、能碰、能杠、能补花、能点炮但不能和牌的特殊牌手。

（三）　和牌的争议

1. 和牌先报和

和牌者不报"和牌"，这是老问题之一。无论大、小比赛都屡屡出现和牌不先报"和牌"二字，而报"自摸"、"海底捞月"、"妙手回春"、"杠上开花"及"不求人"等。

虽然《规则》有严格规定，"和牌者首先必须报和牌"，但在实践中，牌手们理解不一，认识相异。有的认为，报"自摸"、"海底捞月"、"妙手回春"、"杠上开花"、"不求人"就是报和牌。也有的认为，在番种后面加个和字就是报和牌了，比如，碰碰和、自摸和、花龙和、七星不靠和等。还有的认为，竞技麻将爱好者中多是老年人，年龄大，不必要求那么严，可以放宽。

笔者的想法是，平常玩牌，休闲娱乐，尤其老年人之间，确实应当放松、放宽，不必强求。报"自摸"、"海底捞月"、"妙手回春"、"杠上开花"、"不求人"，有和牌的意思就行了，不必太较真。但是，如果是正规的比赛，就有维护《规则》的权威以及公平、公正的问题。《规则》规定的"和牌者首先必须报和牌"，就是和牌者报和牌时，必须"和牌"二字在先，没有其他理解。不管是老年人还是青年人，只要参加正规比赛，就都得一律按《规则》执行。正规比赛，从严要求，不能因理解不同而异。这样，《规则》对每位牌手才公平、公正，比赛才能得以顺利地进行。

2. 关于和牌有效性

（1）报和时限。自抓牌后超过15秒，不得报和。超过报和时限报和，并没有推倒牌张，本轮不得和牌，给予警告。超时报和，又推倒牌者，除不准和牌外，暴露张务必打出，其打出的先后，由被判罚者自己选择。

（2）未超时的报和。上家打出的一张牌，庄家能够和牌又觉得和牌番值不高，正在犹豫不决，没有马上报和，也没有去抓牌，且没有超过15秒，此时听到对家报和，庄家马上报和，报和有效。

（3）出现抓牌动作后再报和。上家打出的一张牌，庄家能够和牌又觉得和牌番值不高，便伸手去抓牌。下家等待庄家出现手过牌墙的抓牌动作后，立即报和。此时庄家马上改变原来的意图，也随即报和。裁判员判定下家报和有效，其原因是庄家虽然原来有优先和牌权利，由于做出明显抓牌动作，说明他已经表示放弃优先和牌权利。

（4）可以和跟张。

牌例：

在一局最后的一盘比赛中，牌手经过精心策划，已进入"清一色"兼"清龙"高番值的听牌状态，听六万与九万。此时对家打出一张六万，他不动声色，因为对家不是竞争对象，只有上家所得的分数比他多90分，上家在同

一轮内跟张打出一张六万，他立即报和。上家提出抗议，没有经过抓牌、吃牌、碰牌，为什么单和他的跟张？

　　裁判员认为《规则》并没有规定不允许和跟张，宣布和牌有效。牌手如愿以偿地在一局最后的一盘比赛中反超上家，获得小组第一名。

　　（5）一炮双响。一炮双响即一家打出的牌，下家和对门两家都能和牌。按《规则》规定，下家有优先和牌权利，如果下家不想和牌，伸手去抓牌，手超过牌墙，对门可以报和。

　　（6）天和可以和。坐庄者开牌后抓满 14 张牌即成和牌，按传统麻将的称谓，是"天和"。

　　依照《规则》的规定，竞技麻将没有"天和"，如果庄家开牌后抓满 14 张牌若能达到起和分，则为正常和牌，可以报和，另外加计"不求人"番种分。

　　（7）抢杠和不成立。

　　牌例：

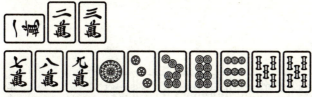

　　此牌主体番种是"三色双龙会"，听牌 2 饼。此时下家打出一张 2 饼，上家报杠。牌手有意识地等上家亮明四张 2 饼后取过开杠的 2 饼报和，自认为这是"抢杠和"。虽然《规则》中对这种所谓"抢杠和"没有具体说明，但和牌先于杠牌。实际上上家报杠不能成立，牌手有直接和牌的优先权，因此不能认定为"抢杠和"番种。

（四）番种的计分

1. 一"明杠"一"暗杠"

　　牌例：

　　和牌后有一个"明杠"番种和一个"暗杠"番种应计多少分合理，对此竞技麻将学术界一直争论不休。

　　1999 年在广州举行全国竞技麻将比赛的时候，补充规定中规定："有一个'明杠'和一个'暗杠'定为 3 分。"当时各地区竞技麻将比赛都执行这一规定。

后来有些裁判员和牌手认为这一规定欠妥。因为《规则》规定"双明杠"番种计4分,"双暗杠"番种计6分,众所周知,"明杠"番种和"暗杠"番种相比,"暗杠"要难些,一个"明杠"和一个"暗杠"分值反而低于"双明杠"番种,令人费解。于是建议一个"明杠"和一个"暗杠"的分值,应当介于"双明杠"与"双暗杠"番种之间,定为5分。

笔者赞同一个"明杠"番种和一个"暗杠"番种定为5分,因为它符合实事求是的原则。

2. "单钓将"及"边张"、"坎张"的计分

关于"边张"、"坎张"及"单钓将"的番种计分,也是个老问题之一。次次研讨,回回相左,场场有争执。

笔者认为"单钓将"番种的定义是"钓单张做将成和。"其意很明显是只能听一种牌,和牌后才能认定为"单钓将"番种。由此推断只能听一种牌的"边张"、"坎张",成和后才能认定为"边张"、"坎张"番种。

牌例1:

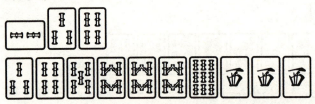

此牌例34条吃2条,已经亮出,主体番种是"混一色"。有人认为和9条得算"单钓将"番种。否则,不是"自摸"番种就不够起和分。笔者认为此牌的听牌有7条、9条两种,和9条不能认定为"单钓将"番种。

牌例2:

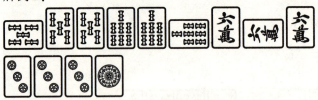

此牌例5条、7条及六万已经碰出,主体番种是"碰碰和"。有人认为和1饼得算"单钓将"番种。笔者认为"单钓将"番种必须是听一种牌。此牌的听牌有1饼、2饼两种,尽管和2饼不够起和分,和1饼也不能算作"单钓将"番种。

3. "四杠"与"三杠"中的"暗杠"与"暗刻"

关于"四杠"、"三杠"番种和牌后,牌型中"明杠"、"暗杠"番种的计分问题,历来争论不休。

第一种意见认为，"四杠"番种定义中只说是四个杠，"三杠"番种定义中只说是三个杠，理所当然地理解为是指四个或三个"明杠"番种。《规则》又规定了"暗杠"番种比"明杠"番种多 1 分，那么"四杠"番种中的"暗杠"及"双暗杠"番种，理应加分。至于"暗刻"番种更应该加分。

第二种意见认为，正因为"四杠"番种定义中只说是四个杠，"三杠"番种定义中只说是三个杠。并没有暗、明之分，这就表明"暗杠"及"双暗杠"番种也在"四杠"或"三杠"番种范围之内，自然不可以加计分值。

既然不分"明杠"与"暗杠"番种，"四杠"番种也就不应该再加计"四暗刻"番种分。"三杠"番种也就不应该再加计由纯暗杠组成的"双暗刻"或"三暗刻"的番种分。

笔者赞同第二种意见。

牌例 1：

此牌例和牌后主体番种是"四杠"，不能再加计"双暗杠"及"四暗刻"等番种分。可加计"清一色"及"幺九刻"番种分。

牌例 2：

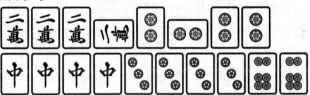

此牌例和牌后主体番种是"四杠"，不能再加计"双暗杠"番种分。可加计"双同刻"、"箭刻"及"缺一门"番种分。

牌例 3：

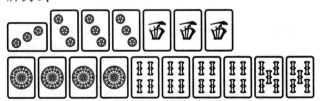

此牌例和牌后主体番种是"三杠"，不能再加计"双暗杠"番种分。可加计两个"幺九刻"及"缺一门"番种分。

4. "混幺九"中"幺九刻"如何计分

关于"混幺九"番种和牌后，"幺九刻"番种怎么计分，众说纷纭。

第一种意见是 2 分番值的"幺九刻"番种，如"箭刻"、"圈风刻"、"门风刻"等番种，均照原分值计分。

第二种意见是"混幺九"番种是由四副"幺九刻"番种及将牌组成。1 分番值的"幺九刻"番种，不再计分。"箭刻"、"圈风刻"、"门风刻"、"重风刻"等 2 分番值以上的"幺九刻"番种，都应该减去 1 分，可加计多出来的番值分，才准确合理。比如"箭刻"、"圈风刻"、"门风刻"番种只加计 1 分，"重风刻"番种（东风东、南风南等刻子）加计 3 分，"双箭刻"番种加计 4 分。

笔者赞同第二种意见。

牌例 1：

此牌主体番种是"混幺九"。可加计"三同刻"及"三暗刻"番种分。

牌例 2：

此牌主体番种是"混幺九"，可加计"双同刻"、"箭刻"（1 分）及"缺一门"番种分。

5. 关于"不求人"的争论

一些本来不可能吃牌、碰牌（明杠）的番种，最后自摸和牌，算不算"不求人"番种呢？

一些人认为，虽然这些番种，在行牌过程中必然是不可能吃牌、碰牌或开明杠，但是始终没有利用别人的牌，最后又是自摸和牌，符合《规则》对"不求人"番种的定义，理所当然应加计"不求人"的番种分。

然而，《规则》第九条番种分值表明确规定："连七对"、"十三幺"、"七对"、"七星不靠"及"全不靠"等番种和牌不能加计"不求人"番种分值。

笔者认为在《规则》没有修订前，还应当严格按照《规则》规定执行。

三、关于名次的评定

（一）局分

一局比赛中每盘得失的比赛分与基础比赛分的总和为局分。局分不带入下一局比赛。

（二）标准分

《规则》规定："按参赛选手在该局所得的局分多少排出名次进行核算。标准分的换算方法是，同组第一名得分等于参赛选手的人数，其他人得分为参赛选手数减本人所得名次。"

目前换算标准分的方法有两种：

1. 全场换算法

打完一局后，第一名的标准分为全赛场的参赛人数，其他人得分等于参赛人数减去所得名次，以此类推，最后一名得分为 0 分。

其优点是由于牌手之间所得的标准分档次大，确定名次时不易并列。缺点是虽然把数量较大的比赛分换算成数量级较小的标准分，但由于全场换算，参赛人数又较多，数局下来换算的标准分累计起来数字也挺大，计算较为烦琐。

2. 单桌换算法

同组（一桌）四人中局分最多的为第一名，次者为第二名，再次者为第三名，最少者为第四名。

第一名的标准分"等于参赛选手的人数"是 4 分；第二名的标准分为参赛人数减去本人名次是 2 分；第三名的标准分是 1 分；第四名的标准分是 0 分。

目前大多数地区采用的是单桌换算法。其优点是运作简便，计算快速。

（三）名次评定

1. 个人名次

《规则》规定，个人名次，按参赛选手在各局比赛所得标准分之和排定，标准分多者名次列前；如标准分相同，则比较比赛分之和，比赛分之和多者列前；如仍相同，则单局标准分最高者列前；如仍相同，再依次比较单局标准分的第二高分、第三高分，以此类推，直至决定出名次。

2. 团体名次

团体名次的确定，《规则》规定："按该队参赛选手在各局比赛中所得标准分的总和排定。"

标准分总和若相等，该如何排名，《规则》并未规定。

目前多数赛会采用的方法是标准分总和相等，要比较各队的个人最好名次，个人名次高者列前。

第四章　竞技麻将打牌技巧

一、定向

（一）什么是定向

每盘起手配牌之后，牌手首先要对起手的 13 张牌认真审视一番。根据自己的牌势及牌本身的条件，确立主攻方向，即应当朝哪个或哪几个番种方向努力，决定留什么牌，舍什么牌，这个过程就是定向。

（二）定向的重要性

定向问题是竞技麻将比赛中的首要问题。如果不能根据起手牌的状况确定最合适的一个番种去组牌，突然发现番种分值之和不够起和分，导致组牌"夹生"。或者是由于不符合起手牌的实际情况，使得听牌的难度非常大。反之，如果正确定向，就能用最快的速度组成听牌，获胜就很有希望。

（三）起手牌的定向标准

判断起手牌的定向是否正确，有两个标准：

1. 达到起和分

所确定的定向达到 8 分番种，能够保证听牌时达到 8 分以上。即使达不到 8 分，也能通过附加分达到起和分。

2. 具备所定向番种的基础

定向番种起手牌若有相当的基础，比较容易组合成所确定的番种。

牌例 1：

此牌定向为"清龙"番种，组牌方向是正确的，符合起手牌定向的两个标准：一是保证听牌时达到8分以上（"清龙"番种是16分）；二是所确定的组牌番种"清龙"，起手牌已经有相当基础，只要吃进或摸入二万、四万、七万及1饼、4饼中三张牌就能听牌。

牌例2：

此牌定向为"三色三步高"番种，组牌方向是正确的，符合起手牌定向的两个标准：一是保证听牌时达到8分，"三色三步高"番种分值虽然是6分，和牌后除"三色三步高"番种6分外，还能有"幺九刻"番种1分和"单钓将"番种1分，计8分，正好达到起和分；二是所确定的组牌番种"三色三步高"，起手牌已经很有基础，两步入听，吃进5饼、五万打出2饼、七万，听牌南风。

（四）牌势变化调整定向

竞技麻将比赛中主攻方向不是一成不变的，要根据牌势变化而调整主攻方向。比如原计划主攻方向是"全不靠"番种，但是行牌三四轮后，旁家已碰出两三种字牌，自己手牌中又无这几种字牌，显然很难再组成"全不靠"番种，便要当机立断，改变主攻方向，调整定向为"组合龙"或"三色三步高"等番种。

（五）起手牌的牌例定向

起手牌牌例定向，是牌手必须掌握的基本功，也是竞技麻将入门必读。牌手务必熟悉81个番种的组成及相互关联与区别，反复琢磨、推敲，灵活掌握，方能对13张起手牌予以初步的正确定向。

所谓牌势，即为掌握以下五种情况：

一是顺子、刻子、对子、搭子及单张的幺九（字）牌、孤张的情况。

二是花色集中或分散及不同的花色序数牌之间的关联情况。

三是基本上具备或接近哪些番种的组合条件。

四是初步定向的番种需要几步入听。

五是起手牌的等级。

1. 起手牌单项定向

牌例 1：

起手牌有一副风刻、两对风牌、一副 567 饼的顺子，具备了做"三风刻"番种的基础条件，定向为"三风刻"番种，两步入听，上等牌。

牌例 2：

起手牌有两个风对子，五张万子，定向为"混一色"番种，四步入听，中等牌。

牌例 3：

起手牌有现成的四个要素，即红中对子，123 饼顺子，23 条搭子与七万、九万嵌搭，且均带"幺"。定向为"全带幺"番种，三步入听，中上等牌。

牌例 4：

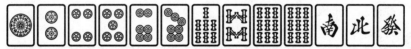

起手牌有"一色三步高"六张有用的饼子牌，且联系紧密，又有 7899 条的复合顺子。定向为"一色三步高"番种，三步入听，中上等牌。

牌例 5：

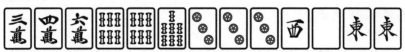

起手牌五门俱全，虽然箭牌只有一张白板，还有组成对子的可能，最后还有"单钓将"的方法，定向为"五门齐"番种。三步入听，中上等牌。

牌例 6：

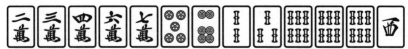

起手牌有一副顺子、一副刻子、三副搭子，且可以做成"断幺"，定向为"三色三步高"番种。三步入听，中等牌。

牌例7：

起手牌有七万做将，已有龙头一二三万，龙尾7饼、9饼的骨架，龙腰有一张5条。假如定向为"花龙"番种，最快需四步入听。然而，这手牌最适合定向为"组合龙"番种，已有了"组合龙"的8张牌，且有二三万的两头搭子，两步入听，上等牌。

牌例8：

牌谚曰："四碰五摸"。其意为四对可做"碰碰和"，五对摸牌可做"七对"番种。起手牌有五个现成的对子，必然定向为"七对"番种。一步入听，上等牌。

牌例9：

起手牌有三副现成的带幺的顺子，还有一副复合面子，定向为"三色三同顺"番种。一步入听，上等牌。

牌例10：

起手牌有11张万子，且联系紧密，定向为"清一色"番种。两步入听，是一副难得的上等牌。

牌例11：

起手牌全是序数牌，且已连成顺子、刻子，又有将头，定向为"一色三步高"番种。两步入听，上等牌。

牌例12：

起手牌手中有10张幺九牌，且有四对，具备了做"混幺九"的条件，定向为"混幺九"番种。四步入听，中上等牌。

牌例 13：

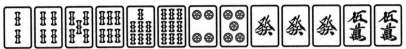

起手牌有六张条子，现成的一副刻子，一对将牌，定向为"清龙"。两步入听，上等牌。

牌例 14：

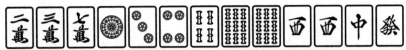

起手牌有西风、9 条两个对子，另外两个花色还有两副好搭子，只是箭牌是两个单张，定向是"五门齐"番种。四步入听，中下等牌。

牌例 15：

起手牌已有"混一色"番种的九张牌，定向是"混一色"番种。四步方能入听。若吃到或摸到 2 条，打出 8 饼，可改变定向为"无番和"，一步入听，中上等牌。

2. 起手牌双项定向

牌例 1：

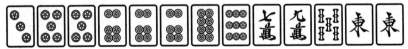

起手牌顺子、刻子、对子、搭子齐全，有九张"大于五"番种有用的牌，定向为"大于五"番种，四步入听。如摸到 7 条或 9 条亦可改变定向为"三色三同顺"番种，三步入听，中等牌。

牌例 2：

起手牌有 8 张联系紧密的饼子，一对风牌，定向为"一色三步高"或"混一色"番种。三步入听，中上等牌。

牌例 3：

起手牌按竞技麻将 8 分起和的要求相去甚远，初步定向为"全带幺"或"无番和"番种。四步入听，中下等牌。

牌例 4：

起手牌有两个对子，三副搭子，定向为"五门齐"或"三色三步高"番种。"三色三步高"番种三步入听，"五门齐"番种四步入听，中等牌。

牌例 5：

起手牌五门俱全，有三副搭子，一个对子，定向为"花龙"或"五门齐"番种。四步入听，中等牌。

牌例 6：

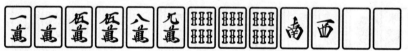

起手牌有 9 张万子，定向为"清一色"或"混一色"番种。"清一色"番种四步入听，"混一色"番种三步入听，中上等牌。

牌例 7：

起手牌有一副刻子，三个对子，定向为"碰碰和"或"三暗刻"番种。"碰碰和"番种三步入听，"三暗刻"番种两步入听，上等牌。

牌例 8：

起手牌里有万子老少副，两个对子，一个搭子，定向为"清龙"或"三色三同顺"番种。"清龙"番种三步入听，"三色三同顺"番种两步入听，上等牌。

牌例 9：

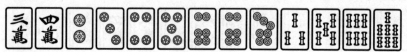

起手牌中三种序数牌均联系紧密，有三副现成的顺子，一副搭子，定向为"三色三步高"或"三色三同顺"番种。两步入听，上等牌。

牌例 10：

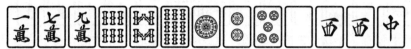

起手牌中序数牌叫吃的牌皆为边张，有西风一对，定向为"五门齐"或"全带幺"番种。四步入听，中下等牌。

牌例 11：

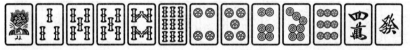

起手牌有六张条子，五张饼子，花色不够集中，可视进张情况定向为条子或饼子的"清龙"。四步入听，中等牌。

牌例 12：

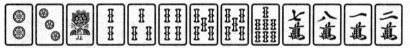

起手牌有"一色三步高"番种有用的七张条子，具备了做"一色三步高"番种的基本条件，定向为"一色三步高"或"三色三同顺"番种。"三色三同顺"番种两步入听，"一色三步高"番种三步入听，中上等牌。

牌例 13：

起手牌有五张箭牌，四个幺九对子，具备了做"小三元"及"混幺九"番种的基本条件，定向为"小三元"或"混幺九"番种。其中"小三元"番种三步入听，上等牌。

3. 起手牌多项定向

牌例 1：

起手牌有白板一对，12 条的边搭，二万、四万的嵌搭，6 饼、8 饼的嵌搭，1222 饼的复合面子，定向为"五门齐"、"混一色"、"小于五"或"三色三同顺"番种。但这种牌的边搭、嵌搭与复合面子，可待牌全部是 3 与 7 的尖张牌，这些尖张牌单纯依靠吃进组合的机会很少，大都只能靠自己摸进了，下

等牌。

牌例2：

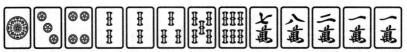

起手牌有了1饼、3饼、56条、七八万"花龙"番种的龙头、龙腰及龙尾的骨架。定向为"花龙"、"三色三步高"、"三色三同顺"或"小于五"番种。其中"花龙"番种三步入听，中上等牌。

牌例3：

起手牌有五张箭牌，就可朝"小三元"番种方向努力，实在不成还有"双箭刻"、"混一色"番种的退路，定向为"小三元"、"双箭刻"或"混一色"番种。其中"小三元"番种三步入听，上等牌。

牌例4：

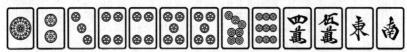

起手牌有九张饼子，具备做"清一色"番种的基本条件，定向为"清一色"、"清龙"或"一色三步高"番种。其中"清龙"番种三步入听，上等牌。

牌例5：

起手牌有两个字牌对子，万子有七张，定向为"混一色"、"一色三步高"或"清龙"番种。"混一色"番种两步入听，"一色三步高"及"清龙"番种三步入听，上等牌。

牌例6：

起手牌三种花色牌联系紧密，且集中于中间部位，定向为"三色三同顺"、"三色三步高"或"全带五"等番种。其中"三色三同顺"两步入听，上等牌。

牌例7：

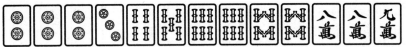

起手牌有一副刻子，三个对子均为双数牌，具备做"全双刻"番种的基本条件，定向为"全双刻"、"七对"、"推不倒"或"花龙"番种。其中"花龙"番种两步入听，"全双刻"番种三步入听，上等牌。

牌例8：

起手牌有两副刻子，两个对子，具备做"碰碰和"番种的基本条件，定向为"碰碰和"、"三暗刻"或"五门齐"番种。其中"三暗刻"或"五门齐"番种，一步入听，上等牌。

牌例9：

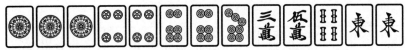

起手牌是中上等牌，初步有三个定向。一是定向为"碰碰和"番种，因为起手牌有一副刻子，三个对子，具备了做"碰碰和"番种的基本条件。二是定向为"混一色"番种，因为起手牌有"混一色"番种的10张牌。三是定向为"七对"番种，因为起手牌已经有了四对，若再摸到两对，就听张待和了。

牌例10：

起手牌缺一门，有两副暗刻、一对南风、条子为复合面子，定向为"三暗刻"、"混一色"或"碰碰和"番种。"三暗刻"番种两步入听，"混一色"、"碰碰和"番种三步入听，中上等牌。

牌例11：

起手牌有九张条子，其中有四个对子，且联系紧密，定向为"清一色"、"七对"或"碰碰和"番种。"七对"番种两步入听，"清一色"、"碰碰和"番种四步入听，中上等牌。

牌例 12：

起手牌中有一副刻子三个对子，且边张较多，定向为"碰碰和"、"七对"、"三色三节高"及"全带幺"番种。"七对"与"全带幺"番种两步入听，"碰碰和"与"三色三节高"番种三步入听，中上等牌。

4. 起手牌弃和定向

牌例 1：

起手牌有单风、箭四张，三副搭子，但是距离听张仍然差得很远，牌谚曰："起手四张风箭牌，牌势受阻难求和。"只能相机而动，不能强行奢望和牌，下等牌。

牌例 2：

起手牌里有五个单张字牌和三张幺九牌，初步定向为"十三幺"番种。五步入听，全靠自摸，入听难度极大，下等牌。面对如此起手牌，弃和防三家为上策。

牌例 3：

起手牌有红中一对，加上 45 饼搭子，一二万边搭以及七万、九万嵌搭，合为面子牌的四个要素。倘若 3 条、6 条中的一张牌与摸进的任何一张中张条子再组成一副搭子的话，即有了五个要素。牌谚曰："副副求和，败可立见。"因此，对这副牌不要抱太大希望。待手牌理顺之际，殊不知别人已早磨刀霍霍。

牌例 4：

起手牌杂乱无章，尽管有发财一对，复合面子 1 条、2 条、4 条，搭子四五万，然而最快也需五步入听。这么遥远的行程，恐怕不及叫听，早已败北。

牌例5：

起手牌有六个孤张，做"全不靠"番种还差四张以上；若不做"全不靠"番种，手牌又实在无法整理，难怪有人说"六个孤张退出胜负"。

牌例6：

起手牌有六个孤张，幸好还有"花龙"番种的骨架。如定向为"花龙"番种，尚需五步入听，下等牌。此牌势只能暂时退出胜负圈。

牌例7：

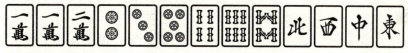

起手牌有四张字牌，暂时无法定向，最快也要五步入听，下等牌。这种牌势，只能相机而动。

二、度牌

《兵经百篇·势字》言："善兵者务度势。"度者，预算、揣测也。

（一）掌握度牌技巧

分析透视旁家的牌，竞技麻将的术语叫"度牌"。就是通过综合、分析、推测、研究局中的各种信息，弄清旁家牌的情况。

度牌是优秀牌手必须掌握的一项打牌技巧，是竞技麻将比赛取胜的关键之一，也是牌手技艺水平的主要标志。要求牌手根据各方面的迹象，分析判断对手的牌势与需求，以便相应做出自己的作战部署并随时调整对策。任何人打牌都不能只看自己而不顾及他人，或攻或守概莫能外，这就是"知己知彼，百战不殆。"

度牌不仅要观察已见于台面上的牌，还应该猜测没有看见的牌。对牌的观察主要是仔细察看台面上的牌，通过对手的进张和出张推算出别家有哪些牌，这是取胜的最核心武器。究竟哪一个是安全张，哪一个是危险张，哪一个搭子比较容易进张，哪一个张子比较容易和出，哪一个张子比较容易点和，想要做出正确的判断，须做综合的考虑。

（二）度牌的主要任务

度牌的主要任务是弄清以下三个问题：一是摸清各家在做什么番种；二是各家的组牌进度，是否已经定向，是否已经听张，还是接近听张；三是已经听张的某家，待和的牌张大是哪一张或哪几张。

（三）揣度旁家牌势

度牌不可能一次性完成，随着行牌的进展时刻都要度牌。牌手根据随时随地发生的种种现象依据牌理度牌，才是最有效的度牌方法。

1. 从舍牌中获取信息

任何一张牌都会提供一种信息，因为谁都不会无缘无故打牌的，善于从舍牌中获取信息是揣度旁家做牌的最好依据。

（1）开盘连续两三手打幺、九，该家一般不会做"全带幺"、"清幺九"、"混幺九"、"十三幺"番种，也不会做该花色的"清一色"番种。

（2）开盘便打序数牌，甚至拆搭子，说明此人起手牌甚佳，或有字牌、幺九牌的对子，在做"全带幺"、"清幺九"、"混幺九"、"字一色"及"十三幺"番种。

（3）开盘先打字牌，再舍幺九，最后打中张，这种按部就班的舍牌次序表明他做牌目的不明确；若是在四或五轮以上仍在打风、箭牌，表明其手牌牌势不佳，成和希望不大。

（4）开盘某家率先弃出万子牌，表明其手中万子不多，不可能做万子"清一色"番种。

（5）某家开始拆舍两面搭子，却不见打出字牌，就有做"混一色"或"碰碰和"番种的嫌疑。因手中箭牌、幺九牌容易碰出，故宁肯拆舍两面搭子，也要保留容易碰出的对子。

（6）开始阶段没有打出字牌，打出的是两门花色牌，以后又吃、碰另一门花色牌，这是做"混一色"和"清一色"番种。

（7）某家吃幺鸡，吐4条，极可能在做"清龙"、"花龙"、"三色三步高"或"三色三同顺"番种。

（8）弃牌比较杂乱，不吃不碰，只是埋头摸牌，对上家舍牌不屑一顾者，很可能是做"七对"、"七星不靠"或"全不靠"的番种。如果所舍牌都是桌面上见过的牌，那明显是做"七对"番种；如果舍牌时开过对子，那就是做"七星不靠"或"全不靠"番种了。

（9）下家原先的舍牌中，多打中张，后来从手牌中打出一张幺九牌，这说明该家是拆搭或是打突张。如见 9 不见 8，说明并非拆搭，而是打突张（手牌应是 6、8、9 或 8、8、9）。这种情况下，切莫打 7 或 8，否则，等于自投罗网。

（10）某家开盘舍 2 饼，手里不会有 34 饼，有 5 饼的可能性也不太大。

（11）进入后期，某家张张打安全牌，而且都是从手牌中打出，甚至打掉无人要的对子，说明此家已经弃和。

（12）对方在做"清一色"或"混一色"番种，如果到了组牌的中、后期，又打出所做一色的牌，说明已经接近听牌或已经听张。

（13）某家对下家一直看得较紧，中盘后期却突然打出了一张下家很可能吃进的牌，说明已经听张。

（14）中盘后期某家在吃牌、碰牌或摸牌后，从两端弃出一张安全系数很大的牌，表明已经听牌。此乃麻坛老手故意留下的"安全"牌，单等上听时再打。

（15）尾盘听张后，摸到危险张，考虑再三，还是打了出去，很可能手牌是一副大牌。为了不拆乱手中的大牌，迫不得已才冒险打危险张。

（16）接近荒牌，某家还要吃、碰，打出一张熟张。可以肯定是刚上听，而且听的是熟张，甚至是前一两轮打过的熟张。

（17）做"清一色"或"混一色"番种听张时，打出所做一色的牌，待和的牌的范围，很可能是最后舍牌的附近牌张。

如尾牌时某家碰白板，打八万。他有可能是单钓六万、七万、九万的麻将头。

又如听张后某家打出一张 5 条，说明 5 条附近皆危险，他不听 4 条、7 条，即听 3 条、6 条。

（18）"全求人"碰、吃第四副牌后，单钓将的牌多半是与刚打出的牌成搭的牌。在其没换张前要慎打同一张牌及附近的牌。

2. 从台面牌中获取信息

（1）某家已经碰出两副幺九刻，就有做"清幺九"、"混幺九"、"全带幺"及"碰碰和"番种的可能。

（2）某家门前两副亮牌同为万子，就有可能做万子"清一色"或"混一色"番种，倘若落地三副皆为万子，则做万子"清一色"番种的可能性很大。

（3）某家的亮牌中有"清龙"或"花龙"的龙头、龙腰的牌，就要控制龙尾的牌；有龙头、龙尾的牌，就要控制龙腰的牌；有龙腰、龙尾的牌，就要控制龙头的牌。

例如：某家的亮牌中有123条和七八九万时，就要避免打4饼、5饼、6饼了。否则，他的一条"花龙"正张着大口等着你呢。

（4）牌谚曰："八断九不见，必定要碰九。"如八万早早就碰断，打到中盘以后，都有人听牌了，海底竟然一张九万都没出现，九万有人可能拿了一对甚至一刻。此时如非听牌，摸到九万也不可随便打出，应该当作危险牌处理。

（5）牌谚曰："先吃后碰，一张不落。"反过来也说明凡碰3或7的旁家，绝无再吃该边张的可能。

（6）本该亮相却未亮相的牌张，比如1饼被碰刻、3饼被开了明杠，作为断张的2饼，如果迟迟不露面，十有八九是有人拿对；再比如台面上东、南、西、北、红中、发财都出现过，唯独不见白板，极有可能被人拿对或拿刻。

（7）台面上已见三张8饼，9饼见一张，而你手里有78饼吃6饼、9饼的搭子，必然容易吃进。

（8）台面上五万、六万已见多张，则你手里的五六万容易吃进四万、七万。

（9）如你手中的牌有二万、四万、五万、六万、六万、七万，倘若为了要听张，必须打一张万子时，是先打二万呢，还是先打六万。这时，应该查一查五、八万与三万明牌的多少，是熟张还是牛张，权衡利弊，再予定夺。

（10）有些老谋深算的牌手，尾盘的最后阶段专盯着绝张牌或断张牌，因此尾盘的最后阶段轻易不能打绝张牌与断张牌。

3. 从门前牌中获取信息

所谓门前牌，即吃、碰及明杠的牌。

牌例1：

此牌例的门前牌有三组，从门前牌中获取的信息是该家正在做"三色三同顺"番种，听牌大概是345条中的其中一张。

牌例2：

此牌例的门前牌有三组，从门前牌中获取的信息是该家正在做"三色三步高"或"小于五"番种。345条或小于五的牌是防守的重点。

牌例 3：

此牌例门前吃、碰的三组牌，不是一种花色但都带幺。从门前牌中获取的信息是该家在做"全带幺"的番种，且待和的牌一定不是中心张，或许是字牌，或许是 1、2、3 和 7、8、9 的序数牌。

牌例 4：

此牌例门前吃、碰的牌有三组，从门前牌中获取的信息是该家正在做"无番和"或"全求人"的番种。假如是"无番和"番种，该家的听牌必然是万子一搭两头待和。

牌例 5：

此牌例门前吃、碰的牌有三组，从门前牌中获取的信息是该家正在做"混一色"或"五门齐"的番种，而从他的舍牌看不是做万子"混一色"，因为此前他打出了两张万子。那么一定是做"五门齐"的番种。

牌例 6：

此牌例门前吃出了"清龙"的龙头、龙尾两顺，很有可能是在做"清龙"或"清一色"番种。龙腰（四万、五万、六万）就是防守重点。

牌例 7：

此牌例门前吃、碰的牌有三组，从门前牌中获取的信息是该家正在做"清一色"番种。饼子牌是防守重点。

牌例 8：

此牌例门前吃、碰的牌有三组，从门前牌中获取的信息是该家正在做

"花龙"番种。七万、八万、九万就是防守重点。

牌例9:

如果门前碰出两副箭刻,那该家很大可能是在做"小三元"或"大三元"番种。箭牌红中就是防守重点。

牌例10:

如果已碰出两个风刻,那该家有可能是"三风刻"、"小四喜"及"大四喜"的番种。另外两种风牌(南风与西风)就是防守重点。

4. 从其他方面获得信息

(1)上家打牌看下家看得很凶,多半是为了控制下家,他自己的手牌不一定很好。

(2)某家想吃又不吃,这种花色牌手上可能有多张。

(3)某家门前已吃、碰出三副牌,所剩的牌仅四张,听牌概率很大。

(4)进入中局某家把牌扣在桌上,摸进的牌一看就打,眼盯着别人的舍牌。说明该家已经听张,而且听得很好,不再准备换张。

(5)进入换张组牌的第三阶段,某家好几轮摸了就打,凡是对所打的牌不加考虑时,听牌概率大。

三、吃牌

吃牌最关键的是依据时机、牌局形势等实际情况,机动灵活,因势变通。

(一)有利就吃

1. 入听可吃

吃牌后能够立即听牌或进入一步入听状态,宜吃牌。

牌例1:

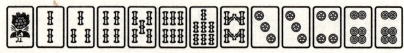

此牌例定向为"清龙"番种,一步入听。倘若上家打出2饼、3饼、5

饼、6 饼或 9 条，就应果断吃牌或碰牌，进入听牌状态。

牌例 2：

此牌例定向为"三色三同顺"番种，两步入听。倘若上家打出一万、2 饼、六万或九万，就应果断吃牌，进入一步入听状态。

牌例 3：

此牌例定向为"花龙"番种，两步入听。当上家打出 5 饼嵌张或 7 条边张时，宜吃牌。吃后解决一个上张，使组牌前进一步，由两步入听变为一步入听。

2. 定势可吃

已经定向的牌，吃牌后有利于实现主攻目标，对组牌有利，宜吃牌。

牌例 1：

此牌例定向为"全带幺"番种，已是三步入听的牌势。故遇上家打出的二万、2 饼、8 饼或九万，就应果断吃牌。吃后解决一个上张，使组牌前进一步，由三步入听变为两步入听。

牌例 2：

此牌例定向为"清龙"番种，三步入听。上家打二万、六万、七万，应该吃牌。吃后解决一个上张，使组牌前进一步，由三步入听变为两步入听。

3. 边坎可吃

遇到上家打出坎张或边张，如果有利于实现主攻目标，就应该及时吃进，不要错过机会。

牌例：

此牌例定向为"一色三步高"、"清龙"、"三色三同顺"及"三色三步

高"番种。这样的牌势，就应努力寻求吃牌机会。当上家打出三万、五万嵌张或 7 条、7 饼边张时，有利于实现主攻目标，应毫不犹豫地吃进。

4. 增值可吃

中盘阶段遇到上家打出的牌，吃进可以组成某些高番值的番种，即使手牌中已经组成一副牌，也可以巧妙地调换一下，及时吃进。

牌例 1：

此时上家打出一张四万，吃进四万打出一万，便可形成"一色三同顺"兼"混一色"番种的听牌。吃牌能够改变牌势，增加一倍以上分值，宜吃牌。

牌例 2：

此牌例定向为"三色三步高"。此时当然希望能摸上靠张的条子或饼子，但事与愿违，偏偏摸进一张四万。倘若一时粗心，将这张四万视为多余之张，那就错了。三四五万本是一顺牌，加上这张四万，形成中间叠张的顺子：三四四五万，这就是大肚子牌。可以把它看作两个搭子：三四万搭与四五万搭。当上家打出二万或五万时，便用三四万吃起组成一顺，手中还剩四五万一搭。如打出三万或六万，则以四五万去吃，容易做成"一色三步高"番种。这就是用吃牌改变牌势，增加分值。

5. 绝张可吃

所谓绝张，是指在台面上已经亮明的牌中某一种牌已有三张，上家打出这种牌的最后一张牌，即为绝张。如果错过最后这张牌就不可能再有组成一副牌的机会，此时宜吃牌。

牌例：

此时上家打出绝张一万，如果错过最后这张牌就不可能再有组成一副牌的机会（牌池中已见一张四万），此时宜吃一万，打出 6 饼，听牌南风与西风。

6. 归一可吃

牌例：

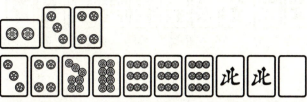

此时上家打出 9 饼，则应吃牌。因为吃进 9 饼，手牌中还有三张 9 饼隐而不露，可以让旁家误以为还有三张 9 饼的机会，坐失战机。何况吃进 9 饼，打出白板，有了"四归一"番种加盟于主体番种"混一色"，就可以放心大胆地听牌 2 饼、5 饼。

7. 引张可吃

牌谚曰："要吃牌下引子。"通过舍牌诱引使上家做出错误判断，上家舍出自己所希望要吃进的牌，当吃。

牌例：

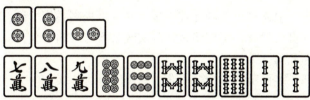

这副牌当碰出 2 饼时，定向为"三色三同顺"番种。这时摸到一张 9 条，可率先打出一张 8 条。下轮再弃 9 条，给人一种拆边搭的感觉，实际上拆搭不过是一种假象，目的是诱引 7 条。如果上家做出错误判断，舍出自己所希望的 7 条，引张当吃，听牌 7 饼。

（二）无利不吃

1. 开牌不吃

牌谚曰："头张不吃。"开牌第一、第二轮行牌过程中不宜吃牌，因为过早吃牌就给自己的牌势发展变化造成一定的束缚，同时也容易过早暴露自己的意图。开牌不吃系指两头张最好不吃。因为可以通过摸牌先上别的张，等上家再拿到这种牌时，他还会打下来，再吃也不迟。

例如：开盘时，手牌中有 67 饼，上家打出 5 饼，置之不理立即抓牌，旁家以为你不需要 5 饼，尾盘时打出 5 饼，却被你和了。

2. 破势不吃

吃牌后反而破坏了牌势，影响余牌组合，得不偿失，不宜吃牌。

牌例1:

此牌例定向为"清龙"或"三色三步高"番种。只要再上手三张牌,即可听张待和。

这时上家打出四万,如果吃了这张四万,便会使做万子"一条龙"的计划毁于一旦。若不吃改为摸牌,摸进一万、四万、六万三张中的一张,万子"一条龙"就指日可待了。因此与其吃四万不如摸牌。

牌例2:

此牌例定向"碰碰和"番种。上家打出三万或5条、8条及4饼、7饼都不能吃,因为吃牌后破坏牌势,影响余牌组合,得不偿失。

3. 已听不吃

自己进入听牌状态,上家打出的牌能够吃进,并可以提高番值少许,是吃牌还是摸牌?此时轮到自己抓牌,不应错过抓牌实现自摸和牌的机会,应当毫不犹豫地抓牌争取自摸和牌。

当然,吃牌后破坏了多面听,减少了听张,更不宜吃牌。

4. 有险不吃

吃进牌后,无安全牌,必须打出有一定风险的牌,则不宜吃牌。吃牌是为了接近或实现和牌,如果打出牌很有可能点和,吃牌不仅无利反而有危险,那又何必铤而走险。尤其在尾盘形势已呈紧迫状态,自己的牌还没有入听时,更不宜吃牌。

牌例:

已经进入尾盘,此牌例需三步入听,即使上家打出1条、六万、8饼等,也不宜吃牌。

5. 剩四不吃

在自己已经亮明三副牌,手牌只有四张,再吃牌就只剩一张孤牌时,不宜再吃牌。

实战当中,凡容易让对手推测出自己的牌势和意图的牌,不宜吃进。一些麻坛高手在关键时刻,宁可少吃一张牌,也要掩人耳目,运用障眼之法,陷对手于迷局。

牌例：

此牌例叫听嵌8条。这时上家打出一张3条，按说应当用45条吃进，打出9条，改嵌张为两头叫，待牌机会可增加一倍。然而老谋深算的高手们对此无动于衷，只管摸牌。他们深知，吃3条弃9条等于不打自招：告诉对手自己的待牌仍是条子，而且就离9条不远，尤其5条、8条的可能性最大。这就叫"此地无银三百两"，有谁还会给你打5条、8条呢！

6. 相背不吃

已确立了主攻方向，吃牌后并不能朝着主攻方向前进，反而与主攻方向相背，不宜吃牌。

牌例：

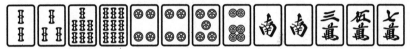

此牌例是起手牌，定向为"花龙"或"三色三步高"。上家打5饼，如果吃5饼，吃牌后并不能朝着这两个主攻方向前进一步，还损失一个摸牌机会，不宜吃牌。

7. 减值不吃

吃牌后不能增加番种分值，反而减值，不宜吃牌。

牌例：

此牌例显然是做"三色三步高"，但由于西风做将，除"门前清"外没有附加番种。此时上家打出2饼、5饼或2条、5条均不宜吃牌，因为吃牌破坏了"门前清"，不能增加分值，反而减值。

这手牌只能靠自己摸进，才能做成"三色三步高"。如摸进一张2饼，旁家打5条即可和出；摸进一张2条，旁家打5饼即可和牌。和牌时主体番种"三色三步高"6分，可加计"门前清"2分，正好达到起和分。

8. 荒牌不吃

牌墙上只剩10张牌左右，每人充其量仅有两三次抓牌的机会。此时若再贪吃做牌，不仅失去抓牌的机会，而且舍牌也会有相当大的风险。经验告诉我们，既然临近荒牌，就应以实现荒牌为上策。

四、碰牌

碰牌是有一定技巧的，特别是在牵制与反牵制上面，深藏颇多的奥妙。牌手必须根据自己的牌势，结合整个战局的态势，权衡利弊，方能做出碰与不碰的决断。

（一）有利就碰

所谓有利就碰，系指有利于实现既定的主攻目标；有利于延缓、阻止其他三家入听、和牌，就坚决碰牌。

1. 近和可碰

碰牌后即可进入听牌或一步入听状态，当碰。

牌例：

此牌例有6饼、1条、东风三个对子，还有9饼、四万两副刻子，主体番种是"碰碰和"。旁家打出6饼、1条或东风时，当碰。因为碰牌后打出8饼，即可进入听牌状态。

2. 大牌当碰

做大牌的牌，出现碰牌机会，当碰。

牌例：

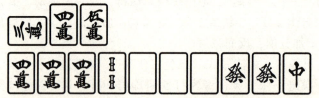

此牌例主体番种是"小三元"。旁家打出发财、做大牌的牌当碰。碰牌后打出2条，即可进入"小三元"番种听牌状态。

3. 四对当碰

开牌阶段手牌有四对，可确立"碰碰和"为主攻方向，出现碰牌机会，当碰。

牌例：

起手牌有四个对子，定向为"碰碰和"番种，四步入听。此牌符合做"碰碰和"番种的条件，出现 1 饼、2 饼或五万、北风的碰牌机会，当碰。

4. 拦吃可碰

发现对门或上家报吃牌，尤其是"金三、银七和中心张"，只要碰牌符合 3 秒规定，又与牌势不相悖，当碰。往往一张牌就会使对手陷入困境，不得不做牌势的大调整，对手会因此产生失望心理，增加和牌的难度。

5. 阻断当碰

阻断对手做牌，拦腰碰断，逼出两头，当碰。

牌例：

此牌例有 6 饼、东风两个对子，对家打出 6 饼，碰出 6 饼刻子后，恰巧把上家的 5 饼、7 饼嵌搭拦腰碰断，上家不得已被逼出 7 饼时，正好为你 89 饼的边张和牌带来了机会。

6. 定势当碰

手牌牌势已定，当碰。

牌例：

此牌例牌势已定，定向为"三色三步高"番种，三步入听。只要出现 9 饼、一万，均应碰牌。

7. 归一当碰

四归一牌，当碰。

牌例 1：

手牌中有序数牌一副暗刻，并有与之相连可以组成一副顺子的两张牌。此

时，旁家打出与暗刻相同的 1 条，报碰之后，打出东风，听牌南风。若能和牌，则可增加"四归一"番种分。

牌例 2：

此牌例定向为"混一色"或"清龙"番种。只要出现二万，果断碰牌。有了"四归一"番种的增番，"混一色"番种的和牌达到起和分就没问题了。

牌例 3：

此牌例定向为"全带幺"番种。只要出现一万，果断碰牌，打出四万或 6 条，进入一步入听的状态。有了"全带幺"、"四归一"、"幺九刻"、"喜相逢"及"单钓将"番种的累加计分，和牌达到起和分就没问题了。

8. 增值当碰

凡碰牌后能够增值且不影响做牌的情况，当碰。

牌例：

此牌例主体番种为"五门齐"。只要出现 4 条、红中，果断碰牌，打出 2 条，进入听牌的状态。这手牌碰出 4 条，为"双同刻"番种，碰出红中，为"箭刻"番种，有了"双同刻"或"箭刻"番种的加计分，主体番种"五门齐"和牌达到起和分就没问题了。

（二）无利不碰

碰牌要顾及牌局的形势，不可乱碰。初学者一有机会就爱碰，甚至连麻将头也碰掉，结果往往事与愿违，南辕北辙。

1. 开牌不碰

开牌之初，手牌没有定向时，不宜急于碰牌。尤其是上家打出的牌，更不宜碰牌。此时应该先考虑主攻方向，据此度牌进行运作，决定取舍。过早碰牌会限制自己运作的机动性和隐蔽性，同时还减少了一次抓牌进张的机会。

牌例1：

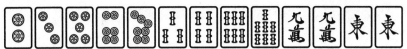

此牌例定向尚不明确。开局之初，出现东风、九万，不宜碰牌。

牌例2：

此牌例暂时不能定向，虽然有"无番和"、"五门齐"及"花龙"番种的可能，但都不算有基础。这种情况下，就不宜碰牌。假如碰南风，就没有了"无番和"番种；碰2饼也就没有了"花龙"番种。

牌例3：

此牌例呈"三三制"格局，在未定向前，旁家打出南风、一万不宜碰牌，倘若碰了南风就不能做"无番和"番种了。

牌例4：

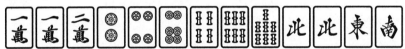

此牌例亦呈"三三制"格局，暂时不能定向。倘若有人打出一万、北风均不宜碰。因为碰了一万，"无番和"番种就做不成了，"三色三步高"番种也没有可能了，碰了北风，"无番和"番种就做不成了。不碰则比较自由，做不成"三色三步高"番种，则可做"无番和"番种。

2. 毁龙不碰

碰牌后破坏了自家牌势，毁掉了组成一条龙的机会，不宜碰牌。

牌例1：

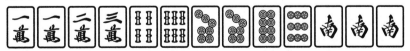

此牌例定向为"花龙"番种，一步入听。倘若有人打出一万或7饼，不宜碰牌，因为碰牌后破坏了自家牌势，毁掉了组成一条龙的机会。

牌例2：

此牌例走势已定，定向为"三色三步高"番种。倘若有人打出4条，不宜碰牌，因为碰4条，破坏自家牌势，造成组牌夹生。

牌例3：

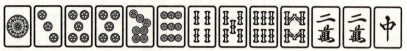

此牌例定向是"清龙"番种。可吃2饼、8饼；不能碰5饼。因为当自己的牌势有望做成"一条龙"时，中心牌张的对子就不宜碰，以防损坏牌势自断后退之路。设如碰5饼，碰断了龙腰，破坏了自家牌势。

3. 破势不碰

碰牌后从组牌角度看，不能朝主攻方向前进，甚至破坏自家的牌势，不宜碰牌。

牌例1：

此牌例走势已定，定向为"混一色"兼"清龙"番种，两步入听。只要进张3饼、4饼，打出5条、1饼就听牌9饼、红中。此时旁家打出一张6饼，碰不碰？虽然碰后手上多一张饼子，但从组牌的角度来讲，不能碰。因为不碰6饼是两步入听，如果碰出6饼，仍要两步入听。此外，本来这手牌，还有可能做成"混一色"兼"清龙"的番种，碰6饼后这种可能就没有了。

牌例2：

此牌例走势已定，定向为"全小"兼"三色三同顺"番种，两步入听。只要上手二万、2饼，就有可能做成"全小"兼"三色三同顺"番种的大牌。因此，无论出现什么碰牌机会，均不宜碰牌。否则，破坏自家大牌，得不偿失。

4. 将头不碰

手牌中只有一对麻将头（将牌），不宜碰牌。

牌例1：

此牌例定向为"三色三步高"番种，一步入听。倘若有人打出6条，不宜碰牌，因为6条是手牌中的将牌。设法留下一个对子当作将牌，才有机会听到两头牌或多头牌。

牌例2：

此牌例定向为"五门齐"番种，一步入听。倘若有人打出南风，不宜碰牌。因为碰后没有了将牌，不碰是一步入听，碰了还是一步入听，碰牌后有可能失去两头听的机会，得不偿失。

牌例3：

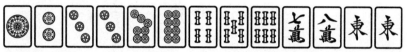

此牌例定向为"花龙"番种，一步入听。旁家打东风，东风对庄家来说，既是圈风又是门风，为"重风刻"，即使如此也不宜碰牌。因为碰牌不仅没有解决上张，反而失去了一次摸牌的机会。况且听牌后有可能失去两头听的机会，得不偿失。

5. 有险不碰

尾盘阶段各家均进入听牌状态，自己手牌中如果没有保险张，此时若碰牌不得不舍出危险张，冒着点和的危险去碰牌，得不偿失。

牌例：

此牌例已进入尾盘，主体番种为"三色三同顺"，一步入听。倘若有人打出六万或白板，不宜碰牌。因为碰牌后，只有打出七万才能上听，台面上一个七万不见，打七万太危险。

6. 五对不碰

手牌中已有五对，距"七对"番种仅一步之遥。如果轻率碰出一对，还剩下四对，需要再碰两对牌才能听牌。开碰的目的，无非是想做"碰碰和"番种，倘若如此，岂不是舍近求远，舍大求小！

7. 剩四不碰

牌谚曰："戒剩单骑。"其意即为剩四不碰。手牌仅有四张时不宜再碰牌。戒剩单骑就是极力防止只剩一张牌的单钓入听。

牌谚曰："手把一，哭啼啼。"因为手牌仅剩一张，等于将自己的牌势全部暴露，不仅难以和牌，而且极易点和，一旦摸入险张，两张必弃其一，毫无回旋余地。

所以，凡有一定打牌经验的牌手，吃、碰第三副牌大都考虑再三，生怕手牌少到四张时，不利于调整，更何况四副牌落地的"手把一"了。

8. 对少不碰

手牌中只有一对或两对牌，不必急于碰出，尤其是序数牌对子，保留下来，可以有较多的变化。反之，过早亮出一刻牌，弊处有二：一是有利于对手对你的牌势进行分析判断；二是亮出三张牌后，剩下的 10 张牌的动机性和隐蔽性受到一定程度的制约。

五、杠牌

有经验的牌手，遇有开杠机会，总是依据牌势、时机权衡利弊，三思而后行。

（一）有利就开

开杠前务必要算一笔账，对己有利否，有利就开杠。

1. 尖张可开

碰到与手牌无牵连的尖张，出现杠牌机会，就果断开杠。因为开杠后则可抑制各家，对己有利。

2. 中张可开

碰到与手牌无牵连的中张牌，出现杠牌机会，宜开杠。因为这种开杠是对其他各家组牌的一个阻断、打击，对己有利。

3. 听牌可开

牌已上听，若听张与刻子无关联的话，这时的开杠等于多一次进牌机会，况且万一形成"杠上开花"，岂不是喜上加喜！

牌例：

此牌例旁家舍三万。无条件开杠，除了能够增加"杠上开花"番种机会外，开杠还能使二万的价值变小，别人容易弃出。

4. 增值可开

能够增加 2 分以上分值的杠牌可以开，如幺九杠、圈风牌杠、门风牌杠、重风牌杠等。开杠的前提是不影响自己的牌势，不暴露自己的牌情。

5. 隔二可开

下家打出的牌，正与自己手牌中一副暗刻相同，属于隔两家开杠，可以报开杠。因为开杠不仅能减少对家和上家抓牌的机会，还可增加 1 次从杠上抓牌的机会。

6. 暗杠可开

开暗杠有利方面较多，暗杠不影响"门前清"和"不求人"两种番种的形成，有两分番值。尤其是"暗杠"不亮牌，对手的心理常会疑东疑西，推测"暗杠"是什么牌，最使他们担心的是"暗杠"正是他们急需要的听张，往往由此扰乱了他们已经形成的牌势。

7. 截吃可开

当对门或上家报吃牌的时候，可以果断地报杠，这样可以有力地打击报吃牌的对手，使他们手中的搭子报废，组牌的计划落空。

8. 助攻可开

有利于推进自己主攻方向的杠牌可以开，尤其是主攻方向为"碰碰和"、"五门齐"、"全求人"番种，开杠有利于尽快抓牌，尽快和牌。

（二）无利不开

1. 有险不开

牌谚曰："宁不和，不点炮。"

杠牌时，必须注意盘面的局势，确认杠牌安全，才能开杠。如果加杠有被别人抢和的危险，就应理智地放弃奢念，将此牌扣在手里。

有险不开杠，这里的"有险"主要是指以下两种情况：其一，如已碰一副牌，后抓进一张与之相同的第四张牌，在补杠的时候有被人抢去和牌的危险；其二，开杠虽然安全，要打出的牌，却有点和的危险。

牌例 1：

此牌例碰出了一万，定向是"混一色"番种，听牌是六万、九万。尾盘时，摸进了一张一万。此时注意到各家都已叫听，尤其是对家门前亮明了"789 条"、"456 饼"两副牌，一万极有可能是对家"花龙"番种的听牌。所以，他没有开杠，打出来一张四万。事后知道，对家就是等着一万和绝张呢！

牌例 2：

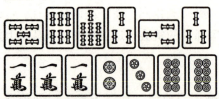

此牌例已进入尾盘阶段，有 3 条明刻，后来又摸到一张 3 条，是否开杠呢？有道是："加杠环顾桌面。"牌手环顾桌面后发现有人正在做条子"清一色"番种，且已上听。加杠有被抢和的危险，理智地放弃"杠上开花"的奢念，将 3 条扣在手里，打出一张安全张。

2. 反向不开

凡违反主攻方向的，"明杠"或"暗杠"均不宜开杠。比如，手牌中多数牌都是成副的顺子与搭子，只有一副暗刻，已准备吃牌后打出暗刻中一张，做将牌使用。如果开杠就没有了将牌，就违反了整体牌势的发展。

牌例 1：

此牌例定向是"无番和"番种。只要碰 3 饼或吃 6 饼打东风即可听牌，倘若此时有人打出东风，不宜开杠。

牌例 2：

此牌例定向为"清龙"番种，三步入听。对家打出一张四万，倘若开杠，"清龙"番种就无法做成。破坏自家的牌势，不宜开杠。何况杠断与自己手牌有连接作用的腰牌，是自取下风的愚蠢之举。

此时宜碰出四万，及早打出 3 条，成为两步入听的态势。

牌例 3：

此牌例定向为"三暗刻"番种，已经入听。旁家打出 3 条，假如开杠，固然有"杠上开花"的可能，但破坏自家的"三暗刻"番种牌势，不宜开杠。

3. 减听不开

已经进入听牌状态，若贪图开杠之小利，开杠反而减听，不宜开杠。

牌例 1:

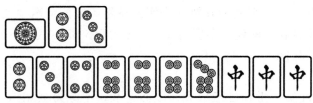

此牌例主体番种是"混一色",已上听,且有 5 饼、7 饼、8 饼三个听。这时有人打出 6 饼,如果开了此杠,5 饼、7 饼、8 饼三个听,减为 7 饼一个听,虽可多摸一张牌,碰一碰"杠上开花"的运气,但总归概率很小,纯属得不偿失之举,不宜开杠。假如有人打出红中,则宜开杠。

牌例 2:

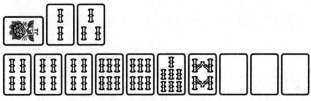

此牌例主体番种是"混一色",已上听,且有 5 条、6 条、9 条三个听。这时有人打出 4 条,如果开了此杠,5 条、6 条、9 条三个听减为 6 条、9 条两个听,开杠反而减听,不宜开杠。假如有人打出白板,则必须开杠。

牌例 3:

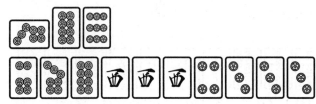

此牌例主体番种是"混一色",已上听,且有 2 饼、4 饼、5 饼三个听。这时有人打出 3 饼,如果开了此杠,三个听减为 4 饼一个听,竞技麻将的高手,不会抱着"杠上开花"的侥幸心理,而放弃听三张牌的机会。倘若有人打出西风,则必须开杠。

牌例 4:

此牌例"清龙"番种已上听，且有5饼、6饼、8饼三个听。这时有人打出7饼，如果开了此杠，三个听减为6饼一个听，显然不应该贪图"明杠"番种1分或抱着"杠上开花"的侥幸心理而开杠。因为听5饼、6饼、8饼和牌的概率是单钓和牌的三倍。

4. 逢和不开

在一般情况下，自摸一张牌已经成和，既然逢和，不能再去用这张牌开杠。

牌例1：

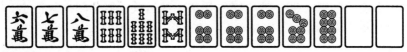

此牌例主体番种是"三色三同顺"。此时摸上一张6饼，已经自摸和牌，虽然也能用6饼开杠，但这种情况下，理应报和，不应心存侥幸去碰"杠上开花"的运气。

牌例2：

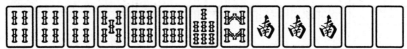

此牌例主体番种是"混一色"。摸上一张4条，既能和牌，又能开暗杠。这种情况下，不应心存侥幸，逢和不宜开杠。

5. 五对不开

牌有五对，就该坚决做"七对"番种，不宜开杠。

牌例：

此牌例已经有了四对，又摸来一张红中，手中是五对。牌谚曰："五对不开杠"。因为再摸来一对，"七对"番种就上听了。

6. 归一不开

"四归一"番种分值是2分，"明杠"番种分值是1分，破坏了"四归一"番种，去开"明杠"番种，得不偿失。

牌例1：

此牌例定向为"小于五"番种，一步入听。有人打出一张一万，不宜开杠。

如是上家打的一万，可用二三万去吃，对门或下家打的可以去碰。这样既可加计"四归一"番种的分，还可入听。

牌例2：

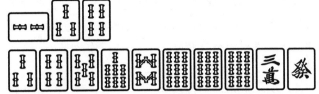

此牌定向为"混一色"或"清一色"番种，"混一色"番种一步入听；"清一色"番种两步入听。上家打出一张9条，不宜开杠。因为开杠后影响上听速度，且损失了"四归一"番种。应当改为吃牌，打出三万，这样既可加计"四归一"番种的分，还可入听，听牌发财。伺机再做"清一色"番种。

7. 死搭不开

倘若开杠后，造成己方一副搭子成为"死搭"，则不宜开杠。

牌例1：

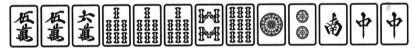

此牌例定向为"花龙"番种，两步入听。对门打出一张7条，千万不宜开杠。因为开杠后89条成为"死搭"，反倒破坏了自己的牌势。应当改为碰牌，进入一步入听的状态。这样和牌时还可加计"四归一"番种的分。

牌例2：

此牌例定向为"混一色"番种，一步入听。对门打出一张五万，不宜开杠。因为开杠后造成四万、六万之间断档成为"死搭"。应当改为碰牌，打出九万。这样既可加计"四归一"番种的分，还可入听，听牌三万。

牌例3：

此牌例定向为"混一色"或"清一色"番种，"混一色"番种一步入听。"清一色"番种两步入听。对门打出一张七万，不宜开杠。因为开杠后造成八九万成为"死搭"。应当改为碰牌，打出3条，听牌南风，伺机再做"清一色"番种。

8. 门清不开

开杠碰上"门前清"番种的话，就须权衡利弊了。

序数牌开"明杠"番种得一番，但同时失去"门前清"番种两番，得不偿失。若是幺九牌或字牌开"明杠"番种，得两番丢三番，也是得不偿失。若是箭牌开"明杠"番种，得三番丢四番，还是得不偿失。既然均为得不偿失，除非有其他更大的利益，否则均不宜开杠。

9. 泄密不开

开杠后如果暴露牌情，于己不利，不宜开杠。

牌例：

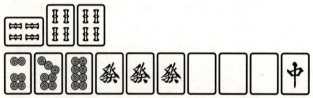

手牌有发财、白板的暗刻，红中单张。这时，当别人打出白板或发财时，千万不要开杠，避免暴露牌情。假如开杠，各家必防你"三元"的大牌。相反，如果自己摸进第四张白板或发财时，非但不杠，反而舍出，对各家又是一种麻痹，他们会放心打出红中，岂不正中你的下怀！

10. 剩四不开

三副牌落地，手牌仅剩四张：九九九万、五万，单钓五万和牌。时逢九万出现，你若心血来潮，贪图杠番并企图碰一碰"杠上开花"的运气，就太不明智了。假如你开了此杠从杠头摸来的不是五万，而是六万。察遍台面，五万、六万既生又险，但又必须打掉一张，岂不是自取杀身之祸！

11. 一色牌不开

当牌手主攻方向为"清一色"或"混一色"番种，对自己一部分牌进行有目的运作时，不应由于开杠而破坏了这种做牌。

"清一色"番种和牌时需要 14 张同一花色牌，假如开杠，和牌时则需要 15 张同一花色牌，虽然仅多一张牌，但却给组牌带来难度。

牌例：

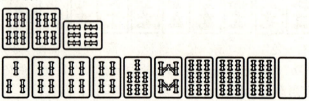

此牌例定向为"清一色"番种，一步入听。当旁家打出 4 条时，千万不

要开杠，开杠听张减少，又暴露牌情。应当改成碰牌，打出白板，"清一色"
番种上听，听牌 2 条、5 条。

六、留牌

竞技麻将的精妙处是对任何一张牌的舍与留及其处理的先与后，都与全局
有关。留牌讲究技巧，克牌是留牌的高级技巧。

（一）留牌的原则

1. 留正舍闲

"正"是正张，凡是与主攻方向有关联的牌张即为正张；凡是与主攻方向
无关联的牌张即为闲张。

牌例 1：

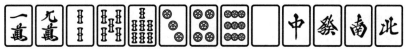

此牌例已有 10 张"全不靠"番种的牌，定向为"全不靠"番种，三步入
听。故此，舍、留泾渭分明，五张孤独的风箭和一万、2 条、5 条及 3 饼、9
饼，均为构筑此牌型的正张，宝贵至极，当然不能切舍。而 7 条、5 饼及九
万，与此牌型毫无关联，成为闲张，应全部舍掉，这就叫作留正舍闲。

牌例 2：

此牌例的主攻目标为"三色三同顺"番种，但尚缺一对将牌。凡与"三
色三同顺"番种主攻目标有关联的123 饼，一万、三万，23 条及六万、八万，
均为正张，理应先保留。其他无关联的牌按照台面上已经亮牌的多少舍掉，亮
牌多的牌先舍，其目的是使将牌的组成概率大。

牌例 3：

此牌例的主攻目标为"清龙"番种。手牌中有七张万子，均为组成"清
龙"番种的正张，切不可拆掉"清龙"番种的骨架。可先将南风、北风打掉，
再伺机吃牌或抓对。

2. 留高舍低

（1）牌的利用率。留高舍低即根据牌的利用率留牌。所谓牌的利用率，是指一张牌组合的能力，组合张数越多，利用率越高；反之则越低。留高舍低就是在同等条件下，留下利用率高的牌。

如手牌有四万孤张，摸进二万、三万、四万、五万、六万中的任何一张，即成一搭。在兜搭的时候所留的孤张，不但要容易成搭，而且应是上家不要的牌。

（2）牌的利用率随时发生变化。在牌战过程中，各种牌的利用率随时都可能发生变化。

如五万被碰刻（杠）或已出现了多张，则不仅其本身的利用率大大下降，连同它的邻张四万和六万也跟着"贬值"，所以在实战当中，必须根据具体情况灵活运用。

（二）单钓将的留牌

1. 钓孤张

孤张就是那些已经缺少联系的序数牌及字牌。

例1：台面上3条、5条都被碰掉，外面又见一张4条，单钓4条将牌比较容易钓到。

例2：台面上已出现四张2条，剩下的1条就是孤张，单钓1条将牌比较容易钓到。

例3：台面上已出现一张西风，单钓西风将牌比较容易钓到。

2. 钓熟不钓生

台面上已出现的牌，即为熟张；台面上没有出现过的牌，即为生张。钓熟不钓生，其意为单钓将最好是熟张。如台面上已见到一张东风，没有出现过西风，钓熟不钓生，单钓东风将牌容易钓到。

3. 钓边不钓中

序数牌3~7为中心张，1、2、8、9为边张，边张比较容易出现。因此有"钓边不钓中"之说。如手牌有9条、4条两个孤张。钓边不钓中，同等条件下单将牌要钓9条，不钓4条。

4. 钓高不钓低

钓高不钓低，即同样钓牌要钓高分值的牌。如手牌已经上听，14张牌内有9条、白板两个孤张。单钓白板将牌，和的是"混一色"番种；单钓9条将牌，和的是"清一色"番种。钓高不钓低，当然要钓高分值的9条。

（三）兜搭的留牌

所谓兜搭，就是孤张牌再加上摸进一张相联的牌，成为一搭。

1. 筋线牌兜搭

实战经验证明，筋线牌1、4、7舍4留1、7，筋线牌2、5、8舍5留2、8，最为科学。

牌例1：

此牌例是进入中盘的牌势，"五门齐"番种已成型，碰出了1条、东风，现在又摸进了一张5饼，打掉了一张五万。留下二万、八万，下一轮以后，只要抓到除五万以外的任何万子，均能兜搭。

先打五万，成搭的待牌数为30张（一万四张，二万三张，三万四张，四万四张，六万四张，七万四张，八万三张，九万四张）。

如果先打二万（或八万）成搭待牌总数是26张（三万四张，四万四张，五万三张，六万四张，七万四张，八万三张，九万四张）。

从成搭待牌数上看，此牌先打五万是合理的。

牌例2：

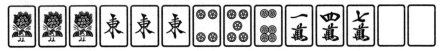

此牌例中"五门齐"番种基本成型，一万、四万、七万兜搭，在这种情况下，可打四万。下一轮以后，只要抓到除四万以外的任何万子，均能兜搭。

先打四万，还可起到诱引上家的作用。如打四万之后，抓进一张二万，虽是听牌边三万为尖张搭子，然而上家以为你既老早就打四万，未必有可吃三万的搭子，必要时也敢放出三万，诱引成功。

2. 兜搭子取攻势

兜搭子尽量以上家打过的牌为目标，取攻势容易吃牌或成和。如上家打过三万。手牌中如果有四万、七万兜搭，尽可能留下四万兜搭，可组成的搭子有二四、三四、四五、四四、四六五副。因三万附近的牌皆是上家容易打出的牌，这样组合成的搭子容易吃到上家打的牌。

（四）面子牌的留牌

1. 一搭变两搭

如手牌中有三万、三万、四万，抓进一张一万，变成一万、三万、三万、四万，一搭变两搭。

2. 一顺（刻）变两搭

如手牌中有456条一副顺子，抓进2条至8条中的任何一张，一顺变两搭。又如手牌中有999条一副刻子，抓进一张7条或8条，一刻变两搭。

3. 搭子外两个单张的留牌

如手牌中有二万、五万、七八万，可留下离搭子较远的单张二万，先打靠近搭子的五万。

这样上家不会顾虑到你会吃六万、九万搭子，同时二万上张后所配合的搭子比叫五万为好。假使你打出五万之后，抓进一张四万，粗看是吃亏了，实际上你万子方面可进的牌仍为三万、六万、九万。

4. 对子外两个单张的留牌

在组牌过程中，如果手牌中已有6饼对子，抓到3饼与9饼的单张筋牌，轻易不要打出。经过摸牌调整后，一旦入张4饼或8饼，面子牌形成34、66饼或66、89饼。如果碰出6饼后，旁家企图拆5饼、7饼嵌搭来牵制牌局时，正好为你调整好的34饼或89饼带来了好运。

5. 顺子变连四，留生不留熟

如手牌中有七八九万一副顺子，抓进一张六万，变成连四。台面上九万是生张，六万见一张，留九万打六万无疑。此时生熟张的区别大于先舍一、九再舍中心张的框框限制。

6. 留下能吃幺九的搭子

中盘阶段，若想吃到上家的牌，相对而言幺九易出。留下23或78的搭子，容易吃进成顺。

如手牌中有四五万和七八万两副搭子，必须拆一副时，尽量留下能吃幺九的搭子，即拆四五万，留下七八万。

（五）看下家的留牌

例1：下家做"清一色"，没打过一张万子，便应该留住万子，不给他进张的机会。手牌中如果有一二三四万，不要以为一万可随便打，十有八九一万恰是下家所要的牌。

例2：手牌中有三万、五六万，依常理而言，这张三万是无用的，然而下家既然有可能要吃万子，这时应该尽量打其他牌，切不应该先试一张三万，倘若抓进一张四万就应该留下三万、六万，在这种情形下，扣留下家有用的三万、六万非常必要。

（六）克制三家的留牌

牌谚曰："扣金银、卡中心。"其意为扣住"三、七"序数牌，卡住"五"不放，这样一般可以使对手难以组成"清一色"番种或"一条龙"番种。如果手中有"三、五、七"暗刻坚持不开杠，暗自扣住，就会让做牌的旁家蒙在鼓里，还期待能抓到这些牌。

克牌是克制三家碰出或和出。与看下家相比而言，克牌便是高级技巧了。但有的牌手无缘无故乱克牌，十场是要输九场的。

1. 早不必克，迟则应克

明知道这张牌是有人要的，但不知旁家是碰还是和牌。如果仅是碰，这时不克而打出，人家未必和，而自己的牌倒有和出的更大可能，何必克死！倘若时间晚了些，打出这张牌时，人家十有八九是要和牌的，那么便不应该打了。

因此，当自己的牌没有和出的希望时，不妨把克牌的范围及时扩大，而自己的牌相当好时，则应将克牌的范围缩小。

2. 不知不克，知则必克

克牌要准，若自己要打出去的牌别人肯定会和，那就应当克下这张牌，改弦易辙再去重新组牌。尚不能确定某张牌的危险程度，还是放弃克牌的念头，听其自然发展，也不致吃亏。因为克牌是双刃剑，应克而不克、不应克而克，是竞技麻将入局者最忌讳的。在还未掌握克牌的方法时，可抱定这样一个宗旨：不知不克，知则必克。

牌例：

下家没打过条子，却打了较多的万子。此牌例中有 3 条、4 条、6 条按说这张 6 条是多余的，可是下家的舍牌显示了要条子的可能性，在这种情况下，就不应当打条子，而从万子中选择弃张二万、六万、八万，顶着他的牌花走。暂时扣下这张 6 条，尚有伺机成搭的机会，如摸进中张条子。这种克牌相当重要，下家十有八九需要这样的牌，一旦顺手打出，被下家吃进，使他推进了牌势，而自己此刻离入听尚远，相比之下，处于下家的后手地位，这是很不利的。

3. 紧要关头，迂回作战

紧要关头克牌要特别注意。所谓紧要关头，就是某一家的牌已明显地到了听张的阶段或者是有一家正在做一副大牌。这时千万不能放出险张，只能迂回作战。

例1：中盘后期自己听一万、四万、七万时，突然抓进一张从未见过的南风，而从其他因素中已经明知南风是有去无回的，此时宁可牺牲和出的机会也不能打南风。

例2：对家在做"小三元"番种，已经中、发两碰，单钓白板；而另一家在做"五门齐"番种的小番和，吃、碰三副落地，听四万、七万；在此危急时刻除留下白板不打外，宁可打四万、七万供下家成和，也要避免对家"小三元"番种自摸。

例3：手牌有红中一对和三四五六七万，本来听的是二万、五万、八万。下家已经听四万、七万，这时你抓进一张七万，应该扣留七万，打出安全张三万，宁可三听降为一听也不能点和。

七、舍牌

竞技麻将技巧之高低、竞赛之胜负，舍牌系于一半。如果舍牌精明不点炮。即使别人点和了88分值的大牌，而你也只是丢了8分。所以只要不点炮或点炮少，再和上几把牌，就能稳操胜券。

（一）舍牌的重要性

有些竞技麻将高手打得"精明"，主要精在"舍牌"上。牌谚曰："一张牌定输赢。"所以合理而巧妙地舍牌，对于胜负至关重要。牌坛高手向来十分重视舍牌，讲求舍牌的战术与技巧。每舍一张牌，都要依据局势、场合、阶段及需求等因素，综合考虑，权衡利弊，方予舍出。每舍一张牌都尽可能打乱摸牌的顺序，破坏他人的战略部署，牵制他人的牌势，决定各家战术的运用。

牌手只有正确区分竞技麻将比赛的几个阶段，才能胸有全局，凭借自己敏锐的洞察力，运用灵活的战略战术，打好竞技麻将。

（二）开盘阶段的最佳舍牌

开盘阶段系指牌手摸牌1~5次。一副牌能否顺利成和，关键在于起牌以后的取舍，而对牌的取舍是否得当则取决于牌技。

1. 依据牌势舍牌

开盘阶段起牌的好坏直接影响和牌的速度。各家起到的牌是千差万别的，有的人起的牌乱七八糟，无用的边张、幺九、字牌很多；有的人起的牌稍加整理，就已进入一步入听或两步入听的状态。

经验证明，依照起手牌的不同档次，舍牌方法亦不同。概括起来就是"差牌先舍差牌，中牌先舍中牌，好牌先舍好牌"。

（1）差牌先舍差牌。

牌例1：

这是一副杂乱不堪的起手牌。五张风箭全是单张，序数牌互不搭界，且花色俱全。做"十三幺"番种，字牌和幺九牌又太少；做"五门齐"或"无番和"番种，序数牌又难以组合。即使每轮摸牌都上张，也赶不上趟。倘若硬去奔听，可以断定，点炮的速度远大于听张的速度。因此起上这样的13张牌，只能决心不和，采取防守战术。

所谓防守战术，就是专拣安全牌张打，什么牌安全打什么牌。甚至不惜拆搭、拆副来牵制对方，以求荒牌，或在无法实现荒牌的情况下，给小牌家放和，减少自己的失分。

牌例2：

起手牌有一搭一对，其余都是单张，不过七万、3条和5饼容易兜搭，总体而言还是差牌。对于这类差牌，决策的基本点应放在随机应变上，即边打边看，两手准备。战术上采取"缓招"，舍牌以不被下家所用为原则。通过不断弃舍安全牌来调整自己的牌况。有成和可能就向听牌靠拢；没有可能，则保持不点炮，且不可强行奢望和牌，否则，必将铸成大错。按照舍牌口诀"差牌先舍差牌"，此牌字牌当属最差，故理应先舍字牌。

（2）中牌先舍中牌。

牌例：

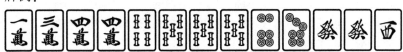

起手牌万子有一复合面子，条子是一刻连着一邻张，饼子有一搭，箭牌有一对子，还有一张西风。这副牌初步定向为"五门齐"或"三色三步高"番

种，三步入听。初始阶段能有这样的一手牌，应该就算是中等牌了。那么先舍哪一张最为有利呢？这手牌里的一万显然最没用，故应先舍掉，至于西风与4条，是否留舍视进张情况再定。

（3）好牌先舍好牌。

牌例：

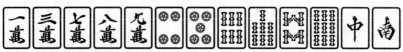

这是一副上好的牌，定向为"花龙"番种，两步入听。吃到或摸到二万、6饼就上听。按照舍牌口诀"好牌先舍好牌"，此牌6条比字牌好，故应先舍6条，后舍字牌。

"好牌先打"是有道理的，先打出中心张，下家不一定有能吃进的搭子，只能望牌兴叹。到了决战阶段，再打中心张就有较大的风险。

2. 依据牌的价值舍牌

开盘阶段一般要先舍单张，舍单张要依据牌的价值舍牌。

首先打风牌。牌谚曰："不见先打，见了后打。"其意为打风牌时要先打生，后打熟。每一盘牌开始时，多数人常会跟着打出相同的牌。如上家打东风，也随着会打出东风。但精明的牌手则见人打东风便打出西风。西风是生张，为什么先打生张呢？这是防止别人碰生张，自己失去抓一次牌的机会。同等条件下，风牌中的圈风与门风要晚于其他风牌打出。

牌谚曰："重风先舍。"这里的"重风"牌专指既是圈风牌又是别人的门风牌，即东风东、南风南、西风西、北风北，凡不属于自己的"重风"牌，尽快打出。

一般来讲，弃出无用字牌宜早不宜迟，多在开盘阶段弃出，尽量赶在对手摸对之前舍掉，即使被碰取也属正常。而到了中盘阶段后期，如果没有别人先弃，率先弃出生张字牌的危险性增大，越到尾盘越严重。因为单调风、箭和牌者屡见不鲜。故牌谚曰："早打是牌，晚打是炮。"

其次打1、9牌。风牌打没后，接打1、9牌。最没有价值的1、9牌是：五六万搭子附近的九万，及四五万搭子附近的一万。所以同样是1、9，应先打这些最没有价值的1、9。此外，对设计"清一色"、"混一色"及"缺一门"的牌家来说，应首先打掉不需要的门类中的1、9；如果一副牌里已有123或789的顺子，那么，在打1、9闲张时，应与设计的"一般高"及"喜相逢"番种权衡，再予取舍。

再次打箭牌。没有价值的1、9牌打完后，再打中、发、白。除单张箭牌要打出外，下面三种情况，箭牌对子也要拆舍：一是起手牌好，且牌色单一，定向做"清一色"番种，可将箭牌对子打掉。二是有人做"十三幺"或"不靠"类番种，箭牌对子势必难碰。假如还有将牌，可拆除箭对。三是别家在前三轮打出过该张箭牌，自己还没来得及打，却摸成了对子，碰成刻子只有一张牌的机会，难以获得，如果手中另有对子，不如索性拆掉。

最后打孤张序数牌。孤张的序数牌的取舍应坚持六个原则：

其一，牌谚曰："留生打熟。"就是留下不曾见和少见的生张，打出海底已有的牌和与其相连的牌。值得说明的是"半熟子即生张"。所谓"半熟子"是指前几轮有人打过这张牌，过了几轮，就不一定是熟张了，你再打时可能有人就和牌了。

其二，牌谚曰："留奇去偶。"留奇去偶的道理简单，奇数张3、5、7兜上的搭子多半是好搭，而且变化性强。而偶数张2、4、6、8兜上来的搭子经常是进不来和不出的尖张。

其三，牌谚曰："人丢我留。"刻意留下能组合成三家都不要的搭子的孤张。如三家都拆二万、四万，孤张四万就不急打，当你靠成搭子后，不管二四万或三四万，都成为好搭。因为大家都不要这一搭，还会继续打来供你吃。何况到了危险期，拆这搭还能心安，毕竟三家都不要。

其四，牌谚曰："上熟下不熟。"其意为上家打过的张，不要以为下家也不要。倘若你又打同样张，下家有可能要吃。这是因为组牌是有限度的，这一张牌两家不要，十有八九下家恰要这一张。如对家打一张九万，上家也打一张九万，而你自己手里恰巧也有一张九万的孤张，这张九万大致是下家要的。原因是三家都没有七万、八万之类的牌，从概率来讲，那七万、八万很可能在下家。明乎此理，生熟之别，便基本了然于心了。

其五，牌谚曰："留中打边。"即留下中心张，打出2、8张。2、8较3、4、5、6、7等中张为差，应该先打。理由是：2、8兜搭可进之牌计15张（以二万为例：则有一万四张，二万三张，三、四万各四张），而3、4、5、6、7均有19张可进；2、8仅有3、7的进张方为好搭子，若来其他的牌，即为尖张搭子不易吃进，而3、4、5、6、7之进张的搭子多为两头搭子；同时，打2、8牌张，下家不容易吃进，而3、4、5、6、7各张被吃的概率较大。

其六，牌谚曰："金三银七。"它是实践经验的总结语，是指序数牌的3和7两张牌。其实4、5、6序数牌也同样重要，不过3、7还能够联系不被重视的1、9。这些牌即使是不成副、不成对子的单张或散张，保留下来比较容易形成搭子，因为它们各自可以与19张牌发生关联。

(三) 中盘阶段的最佳舍牌

中盘阶段系指牌手摸牌 6~12 次。中盘阶段是作战激烈、紧张的阶段，也是最重要的一个阶段。

牌谚曰："生手舍牌看眼前，老手舍牌先预测。"牌手务要眼观六路，耳听八方，通权达变。既要分析自己和别人的牌，又要审时度势，充分利用牌技进行灵活处理。中盘阶段尽量做到所舍的牌让下家不能吃，让旁家没有机会碰，更不能让他家成和。

中盘阶段各家的手牌无时不在起变化，摸打五六轮牌后，以前的熟张在这个时候可能已经成为生张了，以前的安全牌，现在很有可能成为危险牌，正如牌谚所言："隔轮如生张，旧安变新危。"

1. 面子牌的价值

众所周知，一副牌除顺子、刻子及杠牌外计有五种面子牌。如果按照价值高低来排序的话，最有价值的是三张牌的复合面子，其他依次为搭子、嵌搭、对子、边搭。

三张牌的复合面子价值最高。如 334 饼，六六八万，233 条等，既可把复合面子牌视为搭子，又可看成对子，一旦碰出便组成刻子，吃进便成顺子。这样的牌组，可待牌较多，吃碰有 6~10 张牌的机会，容易构成顺子或刻子。其次是搭子，如 34 饼、六七万、23 条等，搭子可以两头吃牌，可待牌的机会是八张牌。嵌搭如 3 饼、5 饼、六万、八万等，其价值仅次于搭子，可待牌的机会是四张牌，远在对子之上。作为对子，可待牌只有两张。相比之下，边搭的价值最差。因为边搭只限于数牌的 12 或 89，除死等尖张 3 或 7 之外，没有出路。

随着时间的推移，面子牌的价值也会发生变化。开牌打了三四轮牌的时候，能够吃碰幺、九的面子牌是上等的，因为幺、九在这时候大家都要打出来。中盘后期已过 12 轮以上时，能够吃碰幺、九的面子牌就未必好了，因为此时它吃、碰的机会渺茫。

2. 拆搭子

进入中盘后，往往手牌不是顺子就是刻子。或者不是对子就是搭子。搭子多，应当拆哪一个搭子？拆搭子务必要了解各种面子牌价值高低，依据不同面子牌的价值，确定中盘拆搭子的先后顺序为：边搭、对子、嵌搭、搭子及复合面子。

当然，这并不是一成不变的，中盘拆搭子，不但要观察留下哪一个搭子比较容易进张，还要注意下家是否有吃牌，有无点炮的危险，权衡轻重，做综合的考量，再予定夺。拆搭子的原则有以下几个方面：

（1）拆搭要把安全放在首位。舍牌技巧的关键是分清安危与缓急。缓急里面有安危，安危里面有缓急，先看安危，再定缓急。如有两搭子务必拆一个时，拆这个搭子虽无危险，但所留搭子难以上张；而拆另一个搭子虽有几分危险，那危险性未必是点和，然而所留的搭子极容易上张。权衡利弊之后，如果在战略上这盘是攻击型的，就拆有几分危险的搭子；若是防守型的，就拆无危险的搭子。

（2）拆搭不忘看下家。凡可能造成下家吃牌的搭子应缓拆或不拆。

例1：下家打了较多的饼子和万子，却从未打过条子，已推测出下家需要条子。而你手里饼子和万子面子很不错，只有3条、5条的嵌搭。这种情况下，不能贸然打出3条、5条。

例2：下家老早就打了7条，表明7条上边的牌较比安全，这时拆8条、9条边搭是聪明的选择。

（3）先拆有相同进张的搭子。

例1：手牌中有四五万，一二万两副搭子，三万为这两副搭子相同的进张。应先拆一二万的边搭。因此，竞技麻将中才有流行谚语："舍1、2，防3、6，舍9、8，防4、7。"

例2：手牌中有九八六四万二进张的搭子，毫无疑问应先打九万。

例3：手牌中有23条，56条两副搭子，它们有一个相同进张4条，在相同条件下可拆5条6条的搭子。

（4）拆搭必须考虑待牌的实际数量。

例1：手牌中有三四五六七万三进张的搭子，还有89条的边搭。台面上二万、八万已碰，五万是暗杠，也就是说，三四五六七万的三进张的搭子实际待张仅有两张牌。而七条台面上只见一张，边7条实际待张是三张牌，6条又是对家明杠。因此在这种时候，就应拆三四五六七万三进张的搭子，而留下89条的边搭。

例2：手牌中有67饼，还有12条的边搭。而台面上8饼已经亮出四张，5饼也亮出了三张，外面只有一张5饼了；而3条则只见两张，外面还有两张，因此就要考虑拆67饼的搭子，保留12条的边搭。

（5）拆搭切忌死守教条。拆搭应视时间、阶段、场合、上下家需求等因素综合权衡，灵活运用。例如，当察觉他家有做"七对"或"碰碰和"番种的迹象时，就不宜拆边搭，而应拆中间搭子。因为做"七对"或"碰碰和"番种，选牌多半为1、9、2、8及字牌，而不喜欢中张。

（6）攻击性地拆搭。

牌例：

此牌例当摸上 2 条后，一条"花龙"番种的形象便浮出水面。为此就要围绕这张关键的五万开动脑筋。如果拆 7 条、9 条嵌搭，对所求五万毫无意义。正确的选择应当拆六七万，尽管是两面搭也在所不惜，有所失方能有所得。先舍七万，再舍六万，上家见你拆六七万的搭子，会以为你不需要五万，随手打出，正中你计，这就是攻击性地拆搭。

（7）拆对子先于嵌搭。嵌档搭子一般比对子要好。因为嵌搭可以有四张牌进张，对子仅有两张。拆连张对子应遵循"往下压"的模式，拆比较靠近中间的对子，以期因把它碰断，而让下面的对子及早碰出来。

例如：11 和 22 就打 2；22 和 44 就打 4；66 和 88 就打 6；77 和 99 就打 7；88 和 99 就打 8。

（8）拆单独的搭子先于复合搭子。

牌例：

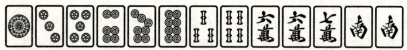

此牌例定向做"清龙"番种。第三轮摸进了一张 2 饼，前进了一步。问题是现在搭子多，必须拆掉一个。在 34 条，六六七万以及南风对子三个搭子中选一个。此时应该拆 34 条的搭子，虽然暂时有一个闲张（4 条），但随着组牌再进一步，如果吃进 9 饼时，正好打出 4 条，手上的牌，张张有用，再一上张就可叫听。

（9）拆边张搭子，先打 1 或 9。如果手牌有一二万边张搭子，进四万后，就要立即打掉一万。若再摸进五万，便将二万放出。这样既不丢张，又保留了吃三万、六万的两面搭子。同时上家认为你开了一万、二万，顺势打出三万，正中下怀。同理，你手中有 89 条边张搭子，摸上 6 条，马上打掉 9 条。如果有幸摸上 5 条，打出 8 条，于是 7 条就不难出现。

3. 险牌早弃，行牌有利

假如一盘牌决定取攻势，那么手中的生张、险张要尽快尽早打出，一则对下一步组牌有利，二则防止听牌后点炮。

牌谚曰："早打是牌，晚打是炮。"在打到五六轮时，应该检查一下，到自己听张时，哪张牌危险，险牌应早开。因为时间较早，别家尚未上听，容易闯出。当然提前打这张牌有可能蚀搭。蚀搭换来的却是上听的时候，有了一张安全张。

牌例1：

此牌例定向为"三色三同顺"番种。下一轮摸到红中，如何处理？既然定向为"三色三同顺"番种，所以保留445条的复合面子，已经没有多大价值，应当拆对留搭，早舍掉一张4条，免除后患。值得说明的是，虽然南风与4条都是闲张，但4条易被吃、碰，所以先行打出。

牌例2：

此牌例定向为"花龙"番种。下一轮摸到6条，如何处理？既然定向为"花龙"番种，所以6条是没用的闲张，此时其他三家离上听尚远，趁着他们还没有听牌，就应当先舍危险性相对较大的6条，后舍一万。

4. 久摸未上听，舍牌防点炮

开盘后抓到第九张牌的时候是一个分界点。一般情况下，开始出现听牌，场上有了火药味。在舍牌的时候，一定要有险牌意识，防止点炮。

（四）尾盘阶段的最佳舍牌

尾盘阶段系指牌手摸牌13次至和牌或荒牌（一个牌手一盘中最多能摸牌21次）。尾盘阶段是四家交锋决定胜负的阶段，丝毫不能疏忽大意。尾盘舍牌关键是防止点炮。要依据其他三家在中盘的换牌情况，分清安全牌与危险牌。

1. 安全牌

进入尾盘，看准三方在中盘后期的牌势，凡与其牌势无关的牌，大体上可算作安全牌。

从中盘后期起，各家先后进入了听牌阶段。这时应密切注意每一个听张者摸入的牌是插入手牌中替换出一张舍牌，还是摸牌后顺手舍出。如果听牌者摸入的牌是毫不思索地舍出，说明牌不对路，这类牌比较安全。

当牌局进入尾盘阶段，除了绝对安全牌以外，其他牌多少总带点危险性。有些牌在多数情况下，并非危险牌，但是感觉又不是安全牌，这是受点炮的心理影响所致。就算是三家均已听牌，每家通常是两种听牌，三家合计叫听六种牌。这对13张手牌来说，至少还有一半以上的牌是安全牌。即使手牌少的人，也不见得张张就是旁家的听牌。所以，打牌需要胆量，需要冷静的拼搏精神。

2. 危险牌

（1）何谓危险牌。危险牌一般是指旁家听张后所要的牌。此外，如果打出这张牌，旁家虽然没有和牌，但吃、碰后能够形成大番牌的听牌状态，那么这张牌也应看作危险牌。

对危险牌的判定，取决于度牌的准确程度。度牌的准确性越高，对危险牌看得越清楚，点炮的可能性就越小。当然，要把对方的手牌猜测得十分准确是不现实的，竞技麻将的高手能猜测个十有六七，一般牌手也就是打个对折。

（2）危险牌的处理方法。

其一，牌谚曰："险牌不出门，退出胜负圈。"竞技中，能当机立断地退出胜负圈的做法，也是极为明智的。尤其是多门听牌的牌势，明知摸入危险牌，但唯恐扰乱了多门听牌的牌势，却执意舍出，奢望侥幸过关，殊不知这样战法将会使胜败立见。

牌例：

此牌例在尾盘决战阶段抓进险张 3 条，舍出此牌或手牌中的 7 条极有可能点炮，因为对家的条子"清一色"番种已经上听。牌场众所周知的训诫就是"宁不和，不点炮。"此时绝不能抱着侥幸心理舍出 3 条或 7 条危险张。

其二，牌局到尾盘，既然危险牌不能打，也不能孤单单地留在手牌里，妨碍自己和牌。最好将危险牌编到手牌牌面中去，这是最安全而且是最有利的方法。因为这样一来，这张放炮危险牌的左右联络牌也都打上了保险系数，均不会轻易舍出，使危险性大大降低。

其三，尾盘跟张要跟新熟张。孙子曰："兵无常势，水无常形，能因敌变化而取胜者谓之神。"现在是熟张，过一轮后也许就有问题。时常有这样的情况，上家打一张 5 饼，并无人和出，轮到对面一家打牌的时候，虽然也是 5 饼，下家和出了。原因是下家本来是用 1 饼、3 饼听嵌 2 饼，摸进 4 饼之后，就听 2 饼、5 饼了。因此，尾盘跟张要跟新熟张。

3. 尾盘不碰牌

尾盘下家打一张东风，假如碰牌后不能上听，尽管有一对东风，也不要碰牌。既然不能上听，不妨采用荒牌策略。有了东风的安全牌，下面两轮续打东风是明智的。

4. 先跑吃碰的

牌谚曰："先跑吃碰的，再跑上听的。"其意为上听时若有两张危险牌必须要舍，先舍出让对方吃、碰的牌。

5. 舍熟不舍生

牌谚曰："舍熟不舍生。"进入危险期，若舍生张牌，点炮危险性大。若非有大牌上听，尾盘拆牌，哪张最熟、最安全，就拆哪张，即使是手牌中的刻子、顺子等都可拆出。此时需要耐心渡过最后几轮难关，直到荒牌。

6. 能卡又能放

牌谚曰："防打放小。"在实属不得已情况下，可以有意识地给低番值听牌者供牌，使其尽快听牌或和牌。正所谓："会卡不会放是固执，能卡又能放是明智。"

八、摸牌

牌谚曰："牌从当面过，不如摸一个。"其意为上家舍出的牌，即使能够吃，也不如自己去摸一张牌。尤其是庄家打出的头张牌，最好不吃，旨在看自己摸的第一张牌的好坏。

例如：手中有七八万搭子，上家舍出六万，这时最好不要去吃牌，还是摸牌比较好。因为七八万搭子的待牌除了六万还有九万，组成顺子的机会以后还较多。

倘若起牌后，牌面并不理想，更应以摸牌为主，这样利于手牌的调整。一般说来，开盘应该少吃少碰，将主要精力放在摸牌上。其原因有二：一是如果开始就吃牌，容易泄露作战机密，让对手能够比较容易猜测出你手中的牌，而自己也缩小了本身的作战范围，使策划圈过小，对以后的作战不利。二是在开盘阶段，对牌的需求范围比较广泛，如果直接摸牌很容易摸到自己需要的牌。

九、听牌

（一）摸牌换张入听练习

基本牌型：

认真度牌，便可以发现这一手牌，摸到一万至九万，均可上听。

牌例1：

摸到一万，打出八万，基本牌型变化如下：

此牌例组成"一色三步高"番种，听牌四万。

牌例2：

摸到二万，打出一万，基本牌型变化如下：

此牌例听牌七万，和牌后可累计"门前清"、"断幺"、"坎张"、"一般高"、"缺一门"及"连六"番种分，合计8分。

牌例3：

摸到三万，打出六万，基本牌型变化如下：

此牌例组成"一色三步高"番种，听牌五万。

牌例4：

摸到四万，打出一万，基本牌型变化如下：

此牌例组成"一色三步高"番种，听牌八万。

牌例5：

摸到五万，打出六万，基本牌型变化如下：

此牌例组成"一色三步高"番种，听牌三万。

牌例6：

摸到六万，打出八万，基本牌型变化如下：

此牌例组成"清龙"番种，听牌九万。

牌例7：

摸到七万，打出 3 饼，基本牌型变化如下：

此牌例组成"清龙"番种，听牌九万。

牌例8：

摸到八万，打出六万，基本牌型变化如下：

此牌例组成"清龙"番种，听牌九万。

牌例9：

摸到九万，打出六万，基本牌型变化如下：

此牌例组成"清龙"番种，听牌八万。

（二）听牌好容易成和

1. 早听牌易成和

早踏听区，占得先机听牌的时间长，成和的希望相对就大。

牌例：

此牌例定向为"混一色"或"碰碰和"番种。上家打出一张 5 饼，是碰还是不碰？倘若做"碰碰和"番种需要三步入听，做"混一色"番种只需要两步入听，于是决定摸牌，早踏听区。

2. 听宽张易成和

所谓听宽张，就是所听的牌其待牌的实际张数多。待牌的实际张数越多，成和的机会越多；反之成和的机会则越少。

牌例1：

此牌例主体番种是"混一色"番种，叫听五万、八万。八万已被人碰刻，五万台面上见一张，实际待牌只剩下五万两张牌。这时你如果摸进九万，完全有条件来改善听张状况，无论你弃西风叫听四万、七万，还是舍五万叫听六万、九万，都是两面叫听，实际待牌张数远多于两张。实际待牌待张多，自然成和的机会也就多。

牌例2：

此牌例摸到一张西风，如果舍二万叫听三万、六万，实际待牌为六张，而弃六万叫听二万、三万，实际待牌则是七张，当然待牌多者优。此外，舍六万具有引诱作用，六万一出，就会给各家一个误导，作为六万的同一线筋牌三万与九万，无形中被涂上了安全的色彩。

牌例3：

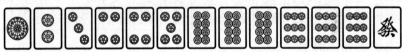

此牌例定向是"清一色"番种，这时上家打出一张3饼，牌手喜出望外，一时着急用12饼吃进3饼后打出发财，叫听4饼，和牌的待牌数仅为两张。很明显是组错了牌，正确的组牌应该是用45饼吃3饼，叫听1饼、4饼，和牌的待牌数增加为五张。

3. 听熟张易成和

牌谚曰"生张藏险，熟张易出。"进入中盘后期，形势越来越紧迫，各家防范意识也越来越强，生张极少有人敢打，大都采取追熟战术。这时叫听熟张，尤其前面已打过一两张的半熟张子，容易成和。因此也就有了"宁叫一熟，不叫两生"之说。

例如："全求人"番种上听时，如留红中单钓还带"五门齐"番种，但带"五门齐"的"全求人"番种听牌红中容易被人识破。此时可以根据牌势，在达到起和分的前提下，放弃"五门齐"番种，听一张熟牌，容易成和。

4. 听断张易成和

断张即上下牌被碰（杠），很难再组成顺子的牌。如一万被碰，四万被开杠，则二万与三万便成了断张之牌。又如3饼被碰，则1饼、2饼亦为断张之牌。听牌是断张牌时，容易和出。

牌例：

这副牌如能摸上七万最为理想，一下子变成三头听。但欲摸进七万谈何容易。时逢下家的八万被对家碰刻后，弃出七万，机会来了，断然碰取，立即将六万打掉，单钓断张牌九万。又一轮转过，上家摸入生张不敢打，一看七万被碰，自己的八九万边搭已成绝望之势，无奈之下只好拆舍。先打八万，后出九万，不料正好点炮。

5. 听回头牌易成和

所谓回头牌，就是本盘中自己曾打过的某张牌。旁家会把你打过的牌当作安全张，因此，听回头牌容易成和。

牌例：

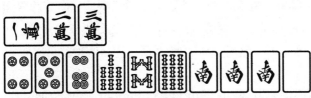

此牌例定向是"花龙"番种，听牌是白板，两轮过后，抓到东风，本盘中自己曾打过东风，于是打出白板，留下东风，听回头牌东风。几轮过后，这时上家抓到东风，顶张打出，反倒点炮。

6. 听绝张牌易成和

绝张是各家都不愿要且又感到安全的牌张，尾盘极容易出现。一些竞技麻将高手尾盘时常有意换听为绝张，会收到意想不到的效果。

7. 听筋线牌易成和

牌例：

此牌例定向为"五门齐"番种，一步入听。当有人打出2饼或红中时，立即开碰，弃出五万，引诱同一筋线的八万。

（三）听牌差不易成和

单钓绝张以及叫听生张、尖张或中张，均属听牌牌势差，不易成和。此外，听牌牌势差，还包括表面上有两种或两种以上的听牌，但牌池里已经见到许多这样的听牌，听牌的实际待牌寥寥无几。

（四）机动灵活改听叫

1. 改听图谋高番

牌谚曰："为增而少。"即为了增加和牌的分值，宁可少听牌。听牌是否再改听，关键在于区分时间、阶段和场合，灵活对待。

牌例1：

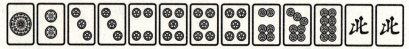

此牌例"混一色"番种已上听，听牌5饼和北风。对于这样难得的"一色四步高"兼"混一色"番种的牌势，是否就安于"混一色"番种了呢？这就取决于牌局的形势紧急与否了。假如牌局已近尾声，离荒牌不足20墩牌，就应当放弃奢望，顺水推舟，有和即和。倘若处于牌局中期，离荒牌界还有约40墩牌，别家又无听张的迹象，那就可以从容作战，只要再获得7饼、9饼中的任何一张牌，打出5饼，"一色四步高"兼"混一色"番种就已上听。

牌例2：

此牌例"混一色"番种已经听牌了，叫听1条、4条。倘若牌局尚早，推测各家均离听还远，可不急于和牌，决心打"清龙"兼"混一色"番种，以获得高番。

其实只要获得1条和4条中的任何一张牌，打出7条，"清龙"兼"混一色"番种就已上听。如果上家打出4条，用56条吃牌，打出7条，引出一路熟的1条和牌；倘若上家打的是1条，用23条吃牌，吃后仍然打7条，这样以7条引诱4条，更易奏效。

牌例3：

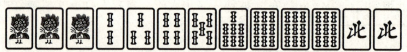

此牌例刚入中盘阶段，上家打3条应该吃，果断打出两张北风，奔"清一色"番种，大有希望。

2. 改听防止放炮

牌例：

此牌例主体番种是"清龙"兼"混一色"，且已上听。对家门前已经亮出四五六万和七八九万，"龙腰"、"龙尾"均已具备，就差"龙头"了。此时摸进三万，假如为了保持大番牌而冒险打出三万的话，极有可能点炮。不仅三万不能出手，就是摸进一万或二万，同样须下戒严令。有没有既不放炮又保持听张的出路呢？有，那就是弃六万留三万，为防止点炮，委曲求全由大番听牌改为小番，听牌四万。

3. 移花接木换听张

久听不和，改听换叫，出奇制胜。

牌例：

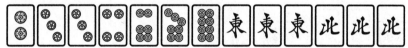

此牌例"混一色"番种已上听，听牌是单钓尖张3饼。可是叫听多时，一直无机会和出。2饼、5饼也与自己无缘。正在犯愁之际，上家打出9饼，则毅然用78饼吃进9饼，弃出尖张3饼。各家见你吃9饼，打3饼，以为不可能再要6饼，于是便会将6饼作为安全牌大胆舍出，结果中了"移花接木"之计。

（五）熟练掌握多头叫

几张同色数牌相连叫听时，初涉竞技麻将的人往往会看漏了听张，错失和牌良机。

牌例：

此牌例若只知道叫听单钓五万，那就大错特错了。其实，这副牌叫听四张牌，除五万外还有三万、四万与六万。

因此，凡遇同色数牌连续牌型的叫听，只有精准计算出所听牌张，才能避免漏和。能够精准计算出听牌的张数是牌手务必练习的基本功。牌手需要反复观察，反复记忆，方能掌握。

牌手在练习以下各例时不妨先盖上答案，测试一下自己，看看能否精准地计算出听几张牌，是哪些牌。若能把这些算准，且熟记于心，您的竞技麻将实战水平肯定会上升一个台阶。

1. 三面听

牌例1：

此牌例听三种牌，即一万、二万、四万。

牌例2：

此牌例听三种牌，即三万、六万、九万。

牌例3：

此牌例听三种牌，即二万、五万、八万。

牌例4：

此牌例听三种牌，即二万、五万、八万。

牌例 5：

此牌例听三种牌，即一万、四万、七万。

牌例 6：

此牌例听三种牌，即二万、四万、七万。

牌例 7：

此牌例听三种牌，即三万、四万、七万。

牌例 8：

此牌例听三种牌，即三万、四万、六万。

牌例 9：

此牌例听三种牌，即三万、四万、七万。

牌例 10：

此牌例听三种牌，即二万、三万、六万。

牌例 11：

此牌例听三种牌，即二万、三万、四万。

牌例 12：

此牌例听三种牌，即三万、四万、五万。

2. 四面听

牌例 1：

此牌例听四种牌，即二万、三万、四万、五万。

牌例 2：

此牌例听四种牌，即一万、二万、四万、五万。

牌例 3：

此牌例听四种牌，即一万、二万、四万、七万。

牌例 4：

此牌例听四种牌，即二万、四万、五万、七万。

牌例 5：

此牌例听四种牌，即二万、三万、五万、六万。

牌例 6：

此牌例听四种牌，即二万、三万、四万、五万。

牌例 7：

此牌例听四种牌，即一万、三万、四万、六万。

牌例 8：

此牌例听四种牌，即二万、五万、七万、八万。

牌例 9：

此牌例听四种牌，即五万、六万、七万、八万。

牌例 10：

此牌例听四种牌，即二万、三万、六万、七万。

牌例 11：

此牌例听四种牌，即二万、五万、六万、九万。

牌例 12：

此牌例听四种牌，即三万、四万、六万、七万。

牌例 13：

此牌例听四种牌，即三万、四万、六万、七万。

牌例 14：

此牌例听四种牌，即二万、三万、五万、六万。

牌例 15：

此牌例听四种牌，即二万、三万、六万、九万。

3. 五面听

牌例 1：

此牌例听五种牌，即三万、四万、五万、六万、七万。

牌例 2：

此牌例听五种牌，即一万、三万、四万、六万、七万。

牌例3：

此牌例听五种牌，即一万、二万、三万、四万、五万。

牌例4：

此牌例听五种牌，即一万、二万、三万、四万、五万。

牌例5：

此牌例听五种牌，即一万、二万、四万、五万、七万。

牌例6：

此牌例听五种牌，即三万、四万、六万、七万、九万。

牌例7：

此牌例听五种牌，即二万、四万、五万、七万、八万。

牌例8：

此牌例听五种牌，即二万、三万、四万、五万、七万。

牌例9：

此牌例听五种牌，即一万、二万、三万、四万、七万。

牌例10：

此牌例听五种牌，即二万、四万、五万、六万、七万。

4. 六面听

牌例1：

此牌例听六种牌，即一万、三万、四万、六万、七万、九万。

牌例2：

此牌例听六种牌，即一万、三万、四万、六万、七万、九万。

牌例3：

此牌例听六种牌，即一万、三万、四万、六万、七万、九万。

牌例4：

此牌听例六种牌，即一万、二万、三万、四万、五万、八万。

牌例5：

此牌例听六种牌，即一万、二万、三万、五万、六万、七万。

牌例6：

此牌例听六种牌，即三万、四万、五万、六万、八万、九万。

牌例7：

此牌例听六种牌，即二万、三万、四万、五万、七万、八万。

5. 七面听

牌例1：

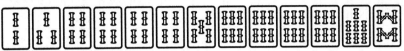

此牌例听七种牌，即1条、2条、3条、5条、7条、8条、9条。

牌例2：

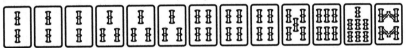

此牌例听七种牌，即2条、3条、4条、5条、6条、8条、9条。

6. 八面听

牌例：

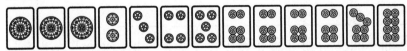

此牌例称"八角灯"，听八种牌，即1饼、2饼、3饼、4饼、5饼、7饼、8饼、9饼。

7. 九面听

牌例：

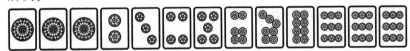

此牌即为"九莲宝灯"，13张牌皆为一色，两端为幺、九暗刻，中间夹着2~8的七连顺的牌型，则听张必然是九张，叫听1饼至9饼。

（六）听牌摸到危险张

听牌后摸到危险张，应当区分轻重缓急，针对不同情况采取不同的对策。

1. 判断旁家吃牌或碰牌

听牌后摸到危险牌，倘若判断打出后旁家只是吃牌或碰牌，尽管大胆舍出。

2. 判断有无点炮的可能

听牌后摸到危险牌，倘若判断打出后也许会点炮，则应权衡利弊，仔细算一下点炮的可能性有多大，被点的是大番牌还是小番牌，自己牌面听牌番值的高低，求张的难易程度等。如果算定自己的胜率超过对手，就应放手一搏。

牌谚曰："打牌总有几分险，胜率过半即可拼。"倘若见硬就回，在自己占优势时仍不敢拼搏的牌手，实际上等于放弃自己获胜的机会。

牌例:

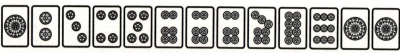

此牌例是饼子"清一色"兼"一条龙"番种的大牌,而且是三头叫,叫听1饼、3饼、6饼。尾盘时摸到5条,又当如何决策呢? 1饼、3饼、6饼待牌还有五张在外,纵然别人不给打,自摸的机会也比较多。而可能需要5条的旁家,从他门前的亮牌可以看出,即使成和也是小牌,权衡之后,毅然决定打出5条,放手一搏。

3. 判断点炮概率大的牌

听牌后摸到危险牌,倘若判断打出后点炮概率非常大,则采取弃和荒牌的策略,坚决扣留,哪怕自己的牌势再好,也不应轻易出手。

牌例:

此牌例已经进入尾盘的最后几轮,"混一色"番种上听,叫听8饼。这时摸进一张1饼,牌手看下家亮出的牌,"花龙"番种正缺小饼子,没有开杠,打了一张4饼。下轮摸进了一张红中,他看看上家门前的牌,"五门齐"番种正在单钓箭牌,又审视一下海里,已有两张红中,于是果断弃和,打了一张海里已见两张的南风。荒牌后得知,1饼、红中正是旁家待和的牌张。

十、和牌

牌谚曰:"稳为高,和为贵。"其意为参加竞技麻将比赛时,无论遇到怎样紧张激烈的场面,都要稳住神态,冷静面对。无论牌战中运用技术、战术多么巧妙,最后不成和牌也是"瞎子点灯——白费蜡"。

(一) 和牌多为贵

竞技麻将比赛,和牌是胜利的基础,只有多和牌、和大牌,才能在比赛中保持领先。所以,首要的策略就是,根据起手牌正确定向,精心组牌,杜绝组牌夹生,不走弯路,尽快叫听,多和牌。如果脱离起手牌的实际情况,一味做大牌;或者是错误地定向,舍近求远;或者在行牌中打错牌,该听不听,该听宽而听窄,失去和牌机会,那肯定会十场九败。

（二）敢于做大牌

竞技麻将比赛中如果出现了做大牌的条件，就要坚决抓住机会。

竞技麻将中和大牌总是比较少的，一味硬做不是取胜之道。但一旦具备了条件，抓不住机遇，不敢做大牌、和大牌，同样也不能取得胜利。牌手既能和低番值的小牌，也要有勇、有谋、有魄力和高番值的大牌。

牌例1：

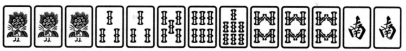

此牌例是改做大牌成功的一个范例。中盘阶段"混一色"番种上听，听牌3条与南风。这时上家打出2条。宁可不听，也要吃牌，打掉南风，改做"清一色"番种。实践证明大多数的"清一色"番种都是从"混一色"番种改做成功的。三轮过后，又摸到4条，打另一个南风，"清一色"番种上听，听牌1条、5条、8条。又过几轮，对家打出5条点和，和牌时是"清一色"兼"一色三步高"的大牌番种。

牌例2：

此牌例"花龙"番种在第九轮时已经上听，是一个8分的小番和，但听得宽，听牌为六万、八万、九万。这时上家打出八万。庄家放弃点和，想抓住机会多得分，争取自摸和牌。多轮过后，功夫不负有心人，终于自摸九万和牌。其实，这种胆量与坚持，不亚于和大牌。

牌例3：

此牌例是开盘三轮时的牌势，按"十三幺"番种要求，有了十张"十三幺"番种的牌，这种机会比较难得。下定决心做"十三幺"大牌。尾盘初期，竟然上听。幸运的是最后对家打出发财，终于和出了一副少见的大牌。

（三）逢和当和

所谓"不过水"，即是逢和牌不放过。竞技麻将的高手都知道，三个时候"不过水"：一是有人做大牌时；二是四家都叫听时；三是进入尾盘时。

（四） 放和战略

1. 放和的目的

为防止做大牌家自摸和牌，故意给另一家小番放张和牌，达到避重就轻的目的。

2. 知己知彼才能放和

为达到放和的目的，务必弄清以下三个问题，做到知己知彼，才有实施放和的决心：一是大牌家上听的状态；二是另外两家是否已听张，听张的范围；三是荒牌的希望是否渺茫。

3. 放和战例

如上家在做大牌，庄家是小番牌上听，叫听边七万，手牌还有一对一万做将牌，在平时如果人家打一万，未必要碰，因为听起万待牌张数是四张，且有一定的隐蔽性。倘若碰牌，单钓将牌八万或九万，待牌张数是三张，又暴露了牌情。但在上家做大牌的情形下，本家果断喊碰，随即打出一张八万（做大牌家不需要的牌），这虽未明告，却等于"昭示"其他两家，我听九万。其他两家为避重就轻，很有可能打出 9 万，避免庄家大牌自摸和牌。

（五） 弃和战略

如起手牌定向后，一张牌都不上，甚至已进入尾盘，还要三步入听。这时就要考虑弃和，不再打出旁家需要的牌了。又如临近终局，摸进危险张，自己只是小番和，不愿冒风险打危险张，采取弃和战略，宁可拆刻子、顺子、对子，也不点炮。

第五章　竞技麻将组牌技巧

　　组牌就是通过摸牌、舍牌、吃牌、碰牌、杠牌等方式，将手牌尽快组合成听张状态，伺机待和。由于竞技麻将行牌过程中牌局形势千变万化，使得每副牌的组牌技术无法定型，没有模式可套。这就要求牌手不仅有扎实的基本功，而且还要善于灵活应变，根据牌局形势及进张情况，加速组合，占得先机，求得高番。

一、依牌而定

（一）有了基础，才能组牌

　　在开牌确立主攻方向的时候，首先要审查起手牌是否具备运作组成某种主体番种的基本条件。对所确定的组牌番种有没有基础，就看它是"几步入听"。一般来讲四步入听就是有基础；六步入听就是没有基础；两步入听说明基础很好。

　　为什么说对所确定的组牌番种"四步入听"算有基础，是因为竞技麻将每盘换张的机会大致是 21 次，而根据实战经验，在行牌中平均 3 次换张机会能上一张，"四步入听"的牌，在 12~15 轮之间可望听牌，与旁家的组牌速度基本相当，有望和牌。如果是"六步入听"的牌，以三次换牌上一张测算，则需要 18 轮之后才能听牌，显然组牌速度大大落后于旁家，和牌的机会很小。

　　牌例 1：

　　此牌例有四种风的对子，定向为"大四喜"或"小四喜"番种。"大四喜"番种是四步入听，"小四喜"番种是三步入听。所需之牌，既可以自己摸进，也可以靠碰牌进张。定向为"大四喜"或"小四喜"番种，应该说是有很好的基础，和出的可能性很大。

牌例2：

此牌例已有九张饼子，联系紧密，定向为"清一色"番种。四步入听，除摸牌外，可吃牌、碰牌，做饼子"清一色"番种有一定基础。

牌例3：

此牌已有七张条子，联系紧密，做"一色三步高"番种张张有用，定向为"一色三步高"番种，一步入听。除摸牌外，还可吃5条、7条，运作组成"一色三步高"番种基础很好。

牌例4：

此牌例已有"十三幺"番种十张有用的幺九及字牌，定向是"十三幺"番种，三步入听。如再摸进北风、九万和1条（或9饼），即可上听。说明做"十三幺"番种基础较好。

牌例5：

此牌例起手牌有七张条子，做"清龙"番种无用的只有一张。定向做"清龙"番种，四步入听。依照起手牌的牌势，做"清龙"番种是有基础的。

（二）灵活机动，快速入听

牌例1：

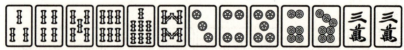

此牌例没有吃牌，全是联系紧密的序数牌，且已"断幺"。初涉竞技麻将的人，还在找主体番种。而竞技麻将高手却早已看出此牌已经上听，听牌是2饼、5饼、8饼。

假如对家打出2饼，和牌后可累计"门前清"番种2分，"平和"番种2

分，"断幺"番种 2 分，两个"连六"番种 2 分，正好达到起和分 8 分。若对家打出 5 饼，和牌后可累计"门前清"番种 2 分，"平和"番种 2 分，"断幺"番种 2 分，"连六"番种 1 分，"喜相逢"番种 1 分，正好达到起和分 8 分。若对家打出 8 饼，和牌后可累计"门前清"番种 2 分，"平和"番种 2 分，"断幺"番种 2 分，"连六"番种 1 分，两个"喜相逢"番种 2 分，计 9 分，超过起和分 1 分。

牌例 2：

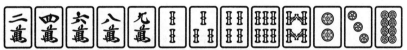

手牌中三色牌配牌比例为 5∶5∶3。若去做"清一色"番种不现实，本着灵活机动、快速入听的原则，依照牌势定向为"三色三同顺"番种。运作组成"三色三同顺"番种，三步入听。

（三）多种方案，两手准备

发觉组牌计划严重受阻，就要迅速决策，能变即变。依据牌局形势以及上下家需求，顺势调整，求得最佳组合，以利快听快和。根据起手牌和前几轮进张情况，每副牌都应尽可能多设计几种组合方案，并有两种以上的应变对策，以防不测。

例 1：在做"清一色"番种时，即使某一花色牌有十张的优势，手中的字牌也要留着后打，以防"清一色"番种受阻，抓进字牌对子时，改做"混一色"番种。

例 2：手牌中有六七张条子，另有风箭对子，原先拟做条子"混一色"，但当发觉上家也在收集条子时，就及早改变对策，防止牌源被阻截。根据进张情况，改打"五门齐"或"三色三步高"番种。

牌例：

起手牌定向为"三色三步高"番种，四步入听。牌手在处理这手牌时，可视上张情况机动灵活随时准备转向。如果摸进箭牌对子，可转向"五门齐"番种；如果再摸进一对，又有条件做"七对"的番种。

（四）难易第一，大小第二

实战中和牌的一般规律是"大牌难做，小牌易得"。所以竞技麻将高手从不贪高硬凑，而是从实际出发，有局望大，无局求快。当两者发生冲突时，应遵循难易第一、大小第二的原则，以求早听快和。

（五）牌面模糊，以缓治乱

当起手牌杂乱无章，面目模糊，一时难以确定主攻目标，不宜强行决策时，暂时不吃不碰，用摸牌保持"门前清"的态势，以便根据上张情况，灵活调整，转换牌路。

二、换张组牌

一盘麻将，四人竞争，谁能够以最快的速度组好自己的牌，早叫听，谁就能有较大的希望和牌，从而取得胜利。那么，怎样才能快速组牌呢？

（一）三个阶段，任务各异

高级牌手对换张组牌过程中各个阶段的特点，应有深入了解，并以此来考虑自己在组牌中的策略。

一盘竞技麻将，可以换 21 张牌：（144 张-52 张起手牌-8 张补花）÷4 = 21 张。

换张组牌分为三个阶段：

1. "求搭定向"阶段

1~6 轮为第一阶段，即"求搭定向"阶段。起手牌优劣程度不同，有的起手牌搭子基本齐全，组牌的方向马上可以确定，有的起手牌则要在这一阶段，通过换张来求齐搭子，才能确定组牌方向。

2. "换张组听"阶段

7~15 轮为第二阶段，即"换张组听"阶段。这一阶段的任务是把已经定向的手牌，通过摸、吃、碰（杠）等换张方式，形成听牌。

3. "待和终盘"阶段

16~21 轮为第三阶段，即"待和终盘"阶段。这一阶段，各家多数已叫听，都在紧张地待和。特别到了最后几轮，牌手常为摸到生张而反复思量。此时是打牌的最紧张阶段。

（二）组牌速度，决定策略

掌握了解"换张组牌"的三个阶段对组牌意义重大。

首先，可以对自己组牌的速度做到心中有数。如在第一阶段结束后，已经定向并解决了一个上张。应该说，速度不慢，并不落后旁家。如果过了六轮，尚未定向，那显然是速度较慢，已落后于旁家。同样，自己组牌能在 13 轮时听牌，应该说是听得较快；如果过了 16 轮，还要"两步入听"的话，当然速度就慢。

其次，由于知道自己组牌的进度，就可以根据组牌进展情况，采取相应的策略。如果组牌进展顺利，比如 11 轮之前就已听张，而且听的不错，待牌数相当多，这时可以考虑大和。比如决定自摸或改组更大的番种。如果进展迟缓，就要考虑弃大就小。弃"清一色"做"混一色"，弃"七对"做"碰碰和"等。如果到了第三阶段，手牌仍要三步入听，则可考虑弃和。

总之，了解了换张组牌过程的三个阶段，就可以知道自己的组牌速度，可以知道本盘自己有没有和牌的希望，并根据组牌的形势采取必要的策略和措施。

三、组牌技巧

（一）分值与难度

各番种的分值，主要是根据其组成的难度大小决定。各番种组成的难度与分值成正比，其组成的难度越大，分值越高；反之，其组成的难度越小，分值越低。

（二）组牌的技巧

一盘麻将，自开门起牌、补花，到庄家打出第一张牌后，就进入了"换张组牌"阶段。这一阶段是牌手们运用技巧、斗智斗勇、实行各种战术、展开竞技的最紧张精彩的阶段。

正确的组牌极为重要，它关系到听牌的快慢和宽窄，而听牌的快慢和宽窄，又关系到和牌的概率。所以说，换张组牌的技巧是每个牌手的必修课。

笔者尝试先从小番种开始组牌，逐渐向大番种过渡，一一揭示各个番种的组牌条件及技巧。

1. 巧用规则组小番

打竞技麻将，如果不用起和分做标杆解决好定向问题，而单独研究其他快组牌的技术，那只能是脱离实际的空谈。

牌例1：

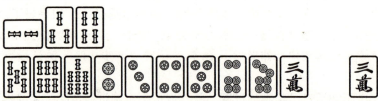

此牌例没有主体番种，自摸三万成和，和牌后如果按两个"连六"番种定番计分，只得2分。依照不可拆移的原则，不能另外再组成两副"喜相逢"番种。但是，如果先确定2~7条为"连六"番种，再用234饼与234条、567饼与567条，组合成两个"喜相逢"番种，这样既不违反不得拆移原则，又可以增加1分。

综上所述，此牌巧用规则组小番可以超过起和分。各小番得分为"平和"番种2分，"断幺"番种2分，"连六"番种1分，两副"喜相逢"番种2分，"自摸"番种1分，"单钓将"番种1分，计9分，超过起和分1分。

牌例2：

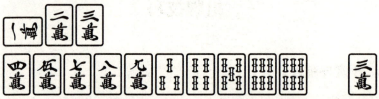

此牌例庄家主体番种是"清龙"，听牌六万，数轮过后，也未和牌。反倒摸来三万，急速打出，下家又跟打三万，对门一见三万是安全张，也跟出三万，谁知庄家报和。原来庄家是巧用规则组小番。各小番得分为"和绝张"番种4分，"平和"番种2分，"喜相逢"番种1分，"缺一门"番种1分，"老少副"番种1分，计9分，超过起和分1分。

牌例3：

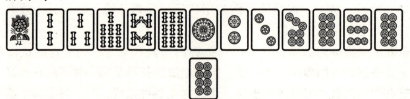

此牌例没有主体番种，对门打出8饼点和。和牌时有一个"老少副"番种1分，两个"喜相逢"番种2分，"平和"番种2分，"门前清"番种2分，"单钓将"番种1分，计8分，正好达到起和分。

2. 全带幺

"全带幺"番种是竞技麻将比赛中经常运作和牌的基本牌型之一。

（1）组成"全带幺"番种的基本条件。一手牌如果边顺与带幺九或能够吃、碰幺九的搭子、对子较多，再配有字牌的对子或刻子，这种结构做"全带幺"番种是最佳的选择。

（2）限定牌及特定牌占有率。"全带幺"番种的牌源（限定牌）有100张，其中序数牌72张（含2、3、7、8），字牌28张，限定牌在144张牌中的占有率是69.9%；"全带幺"番种本身的14张牌在100张限定牌中的特定牌占有率是14%。因此，运作组成"全带幺"番种容易得手。

（3）留意加计相关番种。"全带幺"番种的运作难点是："全带幺"若作为主体番种和牌，只有4分，距离起和分8分还差4分。因此做"全带幺"番种时要留意加计相关番种。组合过程中应尽量兼顾，争取获得起和分。

"全带幺"番种的类型有：平和类型的"全带幺"番种，字牌做将类型的"全带幺"番种，幺九刻类型的"全带幺"番种及箭刻类型的"全带幺"番种。

一是平和类型的"全带幺"番种：

牌例1：

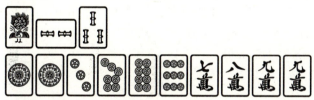

此牌例边顺多达三副，又有一对1饼，具备了做"全带幺"番种的条件，一步入听。如果不是处于牌局的紧急状态，当有人打出九万时，不应示碰，否则就会因小失大，碰九万不仅破坏了"平和"，也丢掉了"喜相逢"番种，更有可能使即将到手的"全带幺"番种毁于一旦。

这手牌进九万最好不过，舍掉一张1饼，叫听2饼。和牌后除"全带幺"番种4分外，还有"平和"番种2分、"老少副"番种1分、"坎张"番种1分和两个"喜相逢"番种2分，计10分，超过起和分2分。

牌例2：

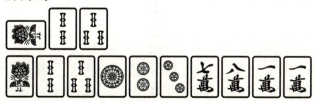

此牌例是平和型"全带幺"番种的听牌，听牌九万。和牌后主体番种"全带幺"4分，可加计"平和"番种2分、"一般高"番种1分及"喜相逢"

番种1分，计8分，正好达到起和分。

牌例3：

此牌例是平和型"全带幺"番种的听牌，听牌九万。和牌后主体番种"全带幺"4分，可加计"平和"番种2分、"一般高"番种1分及"喜相逢"番种1分，计8分，正好达到起和分。

牌例4：

此牌例是平和型"全带幺"番种的听牌，听牌9饼。和牌后主体番种"全带幺"4分，可加计"平和"番种2分、"一般高"番种1分及"喜相逢"番种1分，计8分，正好达到起和分。

二是字牌做将类型的"全带幺"番种：

牌例1：

此牌例是字牌做将类型的"全带幺"番种的听牌，听牌8饼。和牌后主体番种"全带幺"4分，可加计"老少副"番种1分、"坎张"番种1分及两个"喜相逢"番种2分，计8分，正好达到起和分。

牌例2：

此牌例是字牌做将类型的"全带幺"番种的听牌，听牌9饼。和牌后主体番种"全带幺"4分，可加计"门前清"番种2分、"一般高"番种1分及"喜相逢"番种1分，计8分，正好达到起和分。

牌例 3：

此牌例是字牌做将类型的"全带幺"番种的听牌。听牌 2 饼。和牌后主体番种"全带幺"4 分，可加计"暗杠"番种 2 分、"幺九刻"番种 1 分、"老少副"番种 1 分、"坎张"番种 1 分及"喜相逢"番种 1 分，计 10 分，超过起和分 2 分。

牌例 4：

此牌例是字牌做将类型的"全带幺"番种的听牌。听牌三万。和牌后主体番种"全带幺"4 分，可加计"老少副"番种 1 分、两个"喜相逢"番种 2 分、"缺一门"番种 1 分及"边张"番种 1 分，计 9 分，超过起和分 1 分。

三是幺九刻类型的"全带幺"番种：

牌例 1：

此牌例中有一副幺九刻，听牌 8 饼。和牌后主体番种"全带幺"4 分，可加计"幺九刻"番种 1 分、"一般高"番种 1 分、"无字"番种 1 分及"坎张"番种 1 分，计 8 分，正好达到起和分。

牌例 2：

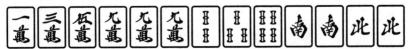

此牌例有九万一副刻子，又有能够吃二万及 1 条的搭子两副，还有南风、

北风两对，具备了做"全带幺"番种的五要素，两步入听。这手牌假如吃进 1 条，打出 4 条，碰到南风，打出五万，听牌二万。和牌后除"全带幺"番种 4 分外，还有"喜相逢"番种 1 分、"缺一门"番种 1 分、两个"幺九刻"番种 2 分和"坎张"番种 1 分，计 9 分，超过起和分 1 分。

牌例 3：

此牌例有边顺一副，又有能够吃一、九的搭子两副，还有南风一对，具备了做"全带幺"番种的四要素，三步入听。这手牌假如吃进九万、1 条后，碰到南风，打出红中，单钓北风和牌。和牌后除"全带幺"番种 4 分外，还有"一般高"番种 1 分、"缺一门"番种 1 分、"幺九刻"番种 1 分和"单钓将"番种 1 分，计 8 分，正好达到起和分。

牌例 4：

此牌例中有两副"幺九刻"，听牌南风、9 条。和牌后主体番种"全带幺"4 分。如和南风，可加计 3 个"幺九刻"番种 3 分及"缺一门"番种 1 分，计 8 分，正好达到起和分。如和 9 条，可加计 3 个"幺九刻"番种 3 分、"双同刻"番种 2 分及"缺一门"番种 1 分，计 10 分，超过起和分 2 分。

四是箭刻类型的"全带幺"番种：

牌例 1：

此牌例中有一副"箭刻"，听牌 8 饼。和牌后主体番种"全带幺"4 分，可加计"箭刻"番种 2 分、"坎张"番种 1 分及"喜相逢"番种 1 分，计 8 分，正好达到起和分。

牌例2:

此牌例中有一副"箭刻",一副"南风刻",听牌8饼。和牌后主体番种"全带幺"4分,可加计"箭刻"番种2分、"幺九刻"番种1分及"坎张"番种1分,计8分,正好达到起和分。

牌例3:

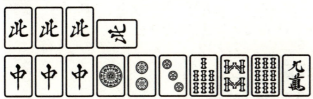

此牌例中有一副"箭刻",一副北风杠,听牌九万。和牌后主体番种"全带幺"4分,可加计"幺九刻"番种1分、"明杠"番种1分、"箭刻"2分及"单钓将"番种1分,计9分,超过起和分1分。

牌例4:

此牌例中有一副箭刻"暗杠",听牌八万。和牌后主体番种"全带幺"4分,可加计"箭刻"番种2分、"暗杠"番种2分、"一般高"番种1分、"喜相逢"番种1分及"坎张"番种1分,计11分,超过起和分3分。

3. 碰碰和

"碰碰和"番种是竞技麻将比赛中经常运作和牌的基本牌型之一。

(1)组成"碰碰和"番种的基本条件。初始阶段手中有四个对子(包括暗刻),就可以考虑做"碰碰和"番种,但这也不是绝对的,还要看这些对子属于哪一种类型。如果中张、尖张过半,难以碰出。

(2)限定牌及特定牌占有率。"碰碰和"的牌源(限定牌)有136张,包含全部序数牌及字牌,限定牌在144张牌中的占有率是95%;"碰碰和"本身的14张特定牌在136张牌中的占有率是10%。因此,运作组成"碰碰和"番种容易得手。

（3）留意相关加计番种。"碰碰和"番种的难点是其本身只有6分，做"碰碰和"番种时还要留意相关加计番种。

牌例1：

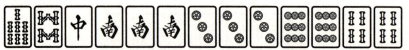

此牌例无论做"七对"番种还是做"碰碰和"番种，都是两步入听。这种情况下，就应做"碰碰和"番种而不做"七对"番种了。毕竟碰刻容易摸对难，何况此牌已经有了现成的两副刻子，具备了做"碰碰和"番种的基本条件。这手牌碰到4条、9饼后，打出两张条子，单钓红中和牌。和牌后除"碰碰和"番种6分外，还有两个"幺九刻"番种2分、"缺一门"番种1分及"单钓将"番种1分，计10分，超过起和分2分。

牌例2：

此牌例是三刻加一对，定向做"碰碰和"番种，一步入听。这手牌碰到四万，打出一张万子，单钓将和牌。和牌后除"碰碰和"番种6分外，还有"幺九刻"番种1分、"箭刻"番种2分和"单钓将"番种1分，计10分，超过起和分2分。

牌例3：

此牌例听牌5饼、7饼。和牌后主体番种"碰碰和"6分，可加计"箭刻"番种2分，计8分，正好达到起和分。

牌例4：

此牌例听牌 4 条、六万。和牌后主体番种"碰碰和"6 分，可加计两个"幺九刻"番种 2 分，计 8 分，正好达到起和分。

牌例 5：

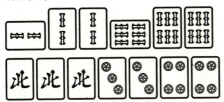

此牌例听牌 3 饼、4 饼。和牌后主体番种"碰碰和"6 分，可加计"幺九刻"番种 1 分及"缺一门"番种 1 分，计 8 分，正好达到起和分。

牌例 6：

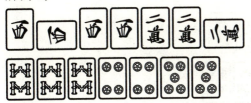

此牌例听牌 4 饼、5 饼。和牌后主体番种"碰碰和"6 分，可加计"幺九刻"番种 1 分及"明杠"番种 1 分，计 8 分，正好达到起和分。

牌例 7：

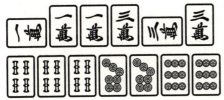

此牌例听牌 7 饼、9 饼。和牌后主体番种"碰碰和"6 分。如和 7 饼，可加计"幺九刻"番种 1 分及"无字"番种 1 分，计 8 分，正好达到起和分。如和 9 饼，可加计两个"幺九刻"番种 2 分及"无字"番种 1 分，计 9 分，超过起和分 1 分。

牌例 8：

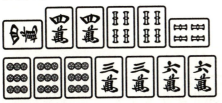

此牌例听牌三万、六万。和牌后主体番种"碰碰和"6 分。可加计"幺

九刻"番种1分、"双同刻"番种2分及"无字"番种1分，计10分，超过起和分2分。

牌例9：

此牌例听牌4条、7条。和牌后主体番种"碰碰和"6分。可加计"断幺"番种2分，计8分，正好达到起和分。

牌例10：

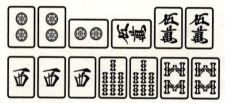

此牌例是第三圈比赛的一个牌例。听牌是7条、8条。和牌后主体番种"碰碰和"6分，可加计"圈风刻"番种2分，计8分，正好达到起和分。

4. 混一色

"混一色"番种是竞技麻将比赛中经常运作和牌的基本牌型之一。

（1）组成"混一色"番种的基本条件。行牌初期，手中有字牌对子或刻子，其中一种序数牌有六七张以上，可考虑组成"混一色"番种。

（2）限定牌及特定牌占有率。"混一色"番种的牌源（限定牌）是64张。其中包含一种序数牌36张及字牌28张。限定牌在144张牌中的占有率是44.4%；"混一色"本身的14张牌在64张牌中的特定牌占有率是21.8%。因此，运作组成"混一色"番种容易得手。

（3）留意加计相关番种。"混一色"番种的分值是6分，距起和分还差2分，因此做"混一色"番种时要留意加计相关番种，组合过程中务必兼顾。

牌例1：

此牌例自摸二万和牌，和牌后主体番种"混一色"6分，可加计"自摸"番种1分及"坎张"番种1分，计8分，正好达到起和分。

此牌例还可以碰东风，打一万或三万听单钓将；或干脆打掉东风，争取做"清一色"番种。

牌例2：

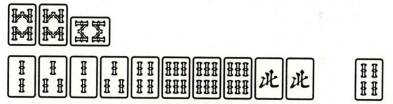

此牌例自摸4条和牌。和牌后主体番种"混一色"6分，可加计"自摸"番种1分及"一般高"番种1分，计8分，正好达到起和分。

还可以碰北风，打2条听3条；如果来得及最好的组牌办法是打掉两个北风，做"绿一色"或"清一色"等大番种。

牌例3：

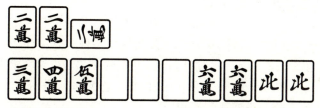

此牌例听牌是六万、北风。和牌后主体番种"混一色"6分。如和六万，可加计"箭刻"番种2分，计8分，正好达到起和分。如和北风，可加计"幺九刻"番种1分及"箭刻"番种2分，计9分，超过起和分1分。

牌例4：

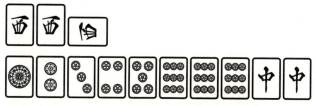

此牌例听牌是3饼、6饼。和牌后主体番种"混一色"6分，如和3饼，可加计西风、9饼两个"幺九刻"番种2分，计8分，正好达到起和分。如和6饼，可加计西风、9饼两个"幺九刻"番种2分及"连六"1分，计9分，超过起和分1分。

牌例 5：

此牌例听牌是五万、八万、九万。和牌后主体番种为"混一色"6分，如和五万，须为"自摸"和牌，可加计"自摸"番种1分，"幺九刻"番种1分，计8分，正好达到起和分。如和八万，可加计"幺九刻"番种1分及"四归一"番种2分，计9分，超过起和分1分。如和九万，可加计两个"幺九刻"番种2分，计8分，正好达到起和分。

牌例 6：

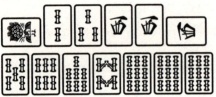

此牌例听牌是4条、5条、7条、8条。和牌后主体番种为"混一色"6分。如和4条，可加计"清龙"番种16分及"幺九刻"番种1分，计23分，超过起和分15分。如和5条或8条，可加计西风、9条两个"幺九刻"番种2分，计8分，正好达到起和分。如和7条，可加计"老少副"番种1分及"幺九刻"番种1分，计8分，正好达到起和分。

牌例 7：

此牌例听牌是八万。和牌后主体番种"混一色"6分，可加计"门前清"番种2分、"幺九刻"番种1分、"老少副"番种1分及"坎张"番种1分，计11分，超过起和分3分。

牌例 8：

此牌例听牌是6饼、9饼。和牌后主体番种"混一色"6分。如和6饼可

加计"幺九刻"番种 1 分及"一般高"番种 1 分，计 8 分，正好达到起和分。如和 9 饼，可加计"老少副"番种 1 分、"一般高"番种 1 分及"幺九刻"番种 1 分，计 9 分，超过起和分 1 分。

牌例 9：

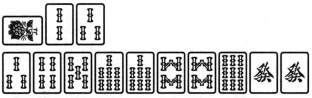

此牌例听牌是 6 条、9 条。和牌后主体番种"混一色"番种 6 分，如和 6 条，可加计"连六"番种 1 分及"老少副"番种 1 分，计 8 分，正好达到起和分。如和 9 条，可加计"一般高"番种 1 分及"老少副"番种 1 分，计 8 分，正好达到起和分。

牌例 10：

此牌例听牌是六万、九万与西风。和牌后主体番种"混一色"6 分。如和六万或西风，可加计两个"幺九刻"番种 2 分，计 8 分，正好达到起和分。如和九万，可加计两个"幺九刻"番种 2 分及"四归一"番种 2 分，计 10 分，超过起和分 2 分。

牌例 11：

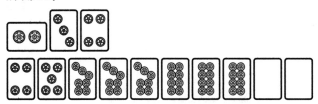

此牌例听牌是 3 饼、6 饼。和牌后主体番种"混一色"6 分，可加计"双暗刻"番种 2 分，计 8 分，正好达到起和分。

牌例 12：

　　此牌例听牌二万。和牌后主体番种"混一色"番种 6 分。可加计"门前清"番种 2 分、"坎张"番种 1 分、"连六"番种 1 分及"一般高"番种 1 分，计 11 分，超过起和分 3 分。

5. 三色三步高

　　"三色三步高"番种是竞技麻将比赛中经常运作和牌的基本牌型之一。

　　(1) 组成"三色三步高"番种的基本条件。行牌初期，手中有三种花色的三个临近的搭子（顺子），就可以考虑做"三色三步高"番种。

　　(2) 限定牌及特定牌占有率。"三色三步高"番种的牌源（限定牌）是序数牌 108 张，限定牌在 144 张牌中的占有率是 75.5%；"三色三步高"本身的 9 张牌在限定牌 108 张中特定牌的占有率是 8.3%。本番种特定牌之外的 5 张牌牌源则为 136 张（包含全部序数牌和字牌），选择余地非常宽。因此，运作组成"三色三步高"番种容易得手。

　　(3) 留意加计相关番种。"三色三步高"番种的分值是 6 分，距起和分还差 2 分，因此做"三色三步高"番种时要留意加计相关番种，组合过程中务必兼顾。

　　牌例 1：

　　此牌例定向做"三色三步高"番种，吃进 2 饼或 5 条、8 条打出 7 饼，一步入听。和牌时除"三色三步高"番种 6 分外，还有"平和" 2 分，能够达到或超过起和分。

　　牌例 2：

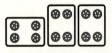

　　此牌例听牌 9 饼，且只能自摸和牌。和牌后主体番种"三色三步高" 6 分。可加计"自摸"番种 1 分及"无字"番种 1 分，计 8 分，正好达到起和分。

　　如果要调整，可以吃 9 饼，打掉 7 条或六万，和牌后可加计"坎张"番种 1 分及"无字"番种 1 分，计 8 分，正好达到起和分。

牌例 3：

此牌例听牌是五万、八万。和牌后主体番种"三色三步高"6 分。可加计"平和"番种 2 分，计 8 分，正好达到起和分。

牌例 4：

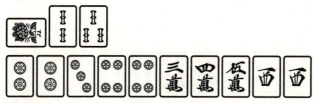

此牌例听牌 3 饼。和牌后主体番种"三色三步高"6 分。可加计"坎张"番种 1 分及"一般高"番种 1 分，计 8 分，正好达到起和分。

牌例 5：

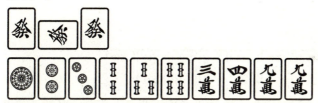

此牌例听牌五万。和牌后主体番种"三色三步高"6 分。可加计"箭刻"番种 2 分，计 8 分，正好达到起和分。

牌例 6：

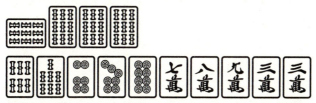

此牌例听牌 5 条。和牌后主体番种"三色三步高"番种 6 分。可加计"幺九刻"番种 1 分、"无字"番种 1 分及"明杠"番种 1 分，计 9 分，超过起和分 1 分。

牌例7:

此牌例听牌九万。和牌后主体番种"三色三步高"6分。可加计"幺九刻"番种1分及"单钓将"番种1分，计8分，正好达到起和分。

牌例8:

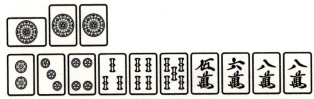

此牌例听牌四万。和牌后主体番种"三色三步高"6分。可加计"幺九刻"番种1分及"无字"番种1分，计8分，正好达到起和分。

牌例9:

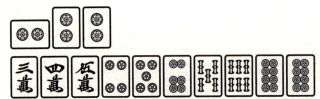

此牌例听牌7条。和牌后主体番种"三色三步高"6分。可加计"断幺"番种2分，计8分，正好达到起和分。

6. 五门齐

"五门齐"番种是竞技麻将比赛中经常运作和牌的基本牌型之一。

（1）组成"五门齐"番种的基本条件。行牌初期，手中有三种花色的搭子（顺子）或对子（刻子），还有一对箭牌及风牌（一刻风牌及一个箭牌亦可），就可以考虑做"五门齐"番种。

（2）限定牌及特定牌占有率。"五门齐"番种的牌源（限定牌）计有136张，包含全部序数牌和字牌，限定牌在144张牌中占有率是95%；"五门齐"番种本身的14张牌在限定牌136张中特定牌的占有率是10%。因此，运作组成"五门齐"番种容易得手。

（3）留意相关加计番种。"五门齐"番种的分值是6分，距起和分还差2分，因此做"五门齐"番种时要留意加计相关番种，组合过程中务必兼顾。

牌例1：

此牌例花色俱全，五门齐备，显然无大牌可做。但从牌型结构上看，适合做"五门齐"番种，两步入听。此牌假如碰出红中打出2条后，再吃进或摸进5条、8条与1饼、4饼中的任何一张牌，打出9饼，即可叫听。和牌后除"五门齐"番种6分外，还有"箭刻"2分，计8分，正好达到起和分。

牌例2：

此牌例定向为"五门齐"番种，三步入听。倘若碰出6条，打出9条，再吃进二万或五万，打出一万，吃进5饼或8饼，打出1饼，即可单钓白板和牌。和牌后除"五门齐"番种6分外，还有"幺九刻"番种1分和"单钓将"番种1分，计8分，正好达到起和分。

牌例3：

起手牌花色俱全，定向是"五门齐"番种，三步入听。倘若碰出白板、1条，打出南风、3条，再吃进4饼或6饼，打出7饼或3饼，听牌一万、四万。和牌后除"五门齐"番种6分外，还有"箭刻"番种2分及"幺九刻"番种1分，计9分，超过起和分1分。

牌例4：

此牌例虽然有5饼、8饼的听牌，只有自摸才能和牌。和牌后除"五门齐"番种6分外，还有"幺九刻"番种1分和"自摸"番种1分，计8分，正好达到起和分。

倘若有人打红中，应当果断报碰，打出6饼或7饼听单钓将。和牌后除"五门齐"番种6分外，还有"碰碰和"番种6分、"箭刻"番种2分、"幺九刻"番种1分和"单钓将"番种1分，计16分，超过起和分8分。

牌例 5：

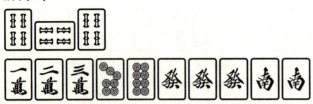

此牌例听牌 6 饼、9 饼。和牌后主体番种"五门齐"6 分。可加计"箭刻"番种 2 分，计 8 分，正好达到起和分。

牌例 6：

此牌例听牌 4 饼、7 饼，且只能自摸和牌。和牌后除"五门齐"番种 6 分外，可加计"自摸"番种 1 分及"幺九刻"番种 1 分，计 8 分，正好达到起和分。

牌例 7：

此牌例听牌 6 条、9 条。和牌后主体番种"五门齐"6 分，可加计两个"幺九刻"番种 2 分，计 8 分，正好达到起和分。

牌例 8：

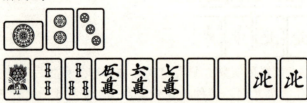

此牌例听牌白板、北风。和牌后主体番种"五门齐"6 分。如和白板可加计"箭刻"番种 2 分及"喜相逢"番种 1 分，计 9 分，超过起和分 1 分。如和北风可加计"幺九刻"番种 1 分及"喜相逢"番种 1 分，计 8 分，正好达到起和分。

牌例9：

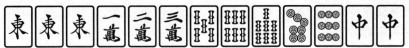

此牌例听牌是8饼。和牌后主体番种为"五门齐"6分。可加计"门前清"番种2分、"幺九刻"番种1分及"坎张"番种1分，计10分，超过起和分2分。

牌例10：

此牌例听牌发财。和牌后主体番种"五门齐"6分。可加计"幺九刻"番种1分及"单钓将"番种1分，计8分，正好达到起和分。

7. 全求人

"全求人"番种番值为6分。在没有别的番种可做，而手牌已有2分的前提下，"全求人"是一个可以做的番种。

牌例1：

此牌例若从8分起和的要求来衡量，似乎看不出什么方向，做"混一色"、"花龙"、"碰碰和"、"全带幺"、"五门齐"番种，均不够条件。经过认真审牌，做"全求人"番种还有一定的基础。因为白板碰出后就有2分，再通过吃牌、碰牌，最后成"手把一"就上听了。和牌后主体番种"全求人"6分，可加计"箭刻"2分，计8分，正好达到起和分。

牌例2：

此牌例是进入中盘的牌势，东风已经碰出，4饼吃进，定向是"花龙"番种。这时上家打出了一张八万。刚想吃进八万叫听，不料下家喊"杠"，"花龙"番种的计划彻底泡汤了。这时"全求人"番种就是一根救命的稻草。只要碰出南风，再吃到 1 条或 4 条或碰出 3 条就上听了。

和牌后主体番种"全求人"6 分，可加计两个"幺九刻"2 分，计 8 分，正好达到起和分。

8. 花龙

"花龙"番种本身分值为 8 分，只要和牌，就能达到起和分。

（1）组成"花龙"番种的基本条件。"花龙"番种是竞技麻将比赛中经常运作和牌的基本牌型之一。"花龙"番种与"清龙"番种有很强的关联，组牌过程应当注意的与"清龙"番种基本相同。

（2）限定牌及特定牌占有率。"花龙"番种的牌源（限定牌）是 108 张，限定牌在 144 张牌中的占有率是 74.8%；"花龙"本身的 9 张牌在 108 张牌中的特定牌占有率是 8.3%。本番种特定牌之外的 5 张牌牌源则为 136 张，选择余地非常大。因此，运作组成"花龙"番种比较容易。

（3）实战组牌举例。

牌例 1：

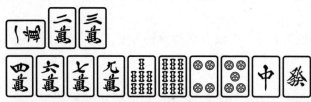

此牌例本打算做"清龙"番种，但事与愿违，偏偏五万被人开了明杠，断了"清龙"番种的路。根据手牌结构，完全有条件顺势改做"花龙"番种，只差一张 6 饼和一张 8 条即可成型，三步入听。

牌例 2：

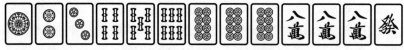

此牌例已经有了"花龙"番种的龙头、龙腰，龙尾也有了八万的骨架，定向为"花龙"番种。只要摸到一张七万或九万，打出发财，即可入听。

牌例 3：

此牌例"花龙"番种的龙头（13 饼）、龙腰（四五万）、龙尾（78 条）的骨架齐全，定向为"花龙"番种，四步入听。假如摸到或吃进 2 饼、六万、9 条，打出西风、北风与 5 饼，先组成一条"花龙"。然后再用七万与 6 条兜搭，进入一步入听状态。

牌例4：

此牌例已经有了"花龙"番种的龙头、龙腰，龙尾也有了7条，定向为"花龙"番种。假如对家打出一万，吃进后打出7饼，用3条、7条兜搭，进入一步入听状态。若抓进8条或9条，"花龙"番种上听；抓进1条或2条，"三色三同顺"番种上听。

9. 推不倒

（1）组成"推不倒"番种的基本条件。"推不倒"番种是竞技麻将比赛中经常运作和牌的基本牌型之一。行牌初期，手中有9张"推不倒"番种的牌，就可以主攻此番。

（2）限定牌及特定牌占有率。"推不倒"番种的牌源（限定牌）是序数牌1饼、2饼、3饼、4饼、5饼、8饼、9饼及2条、4条、5条、6条、8条、9条的52张，还有白板四张，计56张。限定牌在144张牌中的占有率是38.8%；"推不倒"番种本身的14张牌在56张牌中的特定牌占有率是25%。因此，运作组成"推不倒"番种比较容易。

（3）实战组牌举例。

牌例1：

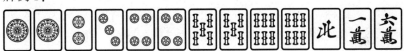

此牌例已经有了"推不倒"番种的十张牌，且联系紧密，其中有四个对子，做"推不倒"番种的基础较好，定向为"推不倒"番种，三步入听。

假如吃进4条，摸到4饼，碰到1饼，打出六万、一万与北风，"推不倒"番种上听，听牌是4条。

牌例2：

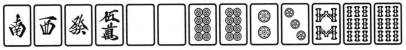

此牌例已经有了"推不倒"番种的九张牌，其中有三个对子，且能吃能碰，具备了"推不倒"番种的基础，定向为"推不倒"番种，四步入听。

假如吃进4饼，摸到8条，碰到8饼与白板，打出五万、发财与西风、南风，"推不倒"番种上听，听牌是8条、9条。

10. 三色三同顺

（1）组成"三色三同顺"番种的基本条件。"三色三同顺"番种是竞技麻将比赛中经常运作和牌的基本牌型之一。行牌初期，手中有三种花色、三个相近的搭子（顺子），就可以考虑做"三色三同顺"番种。

（2）限定牌及特定牌占有率。"三色三同顺"番种的牌源（限定牌）是108张，限定牌在144张牌中的占有率是75%；"三色三同顺"番种本身的九张牌在108张牌中的特定牌占有率是8.3%，组成运作"三色三同顺"番种比较容易。"三色三同顺"番种特定牌之外的五张牌牌源则为136张，选择余地非常大。

（3）"三色三同顺"番种的优势。牌手们之所以喜欢做"三色三同顺"番种，原因有三：一是手牌抓进三种花色较之一色的时候多；二是做"三色三同顺"番种的技术、战术较隐蔽，容易吃进上家的牌；三是其战术较灵活，也很轻巧，而且由于"三色三同顺"番种的牌型较集中，有可能附带做成"大于五"、"小于五"、"全大"、"全中"及"全小"等番种，还可以附带做"三色三步高"、"五门齐"及"全带五"番种。

（4）实战组牌举例。

牌例1：

此牌例已有1饼、3饼，二三万两副搭子，还有234条一副顺子，具备了做"三色三同顺"番种的三种花色、三副相近的顺子的条件，定向为"三色三同顺"番种，这手牌无论做123的同顺，还是做234的同顺，都是三步入听。

假如上家先打四万，就做234的同顺；又如上家先打2饼或一万，就做123的同顺。如上家先舍出的是1条，便可用23条吃进1条，尔后开出4条，做123的同顺。还会给各家造成错觉：此人吃1吐4，大概是做"龙"吧！尤其你的上家会紧扣条子不放，这就为你再吃2饼与一万创造了条件。

牌例2：

此牌例可把3条、4条两个对子看作两副搭子，定向做"三色三同顺"番种，两步入听。如上家先打五万，吃五万打三万，做345的同顺。再吃进或摸到一张2条，打出8条，"三色三同顺"番种入听，听牌5条。

牌例3：

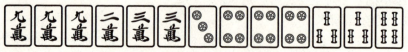

　　此牌例已进入中盘阶段，有两刻加两对，做"碰碰和"番种是两步入听，但若主攻此番显然失策，尖张三万与3条极难碰出。

　　正确的决策应是做234的"三色三同顺"番种，同样都是两步入听的牌势，但进2要比进3容易得多，何况"三色三同顺"番种的和牌番值要比"碰碰和"番种高出2分。当然，实战中出现了三万与3条碰出的机会，也不要错过。

　　牌例4：

　　此牌例定向为"三色三同顺"兼"全带幺"番种，四步入听。摸到或吃到9饼、9条、八万，先做成"三同顺"。再摸到一对字牌做将，听牌2条，不仅做成了"三色三同顺"番种，而且还兼"全带幺"番种。

　　牌例5：

　　此牌例定向做"三色三同顺"番种，两步入听。假如用56饼吃进4饼、打出二万，再吃进6条，打出四万，听牌1饼、4饼。和牌后除"三色三同顺"番种8分外，如和1饼，还有"平和"2分，"连六"1分，计11分，超过起和分3分。如和4饼，还有"平和"2分，"断幺"2分，计12分，超过起和分4分。

　　11. 三色三节高

　　（1）组成"三色三节高"番种的基本条件。"三色三节高"番种是竞技麻将比赛中经常运作和牌的基本牌型之一。行牌初期，手中有三种花色三副依次递增的对子或刻子，就可以主攻此番。

　　（2）限定牌及特定牌占有率。"三色三节高"番种牌源（限定牌）是序数牌的108张，限定牌在144张牌中的占有率是75%；"三节高"番种本身九张牌在108张牌中的特定牌占有率是8.3%。本番种特定牌之外的五张牌的牌源则为136张，选择余地很宽。因此，运作组成"三色三节高"番种比较容易。

　　（3）实战组牌举例。

　　牌例1：

此牌例已有三种花色中依次递增的两个对子和一副刻子，具备了做"三色三节高"番种的条件。定向为"三色三节高"番种，两步入听。如碰到1饼、2条，打出两张箭牌，单钓剩余的另一张箭牌和牌。

牌例2：

此牌例已有三种花色三副依次递增的对子，具备做"三色三节高"番种的基本条件。定向为"三色三节高"，三步入听。如碰到7饼、6条及五万，打出三张孤张序数牌，单钓东风和牌。

12. 无番和

（1）组成"无番和"番种的基本条件。"无番和"番种是竞技麻将比赛中经常运作和牌的基本牌型之一。行牌初期，运作"无番和"番种必须具备以下条件：一是必须有字牌一对做将；二是必须三张色牌齐全；三是和牌时必须不是边张、坎张与单钓将；四是和牌前必须不是门前清，同时和牌不能自摸。

（2）限定牌及特定牌占有率。"无番和"番种的牌源（限定牌）有136张，包含全部序数牌和字牌，限定牌在144张牌中的占有率是94.4%；"无番和"番种本身14张牌在136张牌中的特定牌占有率是10%。因此，运作组成"无番和"番种比较容易。

（3）做"无番和"的难点。"无番和"番种，就是和牌后数不出任何番种。麻坛新手不易掌握，容易出现诈和。况且，又不能自摸，即使有人点和，收入微微。因此，除非在不得已的情况下，很少有人做"无番和"番种。

（4）实战组牌举例。

牌例1：

此牌例有一副白板对子，三种花色中万子有一副刻子及一副顺子，条子与饼子各有一副两头搭子，具备做"无番和"番种的条件。如吃到3条、6条或3饼、6饼中的任何一张牌，打出1饼，立即上听。听牌仅为一种牌，且必须是旁家点和，方能和牌。

牌例2：

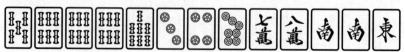

此牌例有一对南风做将，三种花色中分别有复合顺子、两副搭子，具备做"无番和"番种的条件，三步入听。试举一例：吃到九万、2饼，打出东风、7条，用7饼与5条兜搭，又摸到6饼，打出5条，听张8饼。

13. 全不靠

"全不靠"番种，顾名思义，就是14张牌皆为孤张，没有将牌。

（1）组成"全不靠"番种的基本条件。"全不靠"番种是竞技麻将比赛中和牌的基本牌型之一。做"全不靠"番种一直到听牌之前完全依靠抓牌。因此，起手牌至少要有十张符合"全不靠"番种的牌，才可确立主攻此番种。

（2）限定牌及特定牌占有率。"全不靠"番种的牌源（限定牌）是136张，限定牌在144张牌中的占有率是94.4%；"全不靠"番种本身的14张牌在136张牌中的特定牌占有率是10%。因此，运作组成"全不靠"番种难度较小。

（3）"全不靠"番种的运作技巧要领：

一是牢记组番规定。"全不靠"番种没有将牌，字牌与特定的序数牌的总数必须够14张，否则不能和牌。字牌须是单张，三种序数牌分别按147，258，369排列，不同花色的数位不得重复。例如万子是一四七，饼子占了258，则条子只能占369。

二是灵活掌握，遇阻求变。"全不靠"番种的有效牌是16张，若发现有两张以上有效牌被开杠或被碰牌，可转攻"组合龙"、"七星不靠"、"五门齐"或"混一色"等番种。

三是选牌择张须准确。在组合序数牌"不靠"的过程中，择张技术十分关键。例如：原有3条、7条各一张，当摸来2条（或8条）时，就出现了择张问题。此刻这三张条子都不能动，须视如何进张才能确定，只能从别的花色牌组合中，选择废牌弃出。倘若已经定型，万子是五、八，饼子为6、9，则2条、3条均成废牌，都得打掉，只有7条一张牌有用。

（4）实战组牌举例。

牌例1：

此牌例已进入中盘后期，"全不靠"番种已呈一步入听状态，只要摸到东风、西风、8饼及三万中的任一张牌，打出八万，"全不靠"番种立即听牌。如摸到东风，听牌就是西风、8饼及三万。

牌例2:

此牌例是起手牌，做"全不靠"番种已有十张牌，三步入听。还要在红中、西风、北风、五万、八万、9条中摸到其中的三张牌，才能听牌。

假如摸到红中、北风、八万，听牌就是西风、五万及9条。

14. 组合龙

(1) 组成"组合龙"番种的基本条件。"组合龙"番种是竞技麻将比赛中和牌的基本牌型之一。起手牌有数量较为均匀但又远隔不靠的按147，258，369排列的三种序数牌达到7张，即可确立主攻此番种。

(2) 限定牌及特定牌占有率。"组合龙"番种的牌源（限定牌）是序数牌的108张，限定牌在144张牌中的占有率是75%；"组合龙"本身的九张牌在108张牌中的特定牌占有率是8.7%。运作组成"组合龙"番种难度较小。

(3) "组合龙"番种的类型。"组合龙"番种的类型有四种："平和"型的"组合龙"番种、"五门齐"型的"组合龙"番种、"全不靠"型的"组合龙"番种、普通型的"组合龙"番种。

一是"平和"型的"组合龙"番种。由三种花色序数牌，各占147，258，369的数位，另有任意一副顺子和一对序数牌将牌组成的和牌。

牌例1:

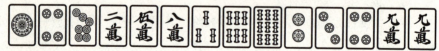

此牌例主体番种是"组合龙"，可加计"平和"及"门前清"的番种分。

牌例2:

此牌例有"组合龙"番种有用的七张牌，还有一副好顺子，具备了做"组合龙"番种的条件。定向为"组合龙"番种，两步入听。如摸到四万、9饼，打出3条、6条，听牌为5饼、8饼。和牌后主体番种是"组合龙"，可加计"平和"及"门前清"的番种分。

二是"五门齐"型的"组合龙"番种。由三种花色序数牌，各占147，258，369的数位，另有箭牌或风牌的一副刻子及将牌组成的和牌。

牌例1：

此牌例有"组合龙"番种有用的七张牌，还有一副发财刻子，具备了做"组合龙"番种的条件。定向为"组合龙"番种，两步入听。如摸到9条、1饼，打出7饼、白板，听牌为南风。和牌后主体番种是"组合龙"，可加计"五门齐"、"门前清"、"箭刻"及"单钓将"等番种分。

牌例2：

此牌例有"组合龙"有用的七张牌，还有一副南风刻子，一副搭子，具备了做"组合龙"番种的条件。定向为"组合龙"番种，两步入听。假如摸到2条、5条，如果打出五万、六万，听牌为红中。和牌后主体番种是"组合龙"，可加计"五门齐"、"门前清"、"幺九刻"及"单钓将"等番种分。

三是"全不靠"型的"组合龙"。由"组合龙"的九张牌与五张不同的字牌组成的和牌。

牌例1：

此牌例主体番种是"组合龙"，可加计"全不靠"的番种分。

牌例2：

此牌例有"组合龙"番种有用的七张牌，还有四种字牌，具备了做"组合龙"番种的条件。定向为"组合龙"番种，两步入听。如摸到四万、6饼，打出二万、2饼，听牌为发财、南风、北风。和牌后主体番种是"组合龙"，可加计"全不靠"番种分。

四是普通型的"组合龙"。由"组合龙"的九张牌与任何一副牌和将牌组成的和牌。

牌例1：

此牌例主体番种是"组合龙"，可加计"门前清"、"四归一"及"无字"等番种分。

牌例2：

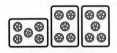

此牌例主体番种是"组合龙"，可加计"无字"的番种分。

牌例3：

此牌例有"组合龙"番种有用的六张牌，还有六七八万一副顺子，西风一对，具备了做"组合龙"番种的条件。定向为"组合龙"番种，两步入听。如摸到7条、三万，打出北风、9条，听牌为5饼。和牌后主体番种是"组合龙"，可加计"门前清"番种分。

15. 大于五

（1）组成"大于五"番种的基本条件。"大于五"番种是竞技麻将比赛中经常运作和牌的基本牌型之一。行牌初期，手中有6~9的序数牌达九张，且联系紧密，就具备了做"大于五"番种的条件。

（2）限定牌及特定牌占有率。"大于五"番种的牌源（限定牌）有48张，全部为6~9的序数牌，限定牌在144张牌中的占有率是33.3%；"大于五"番种本身的14张牌在48张牌中的特定牌占有率是29.1%。因此，运作组成"大于五"番种难度较小。

（3）实战组牌举例。

牌例1：

此牌例已进入尾盘，有12张牌大于五，一步入听。如摸到七万，打出四万，听牌为7条、8条；又如摸到7条或8条，打出四万，听牌为七万。

牌例2：

此牌例有十张牌大于五，定向做"大于五"番种，三步入听。如摸到九万、8条，碰出6饼，打出2饼、3饼、4饼，听牌为6条、9条；又如吃到7条、七万，碰出6饼，打出2饼、3饼、4饼，听牌为八万。

16．小于五

（1）组成"小于五"番种的基本条件。"小于五"番种是竞技麻将比赛中经常运作和牌的基本牌型之一。行牌初期，手中有1~4的序数牌达九张，且联系紧密，就具备了做"小于五"番种的条件。

（2）限定牌及特定牌占有率。"小于五"番种的牌源（限定牌）有48张，全部为1~4的序数牌，限定牌在144张牌中的占有率是33.3%；"小于五"番种本身的14张牌在48张牌中的特定牌占有率是29.1%。因此，运作组成"小于五"番种难度较小。

（3）实战组牌举例。

牌例1：

此牌例已进入尾盘，有12张牌小于五，做"小于五"番种一步入听。如用2条、4条吃到3条，打出6条，听牌一万、四万。若和一万，还可兼得"三色三同顺"番种分。

牌例2：

此牌例中有十张牌小于五，定向做"小于五"番种，三步入听。如摸到一万、4饼，碰出1条，打出三张风牌，听牌为1饼、4饼；又如吃到四万，1饼，碰出1条，打出三张风牌，听牌为1饼。

17．清龙

（1）组成"清龙"番种的基本条件。"清龙"番种是竞技麻将比赛中经常运作和牌的基本牌型之一。行牌初期，手牌中至少有三组为同一花色的序数牌，且在初始阶段就已形成龙的骨架，就可以考虑做"清龙"番种。

（2）限定牌及特定牌占有率。"清龙"番种的牌源（限定牌）是36张，限定牌在144张牌中的占有率是25%；"清龙"番种本身的九张牌在36张牌中的特定牌占有率是25%。本番种特定牌之外的五张牌的牌源则为136张，选择余地很宽。因此，运作组成"清龙"番种难度中等。

（3）做"清龙"番种应注意的问题。一是着眼于"清龙"的骨架，留住关键牌张。例如：已有 123 条和 456 条，还有一张 9 条，这张 9 条就很宝贵了，除非另有高番可求，9 条绝无开出的道理。反过来也是一样，已有"龙腰"与"龙尾"，则构筑"龙头"的"1"（或 2、3）就必须留住。同理，有"龙头"与"龙尾"，组成"龙腰"的 4（或 5、6）也在必留之列。

二是龙未成型，勿贪吃牌与碰牌。例如：当上家打出一张可吃或可碰的牌，若此牌与组龙不相关，在主体尚未成型的情况下，以不吃不碰为宜。

三是认准龙的雏形。如果手牌由两种花色构成，组龙时应把主体牌与其他辅牌加以比较，通盘考虑，扬长避短以减少组牌弯路。

（4）实战组牌举例。

牌例 1：

此牌例已经有了"清龙"的龙头、龙腰的骨架及完整的龙尾，定向为"清龙"番种，两步入听。此时吃牌与舍牌都要讲究技巧。上家打出 3 条，绝无吃 3 条的道理，只能等待 6 条，否则必自毁龙体。同理，见 4 条也不能贪吃。如摸到二万、1 条，打出五万、七万，听牌为 6 条；又如吃到六万，6 条，打出一万、三万，听牌为 1 条。

牌例 2：

此牌例有七张连张的万子，定向为"清龙"番种，一步入听。此时上家打出三万，就没有吃牌的道理，否则必自毁龙体。

细心的牌友一定看得出除一万、九万可以吃外，四万、六万也可以吃，如吃到一万、九万中一张，打出南风，"清龙"番种上听；又如吃到四万、六万中一张，打出南风，"一色三步高"番种上听。

牌例 3：

此牌例由两种花色构成，万子、饼子各为六张。定向为"清龙"番种，两步入听。从牌型结构看，万子初具龙的雏形，只差四万、七万、八万三张牌。而饼子尚差四张牌，故应选择万子做"清龙"，而将饼子作为辅牌处理。如摸到七万，吃到四万，打出 5 饼与白板，听牌八万。又如摸到四万、八万，打出 5 饼与白板，听牌七万。

18. 一色三步高

（1）组成"一色三步高"番种的基本条件。"一色三步高"番种是竞技麻将比赛中经常运作和牌的基本牌型之一。行牌初期，手中有序数牌中某种花色达六张，且联系紧密，就具备了做"一色三步高"番种的条件。

（2）限定牌及特定牌占有率。"一色三步高"番种牌源（限定牌）有36张，限定牌在144张牌中的占有率是25%；三步高本身九张牌，在36张牌中特定牌占有率是25%。本番种特定牌之外的五张牌牌源则为136张，选择余地很宽。因此，运作组成"一色三步高"番种难度为中等。

（3）实战组牌举例。

牌例1：

此牌例有七张连张的万子，距离"一色三步高"番种上听仅有一步之遥。如吃到或摸到三万，打出东风，听牌为五万；又如吃到或摸到五万，打出东风，听牌为三万。

牌例2：

此牌例有八张连张的万子，距离"一色三步高"番种上听，尚有两步之遥。如用二三万吃到一万，打出7饼，用四五万吃到三万，打出五万，听牌为3饼；又如用二三万吃到四万，打出3饼，用四五万吃到六万，打出二万，听牌为7饼。

牌例3：

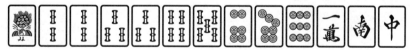

此牌例有七张连张的条子，距离"一色三步高"番种上听尚有三步之遥。如吃到或摸到3条，打出一万，吃到8饼，打出9饼，摸到南风，打出红中，听牌4条；又如吃到或摸到4条，打出一万，吃到5饼，打出9饼，摸到红中，打出南风，听牌3条。

牌例4：

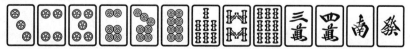

此牌例饼子的序数牌达六张，且联系紧密，还有一副现成的顺子，具备了

做"一色三步高"番种的基本条件,三步入听。如摸到或吃到2饼、4饼,打出三万、四万,摸到发财,打出南风,听牌为6饼。

19. 全带五

(1) 组成"全带五"番种的基本条件。"全带五"番种是竞技麻将比赛中和牌的基本牌型之一。行牌初期,手中有3~7的序数牌达九张,且多数牌有5相连,就具备了做"全带五"番种的条件。

(2) 限定牌及特定牌占有率。"全带五"番种的牌源(限定牌)有60张,全部为3~7的序数牌,限定牌在144张牌中的占有率是41.6%;"全带五"番种本身14张牌,在60张牌中的特定牌占有率是23.3%。因此,运作组成"全带五"番种难度为中等。

(3) 实战组牌举例。

牌例1:

此牌例有3~7的序数牌达十张,且有三副顺子牌有5相连,还有一对5条,定向为"全带五"番种,三步入听。如摸到3条、4条,吃到6饼,打出西风、白板与9条,"全带五"番种即可入听,听牌5条。

牌例2:

此牌例有3~7的序数牌达九张,且多数牌有5相连,定向为"全带五",四步入听。如摸到3条、4条,吃到七万、5条,打出四张字牌,"全带五"番种即可入听,听牌5饼。

20. 三同刻

(1) 组成"三同刻"番种的基本条件。"三同刻"番种是竞技麻将比赛中和牌的基本牌型之一。牌战中"三同刻"番种组合难度较大,因为要使手中的三种花色的刻子为同一个数字,机会较少。行牌初期,手中有双同刻,且另一种花色数字与双同刻相同还有一张或一对,才具备做"三同刻"番种的条件。

(2) 限定牌及特定牌占有率。"三同刻"番种牌源(限定牌)为序数牌的108张,限定牌在144张牌中的占有率是75%;"三同刻"番种本身九张牌在108张牌中的特定牌占有率是8.3%。本番种特定牌之外的五张牌的牌源则为136张,选择余地很宽。因此,运作组成"三同刻"番种的难度较大。

（3）实战组牌举例。

牌例 1：

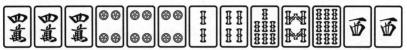

此牌例有四万与 4 饼的双同刻，还有一张 4 条，具备做"三同刻"番种的基本条件，定向为"三同刻"番种，一步入听。能否入听的关键是能否摸到 4 条，假如摸到 4 条，打出 2 条，"三同刻"番种即可入听，听牌为 4 条。

牌例 2：

此牌例有 6 饼与 6 条的双同刻，还有一对六万，具备了做"三同刻"番种的条件，定向为"三同刻"番种，两步入听。如吃到二万，碰出六万，打出两张箭牌，"三同刻"番种即可入听，听牌北风。

21. 三暗刻

（1）组成"三暗刻"番种的基本条件。"三暗刻"番种是竞技麻将比赛中和牌的基本牌型之一。牌战中"三暗刻"番种组合难度比"三同刻"番种小。行牌初期，手中有"双暗刻"，另有一两个对子，就具备了做"三暗刻"番种的条件。

（2）限定牌及特定牌占有率。"三暗刻"番种牌源（限定牌）为 136 张，限定牌在 144 张牌中的占有率是 94.4%；"三暗刻"番种本身的九张牌，在 136 张牌中特定牌的占有率是 6.6%。因此，运作组成"三暗刻"番种的难度为中等。

（3）实战组牌举例。

牌例 1：

此牌例有一万与八万的"双暗刻"番种，还有两副对子具备做"三暗刻"番种的条件。定向为"三暗刻"番种，两步入听。如摸到红中，打出 1 饼，用 4 饼、7 饼兜搭，又摸到 3 饼，打出 7 饼，"三暗刻"番种即可入听，听牌为 2 饼、5 饼。

牌例 2：

此牌例依照牌势可以有三种选择：一是做"三暗刻"番种，一步入听，成和番值高。二是做"碰碰和"番种，两步入听，成和番值低。三是做"大于五"番种，两步入听，成和番值中等。

定向组牌时应以"三暗刻"番种为首选目标，同时不放弃"碰碰和"及"大于五"等番种。如摸到六万或九万其中的一张，打掉7条，"三暗刻"番种上听，听牌2饼、5饼。

22. 七对

（1）组成"七对"番种的基本条件。"七对"番种是竞技麻将比赛中较高分值和牌牌型之一。组合"七对"番种的前提条件是手中对子有五对。还有一种是逐渐形成的，起牌后本来只有三对，在随后的摸牌中，却一张一张地摸成了五对，既然"无心插柳柳成荫"，于是牌手顺水推舟，也做起了"七对"番种。

（2）限定牌及特定牌占有率。"七对"番种的牌源（限定牌）有136张，限定牌在144张牌中的占有率是95%；"七对"番种本身14张牌，在136张牌中的特定牌占有率是10%。因此，运作组成"七对"番种难度较大。

（3）"三选一"的要诀。实战中"七对"番种的组合难度较大，因为要使入听前的13张牌组合成六对，全靠自摸。做"七对"番种的难点，主要在第六对上。当对子达到五组时，这时的选牌即通常所说的"三选一"极为关键。"三选一"面临的是一步入听牌势，此刻的要诀有四点：

其一，舍熟留生。跟随别人弃熟张，一来比较保险，二来熟张使自己摸成对子的概率变小了，而生张正相反。

其二，舍中留两头。中间牌张的上手机会小于序数牌1、9、2、8。

其三，风牌、箭牌、断张是"宝"。风牌、箭牌、断张牌露面一张的优于一张未露面的。它们出现的概率高于所有牌张。

其四，弃"死"存"活"。台面上已经见到三张的牌，即为"死张"，坚决弃掉。

（4）实战组牌举例。

牌例1：

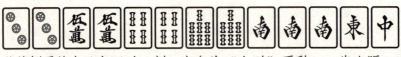

此牌例手牌中已有四对一刻，定向为"七对"番种，一步入听。"碰碰和"番种则是两步入听。这时有人打出3饼，如无战术上的考虑，最好不碰，应选择做"七对"番种。因为就本牌例而言。"七对"番种的上听的速度不见得比"碰碰和"番种慢。因为手里的对子全部是中、尖张，碰听的难度大。

几轮过后摸到东风，开出一张南风，"七对"番种上听，听牌红中。

牌例2：

此牌例已有五对，具备了做"七对"番种的基础，定向为"七对"番种，一步入听。面临着"三选一"的牌势，要有耐心，先摸到5条，当即打出，又摸到北风，开出一张6条，等待第六对的光顾。虽然摸对难，六轮过后终于摸到发财，打出五万，"七对"番种上听，听牌是北风。

牌例3：

此牌例已有五对，距离做"七对"番种上听只有一步之遥，虽然"三选一"有一定的难度，只能靠摸进，多轮过后摸到2饼，开出一张七万，"七对"番种上听，听牌西风。

牌例4：

此牌例已有五对，具备了做"七对"番种的基础，距离做"七对"番种上听只有一步之遥。但在组牌中摸进了一张八万，若是改变主攻方向做"清一色"番种，尚需三步入听，坚持做"七对"番种还是一步入听。孰近孰远，一目了然。

23. 七星不靠

（1）组成"七星不靠"番种的基本条件。"七星不靠"番种是竞技麻将比赛中少见的较高分值和牌牌型之一。行牌初期，手中有不重复的字牌五张，特定的序数牌五张，就具备了做"七星不靠"番种的条件。

（2）限定牌及特定牌占有率。"七星不靠"番种的牌源（限定牌）有两部分：一是"七星"部分，"七星"的牌源（限定牌）28张，限定牌在144张牌中的占有率是19.5%；"七星"本身七张牌在28张牌中特定牌的占有率是25%；二是"不靠"部分，"不靠"的牌源（限定牌）108张，限定牌在144张牌中的占有率是70%，"不靠"本身七张牌在108张牌中特定牌的占有率是6.5%。由此得出结论，"七星不靠"番种的运作"七星"部分的难度大于"不靠"部分。

（3）"七星不靠"番种组牌方法。"七星不靠"番种组牌方法是七星（字牌）必须全；特定的序数牌不一定全部抓齐，但必须每种花色做一种序列，三种花色之间不能重复。

（4）实战组牌举例。

牌例1：

此牌例有不重复的字牌五张，特定的"不靠"序数牌一万、七万、2条、5条、3饼五张，具备做"七星不靠"番种的条件，三步入听。如摸到西风、红中及6饼，打出五万、八万及3条，"七星不靠"番种上听，听牌四万、8条与9饼。

牌例2：

此牌例已有"七星不靠"番种需要的十张牌，定向是"七星不靠"番种，三步入听。只要在序数牌2条、5条，6饼、9饼，一万、七万中摸进任何三张牌。打出1饼、五万及东风，"七星不靠"番种上听，且听牌有三种，和牌比较容易。

牌例3：

此牌例有"七星不靠"番种需要的字牌五张，特定的序数牌1饼、4饼、2条、5条，三万五张，距离做"七星不靠"番种上听尚有三步之遥。如摸到东风、7饼及六万，打出4条、八万与3饼，"七星不靠"番种上听，听牌是白板。

提示："七星不靠"番种上听的同时，"全不靠"番种也上听，听牌是8条、九万。

24. 全双刻

（1）组成"全双刻"番种的基本条件。"全双刻"番种是竞技麻将比赛中少见的较高分值和牌牌型之一。行牌初期，手中有四对双数的对子或刻子，就具备了做"全双刻"番种的条件。

（2）限定牌及特定牌占有率。"全双刻"番种的牌源（限定牌）有48张，限定牌在144张牌中的占有率是33.3%；"全双刻"本身14张牌在48张牌中特定牌的占有率是29.5%。因此，运作组成"全双刻"番种难度较大。

（3）实战组牌举例。

牌例1：

此牌例有三个双数对子、一副双数刻子，具备了做"全双刻"番种的条件，定向为"全双刻"番种，四步入听。如碰到或摸到四万、6饼、6条，打出三万、5饼、7条，再摸到任何一张双数的牌张，打出北风皆上听，听牌就是最后抓的那张双数牌。

牌例2：

此牌例有两个双数对子、两副双数刻子，具备了做"全双刻"番种的条件，适合做"全双刻"番种，两步入听。如碰到或摸到八万、4条，打出东风、3饼，"全双刻"番种上听，听牌二万。

牌例3：

此牌例有三个双数对子、一副双数刻子，还有一张八万，具备了做"全双刻"番种的条件，定向为"全双刻"番种，三步入听。如碰到或摸到6饼、8饼、4条，打出3条、9饼及北风，"全双刻"番种上听，听牌八万。

25. 清一色

（1）组成"清一色"番种的基本条件。"清一色"番种是较高分值和牌牌型之一。组合"清一色"番种，应以九为定式。所谓以九为定式，即在行牌前期，13张手牌应有九张同花色牌，这是能否做"清一色"番种的最低限度。

（2）限定牌及特定牌占有率。"清一色"番种本身的有效牌源（限定牌）仅为36张。限定牌在144张牌中的占有率是25%；"清一色"番种是难度较大的牌型之一。之所以说它难度大，是因为它要占同一花色牌36张中14张，特定牌的占有率是38.8%。

（3）组合"清一色"番种战术技巧。组合"清一色"番种在战术技巧运用方面，需掌握以下几点：

一是风箭后舍，有备无患。做"清一色"番种，风箭牌张一般是要后打的。若中途发觉上张不太对劲儿，应及早改变策略，随机应变，顺势改求"混一色"番种。

二是声东击西，掩人耳目。如做万子"清一色"番种，在万子牌数量足够多的情况下，不妨故意先弃出一张无关大局的万子，以迷惑各家，给人一种没有做万子"清一色"番种的印象，这在一定程度上可以起到掩盖手牌的作用。

三是不苛求"门前清"。做"清一色"番种不可过于迷信自摸，应当巧妙地利用吃牌机会，来加速手牌的组合。

四是不可贪"杠"。"清一色"番种开杠，弊大于利。如开杠，和牌又要多占去一张，无形中给自己增加了难度。不开杠留在手中，尽量与其他牌联系，便于形成顺子或搭子，更有利于形成"清一色"番种。

（4）实战组牌举例。

牌例1：

此牌例有十张万子，且联系紧密为两刻一顺，具备了做"清一色"番种的条件。定向为"清一色"番种，三步入听。如摸到九万，打出2条，用一二万吃到三万，打出2饼，再用二三万吃到一万，打出南风。"清一色"番种上听，听牌为七万、九万。

牌例2：

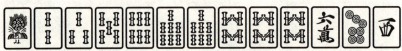

此牌例有十张条子，且是两顺一刻，符合做"清一色"番种条件。距离做"清一色"番种上听有三步之遥。如摸到或吃到4条，碰出7条，打出7饼与六万，"混一色"番种上听，听牌西风。几轮过后，摸到9条，打出西风，"清一色"番种上听，听牌为7条、9条。

牌例3：

此牌例有九张饼子，且联系紧密，符合做"清一色"番种条件。定向为"清一色"番种，四步入听。如摸到或吃到6饼、9饼，打出8条与四万，碰到2饼，打出西风，"混一色"番种上听，听牌东风。两轮过后，摸到1饼，打出东风，"清一色"番种上听，听牌为1饼。

26. 全大

（1）组成"全大"番种的基本条件。"全大"番种是竞技麻将比赛中较高分值和牌牌型之一。行牌初期，手中有7~9的序数牌达九张，就具备了做"全大"番种的条件。

（2）限定牌及特定牌占有率。"全大"番种的牌源（限定牌）有36张，全由7~9的序数牌组成，选择余地较窄，限定牌在144张牌中的占有率是25%。"全大"番种是较高难度的牌型之一，之所以说它难度大，是因为它要占同一花色牌36张中的14张，特定牌的占有率是38.8%。因此，运作组成"全大"番种难度较大。

（3）实战组牌举例。

牌例1：

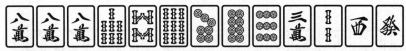

此牌例"全大"的7~9的序数牌达九张，且是两顺一刻，具备了做"全大"番种的条件，定向为"全大"番种，四步入听。如摸到九万，又吃到七万，打出三万、2条，又吃到7饼，摸到9饼，打出西风、发财。"全大"番种上听，听牌8饼。

牌例2：

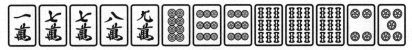

此牌例"全大"番种的7~9的序数牌已有十张，定向做"全大"番种。只要再有三个上张就可以叫听。如摸到九万，又吃到八万、7饼，打出一万与4饼、5饼。"全大"番种上听，听牌9饼。

牌例3：

此牌例"全大"番种的7~9的序数牌已有十张，且是两刻一顺，具备了做"全大"番种的条件。定向为"全大"番种，三步入听。如摸到九万、7饼，又吃到9饼，打出四万与南风、北风。"全大"番种上听，听牌8饼。

27. 全中

（1）组成"全中"番种的基本条件。"全中"番种是麻将比赛中分值较高的和牌牌型之一。行牌初期，手中有4~6的序数牌达九张，就具备了做"全中"番种的条件。

（2）限定牌及特定牌占有率。"全中"番种的牌源（限定牌）有36张，全由4~6的序数牌组成，选择余地较窄，限定牌在144张牌中的占有率是

25%；"全中"番种是较高难度的牌型之一，因为它要占同一花色牌 36 张中 14 张，特定牌的占有率是 38.8%。因此，运作组成"全中"番种难度较大。

(3) 实战组牌举例。

牌例 1：

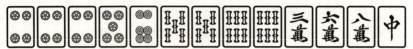

此牌例"全中"番种的 4~6 的序数牌达十张，具备了做"全中"番种的条件。定向为"全中"番种，三步入听。如碰到 4 饼、6 条，又摸到五万，打出三万、八万与红中。"全中"番种上听，听牌四万。

牌例 2：

此牌例"全中"番种的 4~6 的序数牌达九张，具备了做"全中"番种的条件。定向为"全中"番种，四步入听。如摸到一对五万，打出三万、九万，又吃到 5 饼，摸到 6 饼，打出东风、发财。"全中"番种上听，听牌 5 饼。

28. 全小

(1) 组成"全小"番种的基本条件。"全小"番种是竞技麻将比赛中较高分值和牌牌型之一。行牌初期，手中有 1~3 的序数牌达九张，就具备了做"全小"番种的条件。

(2) 限定牌及特定牌占有率。"全小"番种的牌源（限定牌）有 36 张，全由 1~3 的序数牌组成，选择余地较窄，限定牌在 144 张牌中的占有率是 25%；"全小"番种是难度较高的牌型之一，因为它要占同一花色牌 36 张中的 14 张，特定牌的占有率是 38.8%。因此，运作组成"全小"番种难度较大。

(3) 实战组牌举例。

牌例 1：

此牌例"全小"番种的 1~3 的序数牌达九张，具备做"全小"番种的条件。定向为"全小"番种，四步入听。如摸到 3 饼、1 条，打出八万、7 条，又吃到一万与 3 条，打出西风、发财。"全小"番种上听，听牌 3 饼、2 条。

牌例 2：

此牌例"全小"番种的1~3的序数牌达十张,具备做"全小"番种的条件。定向为"全小"番种,三步入听。如碰到3饼、吃到2条,打出六万、八万,又碰到1条,打出九万。"全小"番种上听,听牌1饼、3饼。

29. 一色四步高

(1)组成"一色四步高"番种的基本条件。"一色四步高"番种是竞技麻将比赛中少见的高分值番种,组成的难度较大。行牌初期,手中有序数牌中某种花色达十张,且分布均匀,就具备做"一色四步高"番种的条件。

(2)限定牌及特定牌占有率。"一色四步高"番种的牌源(限定牌)有36张,限定牌在144张牌中的占有率是25%;"一色四步高"番种四步高本身12张牌,在24张牌中特定牌的占有率是50%。因此,组成"一色四步高"番种运作难度较大。余下的一对将牌牌源则为136张,选择余地很宽。

(3)实战组牌举例。

牌例1:

此牌例手中有十张联系紧密的万子,具备做"一色四步高"番种的条件。定向为"一色四步高"番种,三步入听。如摸到或吃到三万、四万、五万,打出9饼、白板与北风,"一色四步高"兼"清一色"番种叫听,听牌七万。

提示:"一色四步高"番种七万上听的同时,"清一色"兼"一色三步高"番种也上听,听牌四万。

如摸到白板,摸到或吃到三万、四万,打出9饼、七万与北风,"一色四步高"兼"混一色"番种叫听,听牌五万。

牌例2:

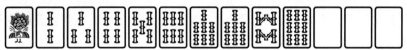

此牌例"清龙"兼"混一色"番种已经叫听7条;"混一色"番种叫听1条、4条。若几轮后有机会吃到或摸到3条或5条,打出白板,"一色四步高"兼"混一色"番种即可上听,听牌5条或3条。

30. 混幺九

(1)组成"混幺九"番种的基本条件。"混幺九"是竞技麻将比赛中少见的高分值的番种,组成的难度较大。行牌初期,幺九牌要有九张或九张以上,其中要有三个或四个对子。

(2)限定牌及特定牌占有率。"混幺九"番种的牌源(限定牌)有52张,限定牌在 144 张牌中的占有率是 34.7%；"混幺九"番种本身 14 张牌，在 52 张牌中特定牌的占有率是 27%。因此，组成"混幺九"番种运作难度较大。

（3）组成"混幺九"番种的方法。行牌中尽量保留幺九牌，观察牌面上亮张情况，把没有可能组成对子或刻子的牌打出。有幺九张的暗刻不要轻易开明杠，避免对手过早发现运作组成"混幺九"番种的意图，而进行控制。

一旦发现进取"混幺九"番种不可实现，随机应变，组成"全带幺"或"五门齐"等番种。

（4）实战组牌举例。

牌例 1：

此牌例已进入尾盘，"三暗刻"兼"全带幺"番种已经叫听，听牌 8 条。此刻距离"混幺九"番种上听仅有一步之遥。如碰出 1 条，打出 7 条，"混幺九"兼"三暗刻"番种上听，听牌 9 条；又如摸到 9 条，打出 7 条，听牌为 1 条、9 条。

牌例 2：

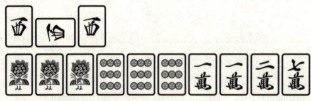

此牌例已进入中盘，手牌有 11 张幺九牌，且有三刻一对，距离"混幺九"番种上听有两步之遥。具备了做"混幺九"番种的条件。如碰出一万，打出七万，"碰碰和"番种上听，听牌二万。再有机会摸到除手牌四刻以外的任何一张幺九牌及字牌，打出二万，"混幺九"番种上听，听牌就是刚刚摸到的那张牌。

牌例 3：

此牌例手中有十张幺九牌，且有四对，具备做"混幺九"番种的条件。定向为"混幺九"番种，四步入听。如摸到或碰出手牌中的四个对子牌，打出一万、二万、8 条、2 饼，"混幺九"番种上听，听牌南风。

31. 一色四同顺

（1）组成"一色四同顺"番种的基本条件。"一色四同顺"是竞技麻将比赛中少见的高分值的番种，组成的难度较大。行牌初期，手中有序数牌中某种花色达九张的相近牌，就具备做"一色四同顺"番种的条件。"一色四同顺"番种变化较多，可灵活运用。运行受阻就改做"一色三同顺"或"清一色"番种。

（2）限定牌及特定牌占有率。"一色四同顺"番种的牌源（限定牌）有36张，限定牌在144张牌中的占有率是34.7%；"一色四同顺"番种本身12张牌，在36张牌中特定牌的占有率是33.3%。因此，组成"一色四同顺"番种的概率较低。

（3）实战组牌举例。

牌例1：

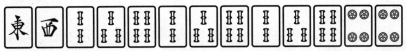

此牌例已经有了条子的"三同顺"，且有一对将牌，两步入听。上家打出一张4条，吃牌后打出东风，几轮过后摸到或吃到2条或3条，打出西风。"一色四同顺"番种上听，听牌为3条或2条。

牌例2：

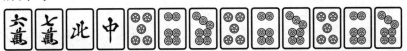

此牌例已经有了饼子的"三同顺"，三步入听。如吃到或摸到5饼、6饼，打出六万、七万，再摸到红中或北风做将牌，"一色四同顺"番种上听，听牌7饼。

32. 小三元

（1）组成"小三元"番种的基本条件。"小三元"是竞技麻将比赛中少见的高分值的番种，组成的难度很大。组合"小三元"番种必须具备的牌型基础是开盘阶段手中箭牌至少有五至六张。

（2）限定牌及特定牌占有率。"小三元"番种的牌源有12张，限定牌在144张牌中的占有率是8.3%；"小三元"番种本身的八张牌在12张牌中占有率是66.6%。因此，组成"小三元"番种概率很低。

（3）实战组牌举例。

牌例1：

此牌例有六张箭牌，且其中有一刻一对，具备了做"小三元"番种的条件，定向"小三元"番种，三步入听。如摸到红中，吃到2饼，打出1饼、9

条，再碰到或摸到 6 条，打出南风。"小三元"番种上听，听牌是发财、红中。

提示：倘若有人打出白板，千万不要开杠，守住做"小三元"番种的秘密。

牌例 2：

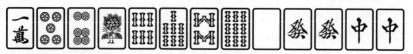

此牌例有五张箭牌，且有其中两对，具备做"小三元"番种的基本条件，定向为"小三元"番种，三步入听。如摸到或碰到红中、发财，打出一万、9 条，再吃到 4 饼或 7 饼，打出 1 条。"小三元"番种上听，听牌白板。

33. 一色双龙会

（1）组成"一色双龙会"番种的基本条件。"一色双龙会"是竞技麻将比赛中少见的高分值的番种，组成的难度较大。行牌初期，一色的牌有十张以上，且有两副"老少副"的雏形，其中至少还要有序数牌中一张 5，才能朝"一色双龙会"番种方向努力。

（2）限定牌及特定牌占有率。"一色双龙会"番种的牌源（限定牌）有 28 张，限定牌在 144 张牌中的占有率是 19.4%；"一色双龙会"番种本身 14 张牌在 28 张牌中特定牌的占有率是 50%。因此，组成"一色双龙会"番种的概率很低。

（3）实战组牌举例。

牌例 1：

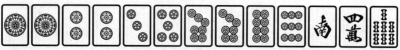

此牌例有"一色双龙会"番种的牌十张，且有一对五万，具备了做"一色双龙会"番种的基础，定向为"一色双龙会"番种，三步入听。如摸到或吃到一万、三万、七万、八万其中三张，打出 5 饼、6 饼、7 饼，即可叫听。

提示：在做"一色双龙会"番种的过程中，摸进万子自然留下，做不成"一色双龙会"番种，也可变通做"清一色"番种。

牌例 2：

此牌例有"一色双龙会"番种的牌十张，且有一张 5 饼，具备了做"一色双龙会"番种的基础，定向为"一色双龙会"番种，三步入听。如摸到或吃到 3 饼、8 饼、9 饼其中两张，打出四万、7 条，再摸到 5 饼，打出南风，即可进入听牌状态。

34. 绿一色

（1）组成"绿一色"番种的基本条件。"绿一色"是竞技麻将比赛中少见的最高分值番种，麻坛称"绿一色"是清一色中的"清一色"。行牌初期，绿色的牌已经抓到九张左右，就具备了做"绿一色"番种的条件。

（2）限定牌及特定牌占有率。"绿一色"番种牌源（限定牌）仅为 24 张，限定牌在 144 张牌中的占有率是 16.5%；而"绿一色"番种却需要 14 张，"绿一色"番种本身的 14 张牌在 24 张牌中特定牌的占有率是 58.3%。因此，组成"绿一色"番种的概率很低。

（3）实战组牌举例。

牌例 1：

此牌例组成"绿一色"番种的牌已经有了九张，且有四个对子能够碰牌，具备做"绿一色"番种的条件，定向为"绿一色"番种，四步入听。如碰到 2 条、8 条，打出 3 饼、4 饼，摸到 4 条、发财，打出 5 饼、7 条，"绿一色"番种上听，听牌 2 条。

牌例 2：

此牌例组成"绿一色"番种的牌已经有了十张，且有一副刻子，三个对子，做"绿一色"番种的条件基础很好，三步入听。如碰到 2 条、3 条，打出 4 饼、5 饼，摸到 4 条，打出一万，"绿一色"番种上听，听牌 4 条、6 条。

35. 九莲宝灯

（1）组成"九莲宝灯"番种的基本条件。"九莲宝灯"番种是传统的古老番种，又称"九朵莲花开"、"九灯九亮"等。"九莲宝灯"是竞技麻将比赛中极其少见的最高分值的番种，行牌初期，一色牌要有十张以上，分布均匀，其中 1、9 牌还要有刻子或对子。

（2）限定牌及特定牌占有率。"九莲宝灯"番种的牌源有 36 张，限定牌在 144 张牌中的占有率是 25%；"九莲宝灯"番种本身 14 张牌在 36 张牌中特定牌的占有率是 38.8%。因此，组成"九莲宝灯"番种的概率很低。

（3）运作组成"九莲宝灯"番种的难点。"九莲宝灯"番种的特点是同花色1~9都是听张，即九面听。假如行牌中吃牌或碰牌，不可能听同花色1~9的九张牌，也就不能成九面听。因此，"九莲宝灯"番种行牌中不能吃牌或碰牌。

（4）实战组牌举例。

牌例1：

此牌例组成"九莲宝灯"番种的牌已经有了11张，且有九万刻子及一万对子，具备了做"九莲宝灯"番种的条件，两步入听。"九莲宝灯"番种全靠自己摸牌，如摸到一万、五万，打出东风、2条，"九莲宝灯"番种上听，听牌一万至九万。

若在摸到五万前，上家打出五万，如果吃牌，只能做"清一色"兼"清龙"番种，不能做"九莲宝灯"番种。

牌例2：

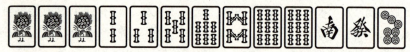

此牌例组成"九莲宝灯"番种的牌已经有了十张，且有1条刻子及9条对子，具备做"九莲宝灯"番种的条件，定向为"九莲宝灯"番种，三步入听。如摸到4条、6条、9条，打出南风、发财及7饼，"九莲宝灯"番种上听，听牌1条至9条。

若在摸到9条前，对家打出9条，如果碰牌，只能做"清一色"番种，不能做"九莲宝灯"。

36. 连七对

（1）组成"连七对"番种的基本条件。"连七对"番种是竞技麻将比赛中少见的最高分值的番种，组成的难度很高。行牌初期，连接一色的七种牌已经抓到十张左右，就具备做"连七对"番种的条件。

（2）限定牌及特定牌占有率。"连七对"番种的牌源（限定牌）为36张，限定牌在144张牌中的占有率是25%；而"连七对"番种本身却需要14张，在36张牌中特定牌的占有率是40%。想要做成一种花色相互连接的七副对子，那真是千局难遇。

（3）运作组成"连七对"番种的难点。运作"连七对"番种，在行牌中不能吃牌或碰牌，全靠自己摸牌进张。试想这一色七个相互连接的对子，入听前的13张牌全靠自己摸进，谈何容易。笔者打了17年的竞技麻将，仅做过两次"连七对"番种，且有一次没有成功。

（4）实战组牌举例。

牌例1：

此牌例连接一色的饼子牌已经有了十张，具备做"连七对"番种的条件，定向为"连七对"番种，三步入听。如摸到1饼、4饼、7饼，打出三万、五万及东风，"连七对"番种上听，听牌4饼。

牌例2：

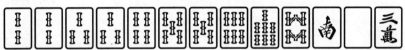

此牌例连接一色的条子牌已经有了十张，具备做"连七对"番种的条件。定向为"连七对"番种，三步入听。做"连七对"番种全靠自摸成对，这手牌先后摸来6条、7条、8条，打出三万、南风及白板，"连七对"番种上听，听牌4条。

37. 十三幺

（1）组成"十三幺"番种的基本条件。"十三幺"番种属于特殊牌型，也是竞技麻将比赛中少见的最高分值的番种，组成的难度很高。组合"十三幺"番种必须具备必要的牌型基础，开盘阶段手中幺九牌和字牌孤张至少有十张。

（2）限定牌及特定牌占有率。"十三幺"番种的牌源（限定牌）有52张，包含字牌及幺九牌。限定牌在144张牌中的占有率是34.7%；"十三幺"番种本身14张牌在52张牌中特定牌的占有率是27%。想要做成"十三幺"番种，其中13张牌全靠自己摸进，机会很少。因此，运作组成"十三幺"番种难度很大。

（3）"十三幺"番种的上听类型。"十三幺"番种的上听类型有两种：一是如果七张字牌抓全，序数牌的六张一、九也已经拿到，是上听最佳牌型，可和"十三幺"番种中的任何一张牌；二是如果在组牌的过程中先有了将牌，听牌后只能和一张牌。

牌例1：

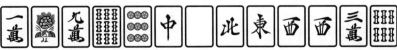

此牌例有能够组成"十三幺"番种的11张牌，且有了西风的将牌，具备

做"十三幺"番种的条件，两步入听。如摸到 1 饼及发财，打出三万、6 条，"十三幺"番种上听，听牌南风。

牌例 2：

此牌例有能够组成"十三幺"番种的十张牌，且皆为孤张。具备做"十三幺"番种的条件，定向为"十三幺"番种，三步入听。如摸到东风、西风及北风，打出六万、七万、八万，"十三幺"番种上听，这是上听最佳牌型，可和"十三幺"番种中的任何一张牌。

第六章 竞技麻将谋略

一、战略

战略是指参加竞技麻将运动比赛全过程的策略，即主导思想，它具有理论性的普遍指导意义。

(一) 牌强则攻，牌弱则守

1. 牌强则攻

竞技麻将比赛中牌势强，从战略上应取攻势，以攻为主，寓攻于守。所谓取攻势就是牌势强时，力争早和牌，和大牌。

牌场流传一些谚语蕴含着深刻而生动的辩证法思维，如"小牌紧推，筹码成堆"，"大牌一推，十把小牌也难追"，"大牌小牌分得清，十拿九稳准能赢"。

2. 牌弱则守

竞技麻将比赛中牌势弱，从战略上应取守势，以守为主，寓守于攻。所谓取守势就是牌势差时，不急躁，不泄气，不供张，不点和。在自己和牌没有希望时，果断弃和，力争把一盘牌打荒。

(二) 水平不同，区别对待

牌谚曰："牌技精，路路通。"其意为技艺高明，无论对手牌力强与弱，牌技精的牌手都能应付自如，游刃有余。

牌手的技术水平参差不齐。竞技麻将高手要有掌控全局的能力，不仅要精通牌，还要研究人，善于区分竞争对手的水准，采用不同的策略。

1. 对付技术水平低级的牌手

对付技术水平低级的牌手，其战略是依照牌势，顺势而行，以攻为主。即有大做大，有小就小，以快制胜。

2. 对付技术水平中级的牌手

对付技术水平中级的牌手，其战略是视每一副牌的牌势而定，攻势可多于守势，但在关键时不可一味贪和。

3. 对付技术水平高级的牌手

竞技麻将桌上最难对付的，就是技术水平高级的牌手，他们见多识广，技术全面。对付他们，其战略则是当攻则攻，该守则守，以其人之道，还治其人之身，不拘泥于常规，出奇制胜。

（三）起手牌势，决定策略

作为一个牌手，最重要的就是要会判断自己牌的好坏，决定自己的作战方案。全副牌竖起之后，牌手必须做出一个判断：根据开盘牌势，这副牌是预备取攻势还是取守势，而取攻势又有直接取攻势与间接取攻势两种策略。前一种是不顾人家，只顾自己的直接取攻势；后一种则是暂取守势，再取攻势。

有时候各家刚刚起到的牌是千差万别的，但更多的时候牌好大家都好，牌不好大家都不好，这就是所谓的对称原理。这个原理提示牌手，当你牌好时，别兴奋得太早，可能有人比你的牌还好。当你牌差时，也不要垂头丧气，可能有人比你的牌还糟。无论牌势好与坏，牌手都应该保持良好的心态，专心打牌。

1. 上等牌

上等牌系指起手牌稍加整理，中、小番种就已进入到两步入听的状态；大番种就已进入到三步入听的状态。

起手牌牌势好，其策略是取攻势，尽快早和牌。因听牌先于旁家，可以不顾旁家，直接求和。亦可先打生张牌，造成旁家吃、碰牌，使自己以更快的速度组牌，朝着和牌的方向前进。

起手牌若有组成大牌的可能时，抓住机会，不妨一搏。起手牌牌势好，是早和还是和大牌？笔者认为应在实战中边打边灵活掌握，其战略是不浪费上等牌的资源。

2. 中等牌

中等牌系指起手牌三步或四步入听的牌势。

起手牌为中等牌的策略是攻守兼顾，采用灵活机动的战略。如果牌型组合不太够，则不必急着拆牌，先跟打熟张，避免让旁家吃、碰牌。同时不放过任何一个机会，能攻则攻，不能攻则守。

3. 下等牌

下等牌系指起手牌五步或五步以上入听的牌势。

起手牌仅有一两个边搭或嵌搭，单张的箭牌与风牌多达五六个以上。牌谚曰："起牌六孤张，和牌无希望。"当起手牌有六张以上孤张时，一般情况下，这把牌听牌、和牌的希望几乎是零。

下等牌其策略是既然成和无望，就不要强行和牌，采取守势。尽量跟打熟牌，扣住下家的牌，避开大牌，稳扎稳打，搅荒牌局。

（四）攻守转换，不拘一格

中盘阶段牌战变化多端，在每一轮比赛中，还要随时注意观察攻势与守势的转换。

1. 攻势转守势

起手牌搭子整齐，本来是取攻势，但五六轮以后，毫无进张，反多了不少生张及不易上张的搭子，同时旁家倒有吃有碰，在这种情形下，便应该由攻势转为守势。

牌例：

此牌例定向"清龙"番种，一步入听。中盘阶段，上家打出一张七万，正想吃牌，不料下家杠了七万。做"清龙"番种的计划破产，转做别的番种是根本不可能了。本来牌手是取攻势，现在只得由攻势转为守势，明智的选择是弃和，扣住生张，打安全张。如果能争取打荒，那就是胜利。

2. 守势转攻势

起手牌相当差，本来是取守势，但屡屡进张，连连得手，则应顺势而行，由被动变主动，由守势转为攻势。

3. 攻势变攻守兼备

起手牌相当好，本来自己是在做大牌，中盘后期发现旁家也有的在做大牌。此时千万不要恋战，如果能够尽快上听，改和小牌，方为上策。这就是根据牌局形势，寓攻于守，攻守兼备。

（五）不贪不险，尾盘战略

尾盘的战略主要是防止别人比你早和牌。

1. 认清牌势，间接求和

为防止别人比你早和牌，其关键在于认清牌势，不可贸然打出险张。即使是听牌，也要采取间接求和的攻势。如果自己的一副牌没有和出的可能性，那就更要采用防守策略，拆打安全张。

2. 切勿迷恋, 防患于未然

尾盘充满危险, 防患于未然, 把握好自己的心理战术才是胜牌的绝技。切勿过分迷恋自己的手牌, 不可怀着期盼实现"妙手回春"或"海底捞月"番种的侥幸心理, 不惜冒出险牌点和的风险。

3. 委曲求全, 不骄不躁

在麻将尾盘中, 必须根据牌势、时间、场合、对象等决定自己的战略, 能伸则伸, 能屈则屈, 不骄不躁, 不气不馁。不能委曲求全, 必败无疑。

4. 最后关头, 放弃听牌

在牌墙上还只剩下十张牌的时候, 除非自己是大牌上听, 否则宁可拆对子、顺子、刻子, 也要放弃听牌, 尽可能打出保险张, 力争促成荒牌。

(六) 最后一盘, 战略和牌

《规则》规定, 局分不带入下一局比赛, 局分小组第一名计标准分4分, 第二名计标准分2分, 第三名计标准分1分, 第四名计标准分0分。

最后一盘的战略和牌, 源于根据终局之前的小组名次换算标准分而采取的正确策略。

牌例:

在一局最后一盘(第四圈第四盘牌)比赛中。庄家的局分比对家少了45分, 处于小组第二名位子上。此牌中盘时庄家"三色三步高"番种上听, 听牌七万、八万。三轮后上家打出的七万, 正是庄家的和牌。庄家早有准备, 不动声色。隔了一轮, 对家跟张也打出了一张七万。庄家马上报和。

正因为最后一盘的庄家战略和牌获得成功, 结果是庄家的局分超过对家3分, 获得小组第一名, 取得标准分4分。而对家屈居小组第二名, 获标准分2分。

值得说明的是: 庄家比对家多了3分是怎么计算出来的。庄家原来比对家比赛分少了45分, 和牌后庄家收入32分, 对家付出16分, 就这样一收一付庄家超过了对家3分。

庄家之所以不和上家就在于庄家已经算好和出后, 局分也不能超过对家。原来庄家比对家少45分, 如和上家牌, 庄家收入32分, 对家仅付出8分, 这样一收一付庄家比对家少5分。

二、战术

战术是指为实现战略所采用的具体的方法。牌谚曰："入局顺顾三家。"打竞技麻将除理好自家牌外，更要注意其他三家，力争做到"盯上家，看下家，防对家"。这其实是一套完整吃牌、舍牌的战术思想。

（一）盯上家

作为下家要想吃到上家的牌，首要一条就是摸清上家的牌路。上家打什么牌，留什么牌，依照上家的取舍决定自己的取舍，尽量留与上家不同的牌。要想从上家那里吃到牌，可以巧设迷局，使其摸不准你到底需要什么牌，既然摸不准，上家的克扣也就很困难。

1. 留牌忌同

例1：开盘后，发现上家只打万子、饼子，没有发现打条子，上家就有可能作条子的"清一色"或"混一色"番种。此时如有可能就应当弃条子，留下万子或饼子，这样既可吃进上家的牌，舍出的条子又能起到牵制上家的作用，使其望尘莫及。

例2：手牌中有两个嵌搭子，一个是夹四万，一个是夹4饼，需要拆一副。上家若是在做饼子一色，你的4饼就难有希望上张，因此应拆夹4饼的搭子。

2. 蚀搭诱引

竞技麻将比赛中要想吃到上家的牌，就要采取蚀搭诱引上家的技巧。蚀搭是打竞技麻将的高级战术，利用舍出的牌迷惑上家，引诱他做出错误判断，打出自己能吃、能碰或能和的牌。

牌例1：

企图让上家打出2条，便先舍出3条，蚀搭诱引。上家为了顶你，如果没有更好的牌，便以相近的序数牌2条作顶张，未曾想打出2条正中你的诱引之术。

牌例2：

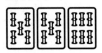

手牌中有 556 条，为了迷惑上家，以求尽快听张，在已有将头的情况下，不妨索性拆对蚀搭，打出 5 条。给上家造成错觉：你连 5 条都往外打，4 条、7 条对你又有何用呢？上家正好有这样的待舍牌，顺手弃出，哪知这正是你所企求的。

牌例 3：

手牌中有五五万、六六万两副对子，又不做"碰碰和"番种，于是蚀搭打出五万，舍五万只少了个碰对的机会，但上家会以为你不要四万，舍出四万时便上当了。

牌例 4：

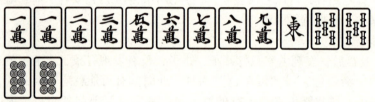

牌谚曰："以小引大，以大诱小。"其意是打出序数较小的牌，诱引出序数较大的牌；反之亦然，打出序数较大的牌，意在引诱出序数较小的牌。

此牌例只缺一张四万，可组成万子"清龙"番种，此时不要急于打东风，可以先舍出一万，诱引上家打出筋张四万顶你，这就是"以小引大"。

3. 近张迷惑

主动打与搭子相近的孤张，迷惑上家舍出你想吃或想碰的牌。

牌例 1：

手牌里有四万、五万、七万，舍出七万，上家见你舍这样好的牌，会以为你是在打孤张，他手中如有闲牌六万，便会趁机打出，你正好吃进或和出。

牌例 2：

手牌中有六万、八万、九万，开盘阶段应当打九万，因为留六万，摸入五万时会变成两头搭子。

作为入听打法，牌谚曰："有 6 不打 9。"无论打九万还是舍六万，实际只求一张七万。你打六万，别人会有两种猜测：一是以为打孤张；二是以为你的待牌很可能为二万至五万之间。而打九万就不同了，别人会猜测你的待牌就在九万附近的几张牌内，不是八万，就是七万。

"有 6 不打 9" 不失为一种有效的舍牌技巧，因为它具有迷惑作用，很可能引出上家的 "7" 来。同理，1、2、4，尤其当 "5" 被碰刻或开杠的情况下，打 "4" 钓 "3" 更是难得的机会。

4. 巧用钓线

巧用钓线的战术，是指吃牌后打出一张与所听的牌一条筋线上的牌，以制造假象迷惑他家，达到和牌的目的。

牌例 1：

手牌中有一万、三万、五万、七万、九万，故意舍出筋心牌五万，上家以为你在打孤张，便会按照一路熟的原则，打出二万或八万，中了你的钓线之计。

牌例 2：

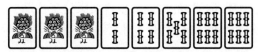

此牌例一般人都会舍 2 条叫听 3 条、6 条。若采用声东击西战术，不如舍 6 条，这样既可以勾引出同线筋牌 3 条，也可听 2 条。2 条与 6 条相比较，2 条比 6 条成和容易。

牌例 3：

手牌中有一万、三万、五万，你不必等到叫和才舍五万，早些打五万，不仅可以留其他闲张撞搭，而且五万很容易引出上家的筋线牌二万来。

牌例 4：

手牌中有四万、五万、九万，打孤张九万，这样会使上家有一个印象，你不要万子，同时还可以勾引出同线筋牌六万。

5. 留回头张

牌例：

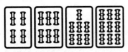

手牌中有 4 条、6 条、7 条、9 条的双合嵌搭，在搭子已够数的情况下，拆搭时先舍 4 条，基本不影响 5 条、8 条的吃牌。但是刚打了 4 条，随后又摸进一张 4 条。此时不要动气，牌谚曰："牌回头，必得留。"把后摸来的 4 条保存下来，拆舍其他面子。上家见你打 4 条，以为打孤张，便会放心地打出 5 条，正好被你吃成 456 条，还留下 79 条的嵌搭。

（二）看下家

看下家是打麻将的基本技术之一，重点是不让下家吃牌。牌桌上素有"控不住下家等于自杀"的说法，上家不让下家吃到牌，下家只能靠自摸组合，速度自然放慢，这样和牌的机会就少。

控制住下家，在某种意义上说，也就等于控制了牌局。因为下家吃不上牌，靠自摸演进牌势，速度必然放慢，同时手里的中心牌张就会留下不舍，这样一来也会影响到他的下家。这种环环相扣的局面，使得两家处于被动，在客观上就为自己赢得主动创造了条件。难怪牌谚曰："使任何一家慢一步听张，便是自己的便宜。"

1. 观其舍牌，弃其不要

认真观察分析下家前后出牌及台面上明牌的情况，从而判断下家的牌势变化和需要。打出下家同样打出的花色序数牌或靠近这个序数的牌，比如下家打出二万，上家试着可以打出二万或一万、三万。又如台面上已亮明有四张 3 条，就打出 1 条或 2 条。同理有人碰出 8 饼，就打出 9 饼。

2. 舍弃字牌

舍弃字牌，下家只能碰牌，不能吃牌。

3. 跟牌不过三

中盘阶段舍牌要注意"上熟下不熟。"如对家、上家都打相同的牌，且无人吃碰，轮到你打牌时，切勿再打相同的牌，因为此牌被下家吃的概率很大。

4. 好牌先打

根据下家的舍牌（包括台面上的亮牌），初步摸清他的牌势与需求。这时你手里如有待舍的中张闲牌，就应及早打掉。早打，下家的搭子未必能凑起，想吃也吃不上；同时也是个试探，确认一下他到底需不需要这类牌，摸清底细，以便后面更有针对性地加以控制，这就叫投石问路。

中张是指 3~7 的牌。如手牌有四万、五万，再摸进七万时，宜趁早打出，免得下家上牌后有吃牌或和牌的机会。

5. 攻其弱处

视下家的舍牌，依其牌路，攻其弱处，方为稳妥之策。学会技术舍牌，既有利于组好自己的牌面，又可避免点和。

例 1：下家所打的五张牌的次序是：南风、西风、一万、九万、2 饼。你跟打的牌除上述五张外，还有二万及 1 饼等。其理由是：他的牌至少有三四张孤张，如有二万一对，绝不肯先打一万后打 2 饼。此外，任何万子都比条子来得稳健，因为从五张牌来看，他没有打过条子，但可以断言他必要条子，因此你打 1 条、9 条比打二万至八万任意一张都危险。

例 2：下家打三万、八万，有可能手握三万、五万、六万、八万，你打四万、七万要小心。下家打八万、九万，有可能手中还有五万、六万，你打四万、七万也要小心。同理，下家先打一万，后打二万，你紧防三万和六万。

例 3：下家没有打过条子，而你手中仅存的七张牌是二万一对，6 条三张，4 条、7 条各一张，抓进一张三万，应该打哪张？这类情况是常有的。一般人认为，应该先打 4 条，以为这样 8 条上张可不吃亏；但高手会先打 7 条。理由是自己有三张 6 条，打 7 条，下家可吃进的机会不多，而 4 条必是下家所需要的牌。换言之，凡遇自己有暗刻牌的时候，就应该先打近边的牌，而后再打人家可吃的机会较少的一张牌。

例 4：下家在做"清一色"番种时，你先将别的花色牌舍弃，留下家需要的牌不出，慢慢地配成搭子，使下家吃不到他所需要的同类花色牌，这样下家在短时间难以将自己手牌组合完成。

6. 严控边张

如果你预测出下家有 12 条或 89 条的边搭，则自己手中的尖张 3 条或 7 条，就不能轻易出手，即使没有一点用处，也要先扣留，迫使下家无望拆除该边搭时再打不迟。

倘若由于形势紧迫非拆舍 1 条、3 条不可时，(7 条、9 条也同样) 也应先舍 1 条。若下家叫听边 3 条依然不变，那么这张 3 条就坚决不能打了，宁可自己不听，绝不出手，只能辗转改听，也单钓 3 条。

7. 克其所要

牌例：

此牌例"三色三步高"番种一步入听，"花龙"及"三色三同顺"番种

两步入听，下家正在做条子"清一色"番种，且已上听。此牌要是能摸进3条最好，组成了345条的顺子，舍8饼，听在2条上。但是想摸进3条也不是容易的事，如上家打出6条，吃进后，先打出5饼。伺机吃进9饼打出6饼或吃进七万打出四万，均听在2条上。

8. 诛伐适度

（1）专诛未必是福。牌谚曰："死顶必败。"这是警告那些惯以能顶下家不吃牌而沾沾自喜的牌手，不要自鸣得意。"死顶"下家不但使下家产生困难，也会使自己牌势受到损失，而其他对手正好是渔翁得利。

控制下家只是手段而非目的，目的是自己和牌。看下家最要紧的是"适度"二字，该紧则紧，该松则松，而不是一看到底。因为一味地看下家，必会影响自己的组牌。

控制下家战术原则是诛伐适度。必须兼顾自己的手牌，也就是说应该在可能的范围内，实施对下家的控制。如果你是个聪明的牌手，就应该明白，"专诛未必是福"的道理。

牌例：

下家正在做万子"混一色"番种，你当然要紧扣万子，牵制他的和牌。这时摸上2条，为了牵制下家，不能舍万子，而应该舍出一张3条。下一轮上家打出2饼，你吃进后舍掉5饼。不久又摸来四万，此时"三色三步高"番种已经上听，听牌4条，这回该放手一搏打一万了。

（2）给一给二不给三。牌谚曰："给一给二不给三。"其意为对下家既不能"死看"，也不能不看，是有限度的看。为了不影响自己牌势的发展，不必过早过严地控制下家吃牌。先根据自己组牌的需要，舍出牌让下家吃，也不必顾虑重重。只有当下家已经吃进两张牌时，才开始严加防范，这就是"给一给二不给三。"

（3）适当宽松看下家：一是当上家或对家有一家做大牌时，牵制的重点无疑是做大牌家，故应对下家有所宽松。二是自己牌势较佳，成和在望，而下家牌力明显差劲，为加快听牌步伐，应暂停看下家。三是判断下家做"七对"、"十三幺"或"不靠"一类番种时，应停止看下家。四是已推测下家放弃了和牌，看下家便失去了实际意义。

（三）防对家

"防对家"是在"盯上家、看下家"的同时，要紧紧提防对门的动态。竞技麻将比赛是同桌四人一起，与三家牌手的较量，忽略任何一家都会出现失误，造成不可挽回的损失。不应只与上家或下家针锋相对，而让对家坐山观虎斗，从而渔翁得利。虽然对家相离较远，难以控制，然而间接的办法还是有的。主要是从对家打牌中分析、判断他的牌势，重点是碰牌、听牌的范围。舍牌时，不仅要注意上家与下家，也要注意到对家，这叫作"眼观六路，耳听八方"。

例1：对家先打4饼，后打2饼。按常规应当先打2饼，后打4饼。对家先打4饼，后打2饼，则是反常。反常的打法，常常透露出某种信息，况且牌池里未见过1饼，可以揣度他手里有1饼的对子。如手牌中有1饼，暂时扣留，可以控制一下对家。

例2：对家出手就是两张序数牌，说明对家牌势较佳，或在设计不靠系列的番种。

例3：对家在做"碰碰和"时，就不宜先拆边搭，因为1、9是最容易碰出的张子。

例4：对家听牌时，弄清听牌的范围，严加防范。

三、概率

概率是概率论中最根本的概念，运用概率科学赢牌是竞技麻将比赛中的高级技巧。

麻将牌共144张，用了从1~9九个数字和东、西、南、北、中、发、白七个字头，从1~9分饼、条、万三色，所以便构成了34个牌型，而每一个牌型有相同的牌四张。打牌实际上是打概率。谁按一定的规律第一个组成顺子、刻子（杠）及将牌，谁就先和牌，就在这一盘中赢了对方。

（一）使用概率来组牌

1. 优化组合

竞技麻将牌的34个牌型，在组合过程中的机会是不等的。使用概率来挑选牌张，即挑选效果大的牌张来进行优化组合。

单张序数牌组牌的概率是不等的，遇到打单张序数牌这种情况时，在同等条件下应根据单张序数牌的概率大小来打牌。先打组牌概率小的，再打组牌概率大的，这就叫优化组合。

（1）单张序数牌中间张子的组合概率大于2或8的组合。笔者对此有两个方面的统计：其一，序数牌2或8兜搭之牌有15张。以二万为例：有一万四张，二万三张，三万、四万各四张。而三万至七万中间张任何一张牌兜搭之牌有19张。以三万为例：有一万、二万各四张，三万三张，四万、五万各四张。其二，序数牌2或8仅有一张进张为两头搭子。以二万为例：只有三万进张为两头搭子。而三万至七万中间张任何一张牌均有两张进张为两头搭子。以三万为例：有二万、四万两张进张为两头搭子。

（2）单张序数牌2或8的组合概率大于1或9的组合。笔者对此也有两个方面的统计：其一，序数牌1或9兜搭之牌计有11张。以一万为例：有一万三张，二万、三万各四张。而二万或八万兜搭之牌计有15张。以二万为例：有一万四张，二万三张，三万、四万各四张。其二，序数牌1或9进张的牌，皆为尖张或嵌张搭子，没有两头搭子。2或8有一张进张为两头搭子。

（3）单张序数牌1或9组合概率大于字牌。笔者对此也有统计：序数牌1或9兜搭之牌计有11张。以一万为例：有一万三张，二万、三万各四张。而字牌兜搭之牌仅有三张。显而易见，序数牌1或9的组合概率大于字牌。

2. 多摸少吃

摸牌和吃牌是组牌的两种不同方法。按一定的规律吃了一张牌，手牌里就少了三张牌，吃了两张牌，手牌里少了六张牌，再组两副顺子或刻子加一对将牌就可以和牌了。这样看来，似乎吃牌可以加快组牌速度。然而，实践证明手牌里剩余的牌张越少，组牌的难度越大。所以在特定状况下，尤其是在刚开始的几轮，应该多摸牌，少吃牌。因为摸牌能使组合概率增大。

3. 巧吃成搭

所谓一顺加一，是指一个顺子加一多余张的四张牌结构，吃一张再求一张。从纯粹求牌角度来说，吃张成顺同时又取得一副两头搭子，应该比摸一张有利，因为这等于摸入一个好搭子。就这四张牌而言，摸入好搭子的概率最多是20%，然而吃一张后，得到一个实实在在的好搭子，比摸牌成搭的概率大4倍。

牌例1：

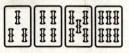

此牌例3456条为一顺加一，用34条吃2条或5条，余下的56条求4条或7条。

牌例2：

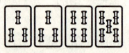

此牌例3345条为一顺加一，用35条吃4条，余下的34条求2条或5条。

牌例3：

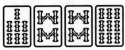

此牌例7889条为一顺加一，用89条吃7条，余下的78条求6条或9条。

4. 1、9 的概率

搭子附近1、9的组牌的概率最小的是五六万附近的九万及四五万附近的一万；其次为有5隔在当中的1、9。

牌例1：

此牌例有五万、六万、九万和1饼、5饼、9饼六张孤张，同等情形下，可打九万。理由是打九万从挂张组牌角度仅丢掉三张牌；而打出手里其他牌，至少要丢掉七张牌。

牌例2：

此牌例有一万、五万、九万和2饼，8饼五张孤张，同等情形下，可打一万或九万。理由是打一万或九万从挂张组牌角度仅丢掉七张牌；而打出手里其他牌，至少要丢掉15张牌。

（二）限定牌与特定牌

想要了解各番种的限定牌及特定牌占有率，首先应当弄明白什么是限定牌，什么是特定牌。

限定牌就是要组成的番种的牌源；特定牌就是要组成的番种所要用的牌。限定牌占有率，是指限定牌在144张牌中所占的百分比。特定牌占有率，是指特定牌在其限定牌中所占的百分比。

1. 占有率的高低决定组成番种的难度

一个番种的限定牌占有率越高，运作组成番种的概率越大；特定牌占有率越低，运作组成番种的难度越小。掌握各番种组成的限定牌与特定牌的各自占有率，对度牌和组牌运作有重要的作用。

例1："全双刻"番种与"混一色"番种的对比。

"全双刻"番种的限定牌共48张（3×4×4），限定牌的占有率是33.3%（48÷144）；特定牌为14张，特定牌占有率是29.1%（14÷48）。

"混一色"番种限定牌共 64 张（36+28），限定牌的占有率是 44.4%（64÷144）；特定牌为 14 张，特定牌占有率是 21.8%（14÷64）。

"全双刻"番种与"混一色"番种的对比，"全双刻"限定牌占有率低于"混一色"，而"全双刻"特定牌占有率高于"混一色"，由此可知，"全双刻"番种组成的难度大于"混一色"番种。

例2："清幺九"番种与"大四喜"番种的对比。

"清幺九"番种的限定牌共 24 张（2×3×4），限定牌的占有率是 16.6%（24÷144）；特定牌为 14 张，特定牌占有率是 58.3%（14÷24）。

"大四喜"番种限定牌共 16 张（4×4），限定牌的占有率是 11.1%（16÷144）；特定牌为 12 张，特定牌占有率是 75%（12÷16）。

相比之下，"清幺九"番种限定牌占有率高于"大四喜"番种，而"清幺九"番种特定牌占有率低于"大四喜"番种。由此可知，"清幺九"番种组成的难度小于"大四喜"番种。

例3："全带五"番种与"全中"番种的对比。

"全带五"番种的限定牌共 60 张（3×5×4），限定牌的占有率是 41.6%（60÷144）；特定牌为 14 张，特定牌占有率是 23.3%（14÷60）。

"全中"番种限定牌共 36 张（3×3×4），限定牌的占有率是 25%（36÷144）；特定牌为 14 张，特定牌占有率是 38.8%（14÷36）。

相比之下，"全带五"番种限定牌占有率高于"全中"番种，而"全带五"番种特定牌占有率低于"全中"番种。由此可知，"全带五"番种组成的难度小于"全中"番种。

例4："箭刻"番种与"幺九刻"番种的对比。

"箭刻"番种的限定牌共 12 张（3×4），限定牌的占有率是 8.3%（12÷144）；特定牌为三张，特定牌占有率是 25%（3÷12）。

"幺九刻"番种限定牌共 52 张（24+28），限定牌的占有率是 36.1%（52÷144）；特定牌为三张，特定牌占有率是 5.76%（3÷52）。

相比之下，"箭刻"番种限定牌占有率低于"幺九刻"番种，而"箭刻"番种特定牌占有率高于"幺九刻"番种。由此可知，"箭刻"番种组成的难度大于"幺九刻"番种。

2. 组牌的难度还有其他因素

值得说明的是，许多番种组成的量化分析和测定，有时不完全符合竞技麻将比赛的实际情况。因为，番种运作过程中常常存在牌手出于不同心理活动而随意留牌与舍牌的情况，且牌手对不同牌有不同看法，这两种主观因素造成量化测定难以克服的困难。

例如:"一色四步高"番种与"清一色"番种的对比。

"一色四步高"番种限定牌占有率是 25%(36÷144),特定牌占有率是 33.3%(12÷36),难度系数是 1.33(33.3÷25)。单从数据上看,"清一色"番种限定牌占有率也是 25%,特定牌占有率是 38.8%,其难度系数是 1.55,似乎比"一色四步高"番种运作难度大。

实战中"一色四步高"番种组成的运作难度明显超过"清一色"番种,因为《规则》对"一色四步高"番种的牌型结构有严格规定,必须是一色四副顺子依次递增一位或两位数排列。而"清一色"番种虽然要求 14 张牌都是一种花色,但是"4 副 1 将"是顺子和刻子都可以,这样运作起来就有很强的灵活性和机动性,组成的概率自然大于"一色四步高"番种。

(三) 听牌的概率

1. 听牌的概率大

(1) 尽早叫听。据统计,第一个叫听的人,和牌的概率是 1;第二个叫听的人,和牌的概率是 1/2;第三个叫听的人,和牌的概率是 1/3;第四个叫听的人,和牌的概率是 1/4。

牌例 1:

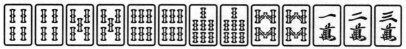

此牌例已经有了五对,对于这样难得的"七对"番种的牌势,是否就安于"七对"番种了呢?这就取决于牌势的走向。倘若新一轮摸到 3 条,可以打出 7 条,重新定向为"一色三步高"番种,听牌 5 条。"一色三步高"的番种分虽然比"七对"少 8 分,但它提前一步入听,早听和牌的概率大。

牌例 2:

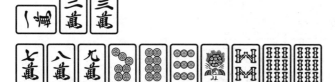

此牌例有三副带幺的顺子,还有 9 条的对子,定向为"三色三同顺"兼"全带幺"番种。

中盘阶段要吃进尖张 7 条比较困难,而碰出 9 条刻子的可能性较大,一旦有人打出9条，为了尽早叫听，即可开碰，舍8条，听1条，因为早叫听，和牌的概率就大。尽管"全带幺"的番种分比"三色三同顺"兼"全带幺"的番种少8分，但它提前入听，早听和牌的概率就大。

（2）窄听换宽听。牌谚曰："多听换张。"其意为更换听张，使自己增大和牌的概率。一个听就叫窄听，也称独听，为了早些叫听，有时候一个听也要上听。但在行牌过程中窄听可以换宽听，多数情况下宽听可以有3个听，增加听牌数，自然也就增加了和牌的概率。

牌例1：

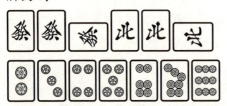

此牌例"混一色"番种已上听，听牌9饼。此时抓进一张8饼，可以打出北风，由听一张牌，立即改为听三张牌：1饼、4饼、7饼。还可以打出2饼或9饼，由听一张牌，立即改为听三张牌：3饼、6饼、9饼或2饼、5饼、8饼。

牌例2：

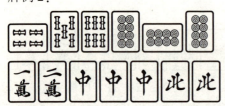

此牌例是中盘初期，"五门齐"番种上听，听牌三万。抓进了四万，打出一万，听嵌三万。几轮后摸上五万，打出二万，听牌为三万和六万。窄听换宽听，多一个听就增加了1倍的和牌概率。

牌例3：

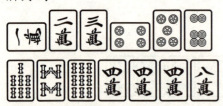

此牌例主体番种是"花龙"，已经上听，听牌八万。此时抓进一张三万，打出八万，一听变三听，听牌为二万、三万、五万。多两个听就增加了2倍的和牌概率。

牌例4：

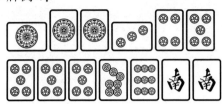

此牌例已经碰出1饼，吃了3饼，尾盘入听，听牌是8饼。主体番种"混一色"，此时摸进了一张6饼，有以下两种方案可供选择：一是打南风弃听，改做"清一色"大番种；二是打9饼，改听8饼、南风。

第一种方案，打南风弃听做大牌，为时已晚。因为最多还有四次换张机会，指望在四次机会中既解决一个上张听牌，又解决一张和牌，可能性非常小。第二种方案，改听8饼、南风，待牌的数量比原来的听8饼多了南风的两张牌。综上所述，如果9饼是安全张，就应当采用第二种方案。

（3）现张概率。从组牌到上听，都不该忘掉概率，但又要结合实际，灵活运用，不要死背教条。假设一时图宽叫，不审时度势，放出炮牌，岂非功亏一篑。

牌谚曰："对倒不如一卡。"

"对倒"的听牌虽然看似和两张牌，实际待牌有四张。"坎张"的听牌实际待牌虽然也是四张，但易受附近牌势的影响，和牌的现张概率大。

例1：中盘后期，已经叫听坎张五万。台面上旁家已碰下四万，六万也见了两张，五万在手中就待不住了，可能加速往外闯，这就是现张概率。

例2：尾盘前期，已经叫听坎张八万。对家突然碰出七万，增大了八万和牌的可能性，这也是现张概率。

2. 听牌后和牌的概率小

（1）单钓中心张。单钓将从理论上和感觉上和牌概率最低，何况还要单钓中心张。

（2）边搭听尖张。序数牌中3、7为尖张，若无其他影响，尖张不易出现。

（3）对倒中心张。"对倒"的听牌是两种牌，实际待牌仅有四张。"对倒"本来就不易和出，何况"对倒"的又是中心张！

（4）嵌张听尖张。嵌张即为坎张，实际待牌仅有四张。虽然它比"对倒"略好一些，但终究不易和出，况且听的又是尖张！

（5）听绝张。一种牌有四张，台面上已见三张，剩下的一张为绝张。听牌为绝张，其和牌概率可想而知。

（6）听牌与上家相同。听牌若与上家相同，容易被劫和，只能靠自摸和牌，和牌概率自然小。

（四）点和的概率

1. 上听叫牌时
牌例：

此牌例主体番种是"五门齐"，已经呈"对倒"叫听的牌势，却偏偏摸进一张孤立不靠的9条，观察盘面，9条系生张。此刻只有两种选择：一是扣住9条，毁掉听牌；二是打掉9条，听天由命，保住听牌，这样是最容易点和了。

但若摸上一张与顺子相连的牌张，如5条，情况就不同了。这张5条本来是无用的，但不要抓起即放，看看台面再做定夺。如果5条不安全，就打2条。

2. 贪大硬凑时
有道是：高番人人企望，但须仔细掂量，有局当然要做，无局求快为上，倘若贪大硬凑，末了势必点炮。大牌虽好，但大牌难做，一定要依据牌势组牌，量体裁衣，有大求大，有小就小，随机随缘，方能顺理成章。如贪大硬凑，打出险张，后悔莫及！

3. 手牌太少时
手牌剩七张，尚有回旋余地，倘若以四张牌入听，一对将头，一个搭子，摸来其他牌，再想调整就相当困难了。我们在实践当中发现，越是到尾盘，越容易摸进生张，留之无用，弃之不保，要么不听，要么硬闯，自己把自己逼进死胡同。即便甘愿毁听后退，找遍全手，也无一安全牌张可打，岂不自讨苦吃。至于四副落地，"手把一"那就更加艰难了，一旦摸入险张，两牌必弃其一，悲剧就是在这种自断后路的情况下发生的。

4. 过于吝啬时
手牌中没用的中心张子，中盘前舍不得打，看哪张都顺眼，舍哪张都心疼，生怕被人吃、碰，越留越多，最终攒成了累赘。

5. 牌背不开和时
牌手都有这样的切身体验，打竞技麻将如果一两圈不开和，难免会产生急躁心理。所以，越是这种牌背的时候，越应当沉着冷静，切不可心浮气躁，更不能产生急于扳平的冒险心态，不惜打出险张。

6. 尾盘改听时

久听不和改听张本无可非议，不过要改就应早些下手，如果等到尾盘再改，多半凶多吉少。

牌例：

此牌例主体番种是"五门齐"，且已上听多时，单钓五万，一直没有机会和出。其余三家都也听张，等待和牌。这时摸进一张六万，六万本来是熟张，下家刚刚打过，但他久听不和，贪和心切，留下六万，舍出一张东风，改单钓五万为四万、七万两头叫。东风一露面，对家立即报和。本来对家也不抱希望和牌，幸遇东风出现，自然是喜出望外。

7. 倔汉打犟牌时

牌谚曰："十个倔汉九个粗，十次犟牌九次输。"爱打犟牌者，都与心存侥幸有关。摸到生张，宁可冒点炮之险，也不愿放弃多头叫。

牌例：

此牌例主体番种是"混一色"，且已上听，为三头叫。尾盘摸上一张9条，该牌系生张，况且台面上7条、8条又很少露面。本该舍掉刚刚有人打过的6条，改三头叫听为嵌8条。他却心想：放着2条、5条、8条三口不听，去听嵌张，这种傻事不能干。于是将9条打出，恰被对家"单钓将"钓个正着。

8. 判断失误时

判断失误，是点炮的又一个重要原因。实战当中，这类点炮的比例也最大。究其原因不外乎两条：其一是不清楚对方的牌势，稀里糊涂当了炮手；其二是被对方的种种假象所迷惑，上了人家的"圈套"。

这就要求牌手必须精心揣度，见微知著，懂牌理，善分析，不放过任何蛛丝马迹。此外，还需注意掌握对手的打牌特点和习惯，这样才可能使度牌准确，减少判断上的失误，不被形形色色的假象与陷阱所蒙骗。

（五）开杠的概率

有人统计过开杠的概率："杠牌"无功的概率约占 60% 以上，被抢杠的概率约占 10%，"杠上开花"概率仅占 5%。

四、心理战术

在竞技麻将比赛中，巧妙地运用心理战术，往往能取得意想不到的战果。"兵不厌诈"这个词语诠释了心理战术在牌战中的重要作用。

牌谚曰："要想牌好，心态要好。"

打牌首重心态，心态即为心理素质。冷静而理性，不做意气之争为首位，而后才是技术。高手打牌时喜怒不形于色，不骄不躁，不气不馁，有股坚韧之性。差牌亦可慢慢打转，转机只在一瞬之间。时机把握得准确，全靠稳健的心理素质。

（一）牌手素质

竞技麻将运动是我们生活的一部分，牌局如人生，从牌局中悟出来的道理可以帮助人体会生活，理解生活，让人变得成熟、豁达。那么，具备哪些心理素质才能打好竞技麻将呢？

1. 灵活机动的随机应变能力

《孙子兵法》曰："凡战者，以正合，以奇胜。故善出奇者，无穷如天地，不竭如江河。"

《兵经百篇》曰："事幻于不定，亦幻于有定。以常行者而变之，复以常变者而变之，变乃无穷。"

这两句话都强调坚持运用有普遍意义的竞技战术的同时，要特别重视随机应变，"应变"才能出奇制胜。法则的变通是绝对的，不变是相对的，不变中有变，变中有不变，这是矛盾的对立统一规律。前面所总结的舍牌、留牌、碰牌、吃牌和杠牌的法则，是一般性的基本法则，要重视运用这些基本法则，但不能拘泥于这些基本法则，当变则变。

（1）组牌之变。打竞技麻将随时都要注意牌局的发展，做到知己知彼，能攻能守，灵活应变。在实战中，有时会遇到这样的情况：当你定向做某一番种，牌势的发展却朝着另外一个方向，此时就应改变策略，顺应牌势的发展。

牌例1：

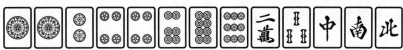

此牌例原来是做"清龙"或"混一色"番种的，但在组牌中一连摸进了三对，变成下面的一手牌：

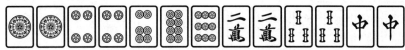

这时就应该改变策略，顺应牌势的发展，改变做牌的方向，改做"七对"番种。

牌例2：

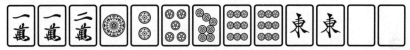

此牌例手中有九张幺九牌，且有四对，具备做"混幺九"番种的条件。定向为"混幺九"番种，四步入听。如先进3饼，打出二万后，又摸到4饼，打出一万。牌手审时度势，改做"清龙"兼"混一色"番种，一步入听。

牌例3：

起手牌不错，初步定向做"三色三步高"番种，但在组牌中摸进一张1条，一张2饼，成为下面的一手牌：

此时上家打出一张南风。牌手觉得手上的小牌不少，不应忙着碰南风，把组牌的方向定在"三色三同顺"或"全小"番种上。于是继续打牌，过了数轮，连吃带碰，加上摸进，把南风一对打了出去，成为下面的一手牌：

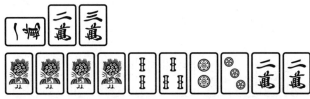

此牌例听张是1饼、4饼，和1饼是"全小"番种，分值为24分，和4饼是"小于五"番种，分值为12分，相差一倍。这时对家打出一张4饼，可以和牌。牌手觉得刚进入中盘阶段，试一试运气，没有喊和。又过几轮，自己摸到一张 4 饼和牌，如愿以偿。

（2）听牌之变。

牌例 1：

此牌例刚进入中盘“混一色”番种已经上听了，当有人打出白板或 6 饼时，可以和牌。不过这样成和，主体番种为“混一色”的小番种。倘若摸进 5 饼或 4 饼其中的一张，打掉一张 6 饼，即可听牌待和。听牌的番种为“清龙”兼“混一色”，番值可增加几倍。

牌例 2：

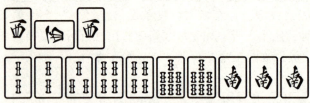

此牌例“混一色”番种已上听，听牌嵌 3 条，只是听口不理想。这种情况下，如果有机会碰取 2 条、4 条、7 条中任意一张，打出 3 条，改单嵌 3 条为对倒，既有 4 张牌待听，又增加了“碰碰和”的番种分。

牌例 3：

此牌例主体番种是“清龙”，听牌八万。台面已经见到两张八万，听的较苦。三轮过后，摸进一张四万，打出七万，改听单钓九万。又过几轮，摸到了一张五万，打掉九万。改听三万、五万、六万，待牌数增加到 11 张，结果很快和出。

牌例 4：

此牌例主体番种是“混一色”，听牌 8 饼，听张很苦，待牌为两张。这时上家打出一张 9 饼，吃进 9 饼打掉 8 饼，改听钓 9 饼，待牌也为两张。又过几轮，竟摸进了一张 3 饼，于是打掉 9 饼，改听 1 饼、3 饼、4 饼、6 饼、7 饼，待和牌数从两张增至 16 张（1 饼四张、3 饼三张、4 饼三张、6 饼三张、7 饼三张），最后自摸一张 1 饼和出，而且还增加了"清龙"的番种分。

（3）钓牌之变。竞技麻将比赛牌手在行牌过程中，需要运用普遍性法则。遇到特殊的问题，不能呆板地恪守普遍性法则，而要研究、探索和运用适应变化的非常规性法则来解决问题。

牌谚曰："亮四必钓中。"意思是一旦亮出四副牌，"全求人"应该钓中心张。这句牌谚为什么与"钓边不钓中"反其道而行之？因为这是竞技麻将高手的经验之谈，正因为大家都以为其必然钓边，谁也不打边张，所以竞技麻将高手则将计就计，有了"亮四必钓中"的变化。

2. 思维敏捷与快速抉择的能力

打牌如同战斗，务必精力充沛、头脑清醒、聚精会神、志在必赢。牌手凭借敏捷的思维与快速抉择的能力，运用灵活的战略战术，取得胜利。

牌例 1：

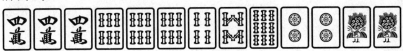

此牌例旁家打出 2 饼，于是碰 2 饼打掉 4 条，听尖张边 7 条。牌手能够在三秒的碰牌时间内看出听尖张 7 条，说明该牌手头脑清醒、思维敏锐，有快速抉择的能力。

因为他要提前掌握以下信息：7 条早已被对家碰成一明刻，台面上 8 条已见三张，自己手握一张，6 条又成手牌暗刻，7 条成了三家不要的"安全牌"，即牌谚所言的"要见暗中一线光"。所以单和绝张乃明智之举。牌过几轮，下家摸上 7 条，当安全牌放出，不料放和。这副牌没有主体番种，但可累计"和绝张"番种 4 分、"双暗刻"番种 2 分、"边张"番种 1 分及"无字"番种 1 分，计 8 分，达到起和分。

牌例 2：

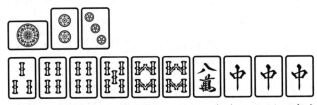

此牌例上家打出 4 条，牌手迅速观察台面，见 2 条与 5 条均已碰出，于是随机应变果断碰进 4 条，打出八万，听牌 4 条。这个随机应变快速抉择的能力不是一朝一夕练成的，正所谓"台上三秒钟，台下三年功"。几轮过后，上家又抓到 4 条，当安全牌放出，结果点和。

和牌后可累计"和绝张"番种 4 分、"四归一"番种 2 分、"箭刻"番种 2 分、"坎张"番种 1 分及"缺一门"番种 1 分，计 10 分，超过起和分 2 分。

3. 较强的观察能力

牌谚曰："入局看三家。"其意为与陌生的三位牌手同桌比赛，要尽快洞察他们各自行牌的特点，以便及时采用相应的对策。牌手在牌桌上应当头脑清醒，眼观六路，耳听八方，并以自己的经验及较强的观察能力来分析判断对手的牌势与心理，做到"知己知彼，百战不殆"。

（1）语言。各家的牌不公开，你当然不知道对手的牌组内容，但是对手的语言、表情、动作往往是暴露其秘密的线索。牌局的变化时常会使牌手无意中说出许多话来，而从这些话中可以找到某些线索。牌手打牌中发出的惊叹语或感叹词，大多表现牌手的真实感受，尽管有些言语及态势是其故意制造出来的，然而只要能记牢他所说的话和动作，与牌和出后他所摊出的牌来加以对照，便可知道他是真情的流露还是故意装模作样。

例 1：有人报吃又不吃。说明他同种花色的牌多，且相互牵扯，担心吃后会影响余牌的组合或造成损牌、减番等。

例 2：有人报碰又不碰，字牌大多是看错了牌，手中必有另外一对字牌；序数牌或许是看错了牌张，手中另有一对同样牌点的其他花色牌，或许是手牌内该牌邻张甚多，担心碰后造成太多的孤张。

（2）神态。俗话说："眼睛是心灵的窗口。"人的一举一动都是由大脑支配的，人们对客观事物的认识，就常常通过眼睛或表情表露出来。从牌手的神态中，可以解读出他手牌的好与坏。

例 1：手里是一副大牌，牌手往往露出一种特殊紧张或过分仔细的精神状态，常把 13 张牌反复地察看，且每打一张牌都要考虑。

例 2：听牌的神态通常表现为摸牌者神情紧张且不言不语，且使劲搓牌；中盘眼盯池牌时间过多；原来眉头紧锁，摸牌后，突然面呈喜色；眼睛总是盯着别人的弃牌，而几乎不看自己的手牌。

（3）动作。从牌手的以下三种动作中，揣测出他的牌可能叫听：其一是摸牌即放，动作敏捷，不看手中牌，又不瞅"海"里牌。其二是在摸牌即放几次之后，突然将摸起的牌插入手牌中，替换出一张早已放在端部的牌打入"海"内，多半是已经听牌了。其三是摸到尖张、中张牌毫不犹豫就打出，此人手牌必佳，并很有可能已经听牌。此外，有人拿出牌正想吃牌，突然被碰走，立即把拿出的牌放回，这种动作无形中告诉你，他手里有吃牌的牌。

4. 善于总结经验

竞技麻将比赛，虽然也有运气成分，但与其他麻将比较，技巧性更强。

一是态度要认真。一定要认真对待每一盘比赛，认真打好每一张牌，并学会自我总结，知其所以胜，知其所以败。

二是多看高手的对阵，学习、体会他们的打法。

三是苦练基本功。参加多次的实战、比赛，熟悉掌握定向、度牌、吃牌、碰牌、杠牌、舍牌、听牌及和牌的基本功。

四是在牌战中静下心来排除各种干扰，集中注意力，把水平发挥到极佳状态。有经验的竞技麻坛高手无一不是心态平和者，无论牌局输赢，无论手气如何，他们都能保持一种平和的心态。

例如：上家打一张你要吃的牌时，不妨慢一些报吃，以防人家碰去；倘若你着急报吃又被人碰去，牌张暴露无遗，你所需要的牌便被人家扣住了。

五是多学习理论知识，多看竞技麻将书籍，开拓思维，提高牌艺。

5. 不断吸取教训

（1）牌谚曰："牌拧要三哄。"其意为中盘行牌不顺利时，想要的牌得不到，无用的牌却连连抓到，容易入听的牌不能入听，容易成和的牌不能成和，好像自己的牌与自己拧着干。这时需要耐心冷静，像对一时不听话的孩子似的"哄哄"，使之温顺乖巧下来。

"牌拧要三哄"需要注意三点：一是随牌造势，顺其自然；二是不要强做大牌，能和小和就和几次，要知道"小牌紧推，筹码成堆"；三是暂时尽量少吃少碰，避免暴露手牌，对自己的手牌多进行调整，也让对手一时判断困难。

（2）打牌六忌。

一忌贪大贪和：没有大牌，偏想做大牌；没有和牌的牌势，偏要强行做牌。

二忌只进不退：不论手牌牌势如何，只管进攻，不论生张、险张，无用就放。

三忌固执扣牌：总想把下家看得死死的，该看不看，不该看乱看。

四忌急于求成：一两圈下来，不和牌抓起手牌急于求成，势在必得，结果往往是事与愿违。

五忌生熟不分：舍牌不分生张熟张，反正都是无用的牌，先打后打无所谓。

六忌浮躁忘形：得势要稳扎稳打，步步为营，不可摇头摆尾，失败要亡羊补牢，起死回生，反败为胜，不能破罐子破摔。

（二）兵不厌诈

《兵经百篇》曰："谋成于密，败于泄，三军之事，莫重于秘。"在竞技麻将比赛中，应当尽量使自己的做牌、听牌、和牌方案晚些暴露，而且越晚越好。竞技麻将场上的高手，一般是不会轻易暴露自己的作战意图的，往往是在一步入听或两步入听的情况下才吃牌、碰牌。

1. 兵以诈立

《孙子兵法》曰："兵者，诡道也"；"兵以诈立"；"故能而示之不能，用而示之不用。"牌手除注意手牌摆放技巧，言语多加留意，不要弄翻暗牌外，还要真真假假，虚实并用，故意制造假象，迷惑对方，使其判断失误。

牌谚曰："牌兴要蔫，牌弱要强。"

（1）牌兴要蔫。"牌兴要蔫"其意为，在自己牌势发展比较兴旺的时候要"蔫"。例如牌势极佳、正在做大牌时故意装出一副牌差的样子，有时对能吃的牌也置之不理，不动声色，迷惑各家，让对手摸不透、猜不准。

（2）牌弱要强。"牌弱要强"即当牌势较弱或不顺利的时候，应当表现出精神振作、信心十足的样子。能吃就吃，能碰就碰，给旁家造成心理压力。尾盘虽未上听，但出牌果断，旁家见你胸有成竹，误以为你已经上听，于是扣住生张不打，甚至放弃听牌。这是用无声的语言，制作"烟幕弹"，迷惑对手，使对手产生错觉，影响他们的心理活动，使其做出错误判断。

2. 善于伪装

牌谚曰："能隐则隐。"其意为，在竞技麻将比赛行牌过程中，不轻易吃牌、碰牌和开明杠，能隐蔽的尽量隐蔽不暴露牌势，使对手难以判断。由于手牌的 13 张没有亮明，便于充分调整牌势。在整个心理战中，伪装的难度最大，但也是最重要的。打牌的所有技巧都和伪装的能力有关。高超的伪装技术能让牌手设法掩盖自己的组牌意图，不让对方窥测牌势，扰乱对方注意力，为取得牌战的胜利铺平道路。

（1）利用伪装诱牌。常言道："知己知彼，百战不殆。"竞技麻将比赛中也应该遵守这条原则。其实，在每一盘的一舍一摸之间，牌局不断在向前推进，在推进的过程中利用伪装诱牌是一种高级技巧。

牌例 1：

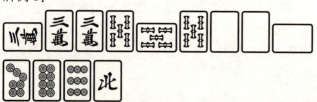

此牌例已碰出三万、5 条和白板，手牌中还有 789 饼一副顺子和一张北风，听张是北风。然而很长时间得不到北风，进入尾盘后期阶段，上家见海底

已出现一张 8 饼，他手牌中又有一对 8 饼，估计你不可能有 8 饼对，于是拆对子打出一张 8 饼。庄家果断用 7 饼、9 饼吃进，保留下 8 饼，打出北风。因为这容易造成假象，使对手认为你吃进 8 饼，打出可以组成"五门齐"番种的北风，十有八九会留下其他风，主攻"五门齐"兼"全求人"番种，因此对手更加注意控制其他风牌。实际上你是吃进 8 饼，仍单调 8 饼，这会使对手始料不及、防不胜防。牌过一轮，上家又打出 8 饼，自以为是十分保险的，却中了你的"瞒天过海"之计，点和"全求人"番种。

牌例 2：

此牌例中已经吃进三万与 4 条，亮明两副顺子，使对手产生错觉，认为这是明显主攻"花龙"番种，只差 789 饼一副顺子。所以注意控制 789 饼。实际上庄家是在主攻万子"清龙"番种。亮出的两副顺子是"明修栈道"，主攻万子"清龙"番种才是"暗度陈仓"。

牌例 3：

此牌例已经碰出四副刻子，对手很容易发现这是主攻"全双刻"和"全求人"番种。为防点炮，对手绝不会再舍掉双数的序数牌。如果接近荒牌，就应随机应变，如此时抓到一张 9 饼，于是果断打出 6 饼改钓一张单数而且容易出现的 9 饼，使对手防不胜防，不加警惕地打出 9 饼，中了你的"偷梁换柱"之计。

（2）利用伪装迷惑对方。

例 1：在打牌过程中需要某张牌的时候，一定要制造出不需要的假象。舍牌时要干净利落，出手神速，然而有时又故意慢慢吞吞，拖泥带水，使对手难以看出你到底在做大牌，还是做小牌。

例 2：本来在做"清一色"番种，却故意摆出一副思考如何择张的样子，别家就会误以为你在做"七对"番种。

例 3：舍出中心张或生张的时候，故意做出漫不经心的样子，舍出单张字牌或熟张的时候，反要表现出犹豫不决和难以割舍的神情，目的是使对手产生错觉。

（3）虚晃一招。无论采用什么样的技巧，都应力戒呆板，不要让对方掌握住你的组牌规律和习惯手法。为此就要经常变换招数，虚虚实实，真真假假，使其摸不准规律。

例1：做条子"清一色"番种时，引张比较困难。必要时可先打出一张暂时无大用处的条子，留下一两张其他花色的牌。下一轮摸牌后，不管有用无用，都插进牌内，抽出其他花色的牌打出。以后再伺机将其他牌打出，这样就使上家搞不清你是否做"清一色"番种的牌。如果他不敢肯定，就有可能舍出你所要的牌。

例2：有时拆对求嵌，有时故意弃中求偏，时而再来个打饼要万，旁家都糊涂了，不知道你究竟要什么。

例3：在行牌过程中，有时抓进一张不需要的牌，故意从手中牌中调换一张同样的牌打出，虚晃一招，实际上没有变化。但这种手法常常会让旁家误以为你真的调换了牌，从而会使其做出错误判断。这种战术中的真真假假、虚虚实实，就是故意做出某种姿态，给上家造成错觉，为自己铺成一条获胜的捷径。

（4）巧用码牌，迷惑三家。连续对子33，44是上好的搭子，因为当你吃到2成234顺子时，旁家会排除你还有34的可能，对2与5的扣牌便会松懈。竞技麻将高手，码牌时把34放在一起，另一组34放在离它较远的地方，这样吃牌不会露出马脚。

（5）露副吃牌，迷惑三家。吃牌时，借副露之机，故意将舍牌一并露出，以制造假象来迷惑旁家，钓出一路熟的筋牌，达到进张或和牌的目的。

牌例1：

手牌复合面子原本是一、一、三、五、七万。为了迷惑旁家，当进入一步入听牌后，故意将牌面排成一、一、七、五、三万的倒序式。对于一万来说，容易出现，所以在碰一万时，存心将一、一、七万推倒，碰成一万刻子，打掉七万，钓出一路熟的筋牌四万成和。

牌例 2：

此牌例已经进入"混一色"番种一步入听态势。如果对方打出一张四万，碰牌同时亮出二、四、四万，打出二万。又如上家打出的是三万，同样布疑阵将二、四、四万一起推倒，吃入嵌张而打出四万。对方岂知吃、碰后仍然叫听五万！通常还以三万为熟张，跟张舍出，顺利成和。

牌例 3：

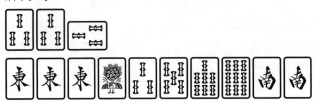

此牌例无论吃进 2、4、6、8 条中的任何一张，都能达到听张的目的。台面上发现 5 条一张，为对家打出，于是上家跟出筋牌 2 条。吃牌同时将 1、3、5 条一起推倒，顺手打出 5 条。原来摆牌时，将复合面子 1、3、5、7、9 条插排在手牌中间，故意造成假象，引起旁家注意，表示手牌仅有的三张条子全部暴露，诱引旁家对一路熟的筋牌 8 条产生安全感。岂知 79 条搭子偏又等待 8 条和牌呢！

牌例 4：

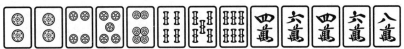

此牌例主体番种为"三色三同顺"，一步入听。当上家打出五万时，在报"吃"的同时，将右边的四、六、八万一并推倒，吃五万，打掉八万，故意制造三张两嵌的假象，迷惑各家。这时各家见你吃五万打八万，便会对二、五万放松警惕，当有人追打五万时，你的诱引之策成功。

牌例 5：

此牌例主体番种为"清龙"兼"混一色"，一步入听。当上家打出五万时，在报"吃"的同时，将右边的三、四、六万一并推倒，吃五万，打掉三

万，给人一种仅有这三张万子的印象。这时各家见你吃五万打三万，便会对筋线牌二万放松警惕，当有人追打二万时，你实现了间隔巧吃的目的。

牌例6：

此牌例主体番种为"碰碰和"，一步入听。此时对家打出一张四万，将三、四、四万同时亮出，碰四万，舍三万，给旁家一种明示的错觉，认为你既碰四万刻子又切舍三万，绝不会叫牌二万了。在四万碰出及三万又没人要的情况下，各家会把二万视为安全牌，相继舍出，岂料正中了你叫听二万的圈套。

3. 用而示之不用

如正在做"清一色"番种，上家打出根本不需要的牌，不妨做出想吃进又犹豫不决的神态，故意从手牌中抽出两张倒换一下，然后再去抓牌。这样的假动作常常会收到意想不到的效果，使对手认为你手牌并不是一种花色的牌，随后可能打出的正是你求之不得的牌。

4. 未雨绸缪

众所周知，所抓进的牌并不能使听张的实际待牌数增加或有所改善，可不必换听，且打得越快越好。但若所抓进的牌能使听张的实际待牌数增加或有所改善，该如何处理？

例1：中盘后期在做"清一色"番种，已两搭吃进，听嵌八万，抓进一张六万，可否改打九万？

例2：本来听五万与4条对倒，抓进一张六万，是否可打改五万换听为四、七万？

应付上述两种情形最妥当的办法是"未雨绸缪"，做到心中有数。事前将可能打出的那张牌（例1中的九万，例2中的五万）预先放在手边，一抓进心中所料到的进张时，很自然地把手边的牌打出，使旁家不起疑心。